U0611306

生活因阅读而精彩

六度商脉

SIX DEGREES OF BUSINESS

沃顿商学院最受欢迎的商务课

林伟宸◎编著

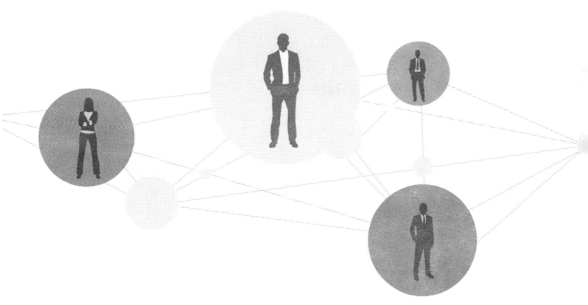

中国华侨出版社

图书在版编目(CIP)数据

六度商脉:沃顿商学院最受欢迎的商务课 / 林伟宸编著.—北京：中国华侨出版社,2013.6

ISBN 978-7-5113-3760-3

Ⅰ.①六…　Ⅱ.①林…　Ⅲ.①商业经营-人际关系学-通俗读物　Ⅳ.①F715-49

中国版本图书馆 CIP 数据核字(2013)第141461号

六度商脉:沃顿商学院最受欢迎的商务课

编　　著 / 林伟宸

责任编辑 / 文　喆

责任校对 / 孙　丽

经　　销 / 新华书店

开　　本 / 787 毫米×1092 毫米　1/16　印张/20　字数/320 千字

印　　刷 / 北京建泰印刷有限公司

版　　次 / 2013 年 9 月第 1 版　2013 年 9 月第 1 次印刷

书　　号 / ISBN 978-7-5113-3760-3

定　　价 / 35.00 元

中国华侨出版社　北京市朝阳区静安里 26 号通成达大厦 3 层　邮编:100028

法律顾问:陈鹰律师事务所

编辑部:(010)64443056　　64443979

发行部:(010)64443051　　传真:(010)64439708

网址:www.oveaschin.com

E-mail:oveaschin@sina.com

前言

越来越快的生活节奏已经把人们带入了一个崭新的商业文明时代，处处都渲染着浓厚的商业气息。在以商业为主的事业中，很多年轻人都在努力地奔向成功，一时间不免压力重重。在这样一个 Team work 的时代，单靠个人的努力往往是不够的，必须要学会经营好人际关系，打造一个属于自己的商务圈，这样才能为自己的生活和工作提供动力与支持。

美国斯坦福（Stanford）研究中心一份调查报告指出，一个人赚的钱，12.5%来自知识、87.5%来自关系，关系即商脉。有的人常常抱怨，明明自己已经很努力了，却始终被成功拒之门外。究其原因，就是不善于自己的商务圈。越是成功的企业家，往往越是经营商脉的高手，这样的人能够不断地将在商场中认识并结交的朋友转化为有益于自己事业进步的商脉。

商务圈，不仅是一个人日常生活中的润滑剂，更是推动一个人事业健康稳固发展的助推力。俗话说："一个篱笆三个桩，一个好汉三个帮。"商务圈是一个人走向成功的捷径。如果你能够同周围的人建立起良好的人际关系，并且充分地利用好他们的优势，一定可以拓宽自己的交际网，打造出自己的商务圈，从而能够有效地提升个人竞争力，在事业的发展中如鱼得水。因此，用一种自然的、诚恳的、互惠互利的方式去经营你的商务圈，是决定你能否成功的秘密武器！

本书以六度商脉为核心。六度商脉是根据六度分隔理论而来的，该理论认为想要认识一个人，最多可以通过六个人来实现。因此，我们都要根据自身的个性和特点，构建一个属于自己的开放的六度商脉圈，来扩展我们的社交面，从而在奋斗的过程中为自己减小一些阻力，更快地朝着目标迈进。

虽然，人们都知道商脉圈对发展事业的重要性，也不断地通过各种方式去建立并拓展这个圈子，但却因为做法不当，而收效甚微。商脉圈的经营，不仅是一门学问，还是一门艺术。在与人交往的过程中，从服饰、容貌、仪表到自己在公共场合中的言行都是人们应该注意的，只有从细节方面取胜，才能赢得众人的欢迎。如何建立商务圈？建立一个什么样的商务圈？在维护与拓展自己的商务圈的同时又需要注意哪些问题呢？本书将为读者带来详细的答案。

本书内容丰富，共分上、中、下三篇。上篇详细阐述六度商脉网理论，使读者能够简单明了地理解六度商脉网；中篇教读者如何组建自己的商务圈，以及商务圈的重要组成；下篇主要讲与领导、同事、客户、同学、老乡以及网友等不同人交往的方法与技巧，并结合了大量事例，使读者读起来通俗易懂，灵活运用，具有很强的实战性。

商脉是一个人事业发展过程中的巨大财富，也是一种无形资产，能够为你不断地产生价值。如果你想追求成功，想创造更多的财富，而又没有好的机遇，也没有好的背景，那么，就创造一个自己的商务圈吧，让它来为你的财富增值。

目录
CONTENTS

上篇
风靡全球的六度商脉网

六度商脉不仅仅是为了拓展人际关系而提出的理论，更是从深层次对人生的成长和完善提出的一个哲学上的人际关系要求。要搭建完善的六度商脉，就要明确自己的未来人生道路，要制定周详的事业规划，并对当前的状况有个清晰的认识。

第一章
六度商脉是一种价值传递哲学

成功需要个人的努力，但更需要有人相助。有个良性的商脉网络无疑是给自己走向成功的道路上加了一个大大的筹码。如何赢得他人的帮助，建立良性的六度商脉，首先要明白的就是商脉不是简单的人际关系，而是一种价值传递的哲学理念。

第二章
成功只在六步之内

　　成功看起来很复杂，但也很简单，只需六步就能到达成功的彼岸。这不是天方夜谭，事实证明确实如此，根据六度分割理论的原则分析，任何一个人要获得成功，或是在人际公关上有所建树，都只要短短的六个步骤，甚至有时还可以从第一个步骤直接跳到第六个步骤，实现质的飞跃，前提是要为自己找到一个合理的科学方法。

中 篇

你需要什么样的六度商脉

在日常生活和工作中，你的周围总会有这样一些朋友：他们能无私地为你付出，默默地为你奉献。为了你的成功或者事情进行得更为顺利，他们从不计较个人利益得失。总是心甘情愿、诚心诚意地为你提供帮助。

第三章
怎样甄别你的六度商脉圈

"商脉圈"能够对人的一生产生积极的影响，但同时也会对人产生一定的消极影响，这主要取决于你所交的朋友是"益友"还是"损友"。和正直善良的人交朋友，就能够得到朋友的帮助，自己就能受到积极的影响；而与一些邪恶的人交朋友，会使自己陷入邪恶的深渊之中，甚至会将你置于死地。所以，在创建自己"商脉圈"的过程中一定要谨慎，与周围的人交往时要擦亮你的眼睛，仔细甄别他们对你是有"益"还是有"损"，只有好好经营"益友"，远离"损友"，我们才能顺利地达到自己的目标。

第四章

六度商脉圈的组成

我们的领导、同事、客户、同学、老乡、邻居以及网友，等等，都可以对我们的事业与生活产生极大的影响。要想使"商脉圈"对我们产生积极的作用，我们就要善于结交周围这些能对我们产生积极影响的朋友，针对我们与他们的特殊联系，利用有效的方法将他们纳入我们的"商脉圈"中，让我们的人生道路走得更为顺畅。

下 篇
六度商脉永续经营的黄金法则

要想将商脉进行永续的经营，就需要遵循一定的法则，按照商脉圈发展的特性来行事。当然，这就离不开自信、沟通、守信等，只有对你的商脉进行妥善、有序的管理，才能使其增值，并能够发挥其应有的价值。

第五章
自信：开启六度商脉的密码

自信是拓展商脉的前提。自信与否通常在与人交往时表现得非常明显，而交往过程也常常会影响一个人的自信。自信的人才能主动与人交往，自然而不矫情。缺乏信心的人则往往看不起自己，也瞧不起别人，与人交往和相处，往往易被人拒绝。而这种挫折与失败，又会反过来打击和影响自信程度。只有积极乐观，不盲目自大，平等自信地与人相处，才能在交往中得到自我肯定，获得接受与认同。要获得成功，就要抱有足够的信心，它会让你在人际交往的过程中无往而不利。

第六章

沟通：有资本才会有利息

沟通是人们进行思想交流、增进了解、取得信任的交际活动。沟通是一门学问，也是一门艺术，更是你的商脉圈的"本金"。沟通能力的优劣几乎可以决定一个人的命运。掌握沟通的要领和技巧，你才能游刃有余地开创美好快乐的人生。"一分耕耘一分收获"、"一分本金一分利息"，停止那些无谓的抱怨，现在就开始往你的存折里存入本金——沟通能力吧！

第七章

守信：透支什么别透支信用

你是否曾经四处许下你不能兑现的诺言？你是否曾经欺骗过你的亲朋好友？那么，请小心了！你正在透支你的商脉，你的商脉圈也有可能因此而被冻结。获得了别人的信任，也就获得了自我发展的空间，所以，你的商脉圈的财富才会与日俱增；抛弃了诚信，丢掉了与人沟通的筹码，所以，你的存折里的本金才会日益递减。因为诚信是人一生中最重要的资本。糟蹋自己的信用，无异于在拿自己的人格做买卖，卖得越多，留下的也就越少。所以，只有事事以"信"为重，才会有"信"满天下的一天，也才会有商脉满天下的一天。

第八章

价值：利用价值决定价格

　　没有人喜欢自己被别人忽视，也没有人愿意永远甘当附庸。那么，你就要寻求恰当机会表现自我并提升自我。因为你不去找机会，机会绝不会主动去找你。想得到贵人帮助，就要找机会或创造机会展示自己的优点，把自己推销给别人。万事有因必有果，投入总会有回报。充分展示自我，影响外界，其实也是打造你的人气和品牌。只有这样，朋友、猎头甚至不相识的人才有可能成为你人生中的"贵人"。

第九章

分享：流通才能增值

　　分享是现代社会拓展商脉的一把利器，乐于与别人分享，你才有了解更多信息的机会。拥有着丰富的商脉资源，却从不愿与人分享，只能意味着你已经浪费掉所有商脉圈中的附加价值了。金钱、信息、工作机会，都只会留给乐于与他人分享的人。其实，商脉的最高境界又何尝不是互惠互利？乐于与人分享，别人也才会乐于与你分享。彼此分享将为你的商脉圈中添进一笔价值不菲的回报。

第十章

曝光：学会散发个人影响力

人贵有自知之明。正确地认识自己的确不是一件容易的事。在商脉交往中对你妨碍最大的，莫过于对自己的知识、能力、才华等作出不恰当的估价。固执己见，妄自尊大，或者妄自菲薄，自怜自伤，都会陷入无以自拔的境地。要吸取应有的商脉网络，就要适时地曝光自己，在最合适的时间和地点让别人知道你的存在。要做到这点，你就需要正视自己的不足，抛弃妄自尊大的固疾，用自己的良好表现占领属于自己的商脉领地。

第十一章

创意：用对方法才能做对事

商脉就像丰富的海洋，海洋有取之不尽、用之不竭的资源。你对别人好，别人对你好的比例也就自然升高。你对别人不好，又如何期盼别人对你好？所以，每个人都需要更细心广泛地去经营商脉。在商脉的经营上，最重要是人之所欲，施之于人。你交往的圈子里的人想要你用什么样的方法对待他，你就要用什么样的创意和态度跟他相处，而不应用你想要的方法来与他互动。把商脉细心努力地耕耘好，你就能得到更好的人缘，而商脉也才能够帮助你创造更多的财富。

第十二章
付出：适时的付出会得到更多

发挥自己的长处去帮助别人，换来的并不只有感激和赞誉，更重要的是这会使你的商脉圈更加丰富。投之以桃，他人自会报之以李，所以，不要吝惜你的帮助。要知道，你在帮助他人的时候，其实也是在帮助你自己。当你帮助别人足够多的时候，你的商脉自然就会很广泛，同时，你也会得到别人很多的帮助。

第十三章
尝试：好奇心令人际交往更宽

这是个充满新奇的世界，每个人都有可能接触到任何类型的人或事，那么在这个过程中，你是否具有强烈的好奇心，便成为了决定你的商脉圈是否能够拥有一笔丰厚存款的必要因素。有人曾说过这样的话："当你对人产生兴趣时，问题总是可以触及人心。"的确，如果你不想机会与你擦身而过，你就必须好好利用那个令我们人际交往的范围扩大再扩大的"撒手锏"。

第十四章
同理心：以责人之心责己，以恕己之心恕人

"以责人之心责己，以恕己之心恕人"，站在对方的立场上考虑问题，是同理心的具体体现。在高阳的《胡雪岩》一书中，就深刻地描述了善用"同理心"的艺术："于人无损的现成好捡，不然就是抢人家的好处……铜钱银子用得完，得罪一个人要想补救不大容易。"因此，在经营商脉圈的过程中，一定要在想到自己的同时为对方考虑，才有可能真正成为一个受欢迎的 VIP 客户。

上 篇
风靡全球的六度商脉网

六度商脉不仅仅是为了拓展人际关系而提出的理论，更是从深层次对人生的成长和完善提出的一个哲学上的人际关系要求。要搭建完善的六度商脉，就要明确自己的未来人生道路，要制定周详的事业规划，并对当前的状况有个清晰的认识。

第一章 | 六度商脉是一种价值传递哲学

成功需要个人的努力，但更需要有人相助。有个良性的商脉网络无疑是给自己走向成功的道路上加了一个大大的筹码。如何赢得他人的帮助，建立良性的六度商脉，首先要明白的就是商脉不是简单的人际关系，而是一种价值传递的哲学理念。

◆ 不要一个人走上奋斗的路

在这个经济总量和人口总量分分钟都在发生惊人变化的地球上，在生活越来越便利的同时，也有不少人开始备感孤独。这是因为在这些人看来，日子纵然是过得好了，但自己身边的朋友不但没有增加，还越变越少了。既然这么多人认为交朋友是如此之难，那么我们这里便探讨下如何结交好人缘，特别是商缘。

商缘或许大家很熟悉，商脉又是什么呢？商脉的定义可能要比商缘更精确一些，但它也是由人组成的，商脉就是人们获得事业上成功的基本保障，它就好比是一张大网，不可能靠单方面来完成，它联系着所有处在这张网内部的所有人的内心，每个人都是其中的一个结，从商脉网中获益是必然的，但也需要在这复杂的关系中承担起自己的责任。

好的商脉可以带来成功。所谓成功，天赋和才华能够为人们带来物质上的成功，而心灵上的成功是需要人与人之间内心世界的情感联系。因此，本书着重在于为读者介绍六度商脉的同时，也说明了一个关于情感联系的事实，那就是如何去维系自己的情感圈子。书中指出人们要维系自己的情感圈子就必须依照自己的个性和特点，构建一个六度商脉网，这是一个开放的，且可以主动向外无限延伸的网络，利用它就可以扩大社交圈子，并由此发展自己的职业规划。具体来说，本书给人们指出了该问题的具体操作建议，诸如在会议中，或是在聚餐中，哪怕是一次小小的偶遇，书中都提到了该如何应对商脉关系，突破瓶颈，争取用六个维度来建立双方联系的技巧。

六度商脉与其说是一种社交工具，不如说是一种关系哲学、一种价值传递哲学。既然是一种重要的人生关系哲学，在学习当中就始终不能忘掉要做到三件事：首先，每个人都要有一个属于自己的商脉圈子；其次，在关系中最高贵的品质是慷慨；再次，自己的人生信仰和价值观是源自于对自我使命的了解。这三件事能否做到关系到个人商脉平台的搭建，也关系到与之相关联的人生能否得到应有的回报。

常常有人问这样的问题，究竟什么是六度商脉，特别是一些经理人，他们总在自己的人际关系发生阻碍的时候感到十分困惑，他们总是由衷地期待本书能够为他们解答关于人际关系的问题。曾经有一位在纽约华人公司工作的销售主管，在人际关系出现问题时，就天真地认为或许这一辈子自己只结识六个朋友就完全够用了。有这样想法的人还不在少数，他们总是认为商脉对他们来说并不那么重要，这也是一种缺乏对商脉本质认识的重要表现。若是真想知道六度商脉是究竟什么，就必须从商脉本身的概念出发去理解六度商脉。

一、不同的形成过程可以带来不同的商脉

通常情况下，根据形成过程的不同，可以把商脉大致区分为以下几个

> 每个人都需要一两个可交心的朋友，彼此之间的关系与财富名利无关，只是单纯地有心灵上的交流。

类型。

（1）与血缘相连的商脉关系。这种类型的商脉其实说到底应该是一种源于血缘的亲缘关系，也是一种特别的人际关系。它可以表现为家族关系或是宗族关系，甚至是同一种族的关系。这类关系依托于特定的或是固定的情境，人与人之间在这种情境之下构成了一个牢不可破的利益共同体。至于家族和宗族的关系，这不难理解，此处不再赘述。重点来说说种族关系，种族关系往往存在于同一个民族当中。人们在身处海外或是周围全是其他民族的人时，种族的观念会油然而生，关于种族的感情和需求会比其他时候显得更加强烈，人们自然而然地会去寻找那些和自己同一种族或是同一民族的人，抱团生存，必须依靠，协同合作团结成一个团体。

（2）与地缘有关的商脉关系。地缘关系和血缘不同，强调的是因居住在同一地缘而形成的商脉关系，最典型的要数同乡之间的关系。这种关系常常会受到所处的地域大小的影响，并有所不同，同时也和居住地之间的地理远近有很大的关系。

（3）与同学、同窗有关的商脉关系。同学关系，就是因为在一起学习而产生的人际关系。不论是小学、中学还是大学，人这一辈子都会有很多在一起学习的同学。俗话说"同学多了好办事"，其实说的就是这个道理。同学关系看似与事业的商脉关系不大，但在现实当中，同学关系总比其他关系更为重要，它总能在六度商脉中扮演一个很重要的中间环节，在这一点上同学关系的价值已经远远大于前面说过的两者的关系。同学关系脱离了血缘，也不局限于地域，因此在资源共享方面，超越了地域，利用了各种资源的便利，充分发挥了不同地域资源配置的优势。总的来说，如果可以搭建良好的同学关系，就容易扩大人们的交际圈，更便于搭建其他相关的社交圈子。

（4）与同事关系有关的商脉关系。同事就是指因在同一处工作而产生的关系。同事关系包括平级的同事关系，也包括上下级隶属关系。有时，即便是短时间的相互合作也可能因为良好的沟通而产生友好的同事关系，因此建立商脉。短暂的协作关系中以临时成立的项目小组和谈判小组最为常见。同事之间在完成一项任务之后，即使是回到原来的工作岗位，曾经合作过的美好回忆也会让人们获得一段关于友情的回忆，与此同时在这种关系基础上的商脉关系也因此形成。

（5）客户关系。在商业领域，客户算得上是构建商脉最重要的渠道之一，因为在工作领域中，人们都难免要跟形形色色的客户打交道，像是厂家、供应商、零售商、加盟商、合作商和消费者，等等。在和不同的客户的交往当中，双方不但是互为客户关系，又同时互为商脉，除了可以彼此为客户关系以外，更重要的一点就是可以在私底下结成良好的私人关系。客户关系比起其他几种关系来说更为复杂一些。由于牵扯到利益往来，彼此交往时会更真实地考量对方的能力和品行，这一点必须清晰地掌握才行，不管是自己还是对方优点和缺点都在彼此眼中展露无遗。这样一来，在和客户的关系处理中就需要投入更多的诚信，以展示自己的品行和价值，这一点从搭建个人的商脉关系来说也是极为重要的。

（6）随机关系。以上提到的五种关系更多地侧重于人与人之间的固定关系，而在这些固定和必然的关系之外，还有一种关系常常以偶发的形式存在，这就是随机关系。随机关系是属于不确定的商脉关系，是针对陌生人来说的。因为它和陌生人之间的关系有关，所以具备了更为广阔的开拓空间，诸如一次短暂的相聚或是一次真诚的邂逅，都可能结识一个陌生的，却十分重要的朋友。也许妻子、丈夫、老板都是通过这种方式结识的。所以在处理和陌生人的关系时，要学会抓住机遇去表现自己，也要学会尊重他人，换位思考，无论在什么样的情境下都要给陌生人留下好的印象，兴许只是这一次偶然的表现，就会换来与众不同的人生际遇或是事业发展。

二、所起的不同作用也会带来不同商脉

这里提到的作用实际上是这些商脉对个人价值所在，不同的价值是可以细分的，例如可以划分为政府型的，金融型的，行业型的，思想型的，媒体型的，客户型的，等等，这种分法主要是从社会性的角度进行区分的。而在具体的工作当中还可以依据职位的高低把老板和上司以及同事和下属区分为高层型和低层型，等等。依据价值不同的区分标准还有很多，这里就不一一列举了。

三、商脉关系中也存在不同的重要关系

要是依照重要性与否来区分商脉关系的话，大致可以把个人的商脉关系分为以下三种。

（1）核心关系。这种关系是所有商脉关系中最为重要的一种，同自己有核心商脉关系的人们一般都会对自己的事业和生活起到重要的决定性作用，扮演着关键的角色。不过这种关系也不会是一成不变的，它会随着自身所处的社会位置、事业阶段还有未来的发展计划等的变化而变化。对于一个身处营销部门的经理而言，与自己最为相关的核心关系自然就是顶头上司、老板、一些重要的同事下属，还有重要的客户，原因是这些人几乎可以决定自己的业绩和自己的事业未来。

（2）紧密关系：从关系的亲疏来看，仅次于核心关系的关系就是紧密关系了。一般紧密关系都会发生在那些由核心关系延伸出去的关系当中，这些人与自己平级，属于相对亲密的合作伙伴、同事或是其他部门的领导，有时也会是公司的董事会成员、次重要的客户、一般的下属，还有那些影响自己的老师、朋友和同学、等等。除此以外，亲密的家人和亲属也可能在这个范畴之内。

（3）松散和备用关系。这种关系指的是那些暂时对自己还尚未有重大影响，但未来可能有重要作用的人际关系，一般包含那些具备一定潜力的关系，像是有发展潜力的客户、同事、下属、同学或是朋友，等等。在现实生活中，这种关系的朋友和同事通常存在在联系的范畴中，只不过不在重点观察之中，也无须花费过多的精力去经营。

四、商脉关系还可以通过动态变化来区分

（1）正在进行时的关系。眼下正在经营着，并且十分急需的关系，这些商脉往往关系到当前工作和生活的发展，与自身有不可分割的关系。

（2）将来发展的关系。这种关系存在于个人的计划当中，是将来能用到的某种关系，如潜在客户，潜在消费群体，还有那些暂时还不太熟悉的同学或是朋友都会成为将来发展的关系。

以上四点都是对商脉的基本概念充分理解的常用角度。充分理解了商脉的本质后，要构建合理的商脉关系就取决于如何进行六度商脉的公关规划了。要知道，计划是行为的前提，缺少规划就难以成就大事，构建六度商脉也同样适应这个原理。试想一下自己五年以后能够有多大的成就，能够结交多少朋友，都和自己现在能否做好相应的规划有莫大的关系。只有从现在开始布局和拓展，今后才有可能顺利实现自己所想的目标。

为五年后的自己制订一份周密的计划吧，找一个发展的目标吧。如果不这么做，五年后的自己就可能还在原地踏步，临阵磨枪总是显得十分窘迫和尴尬不是吗？越早为自己规划，就有可能越早地构建属于自己的六度商脉，不久以后就会发展，自己身边已经积攒了大量的能为自己的事业帮忙的专业人士。只要自己遇到苦难，一个电话或是一封 E-mail，就会有人现身为自己解决棘手的问题，让所有的苦难和挫折统统消失不见。

既然如此，那么为了避免自己始终停滞不前，就必须在行动之前有一个周全的计划。既然要周全，就必须考虑到方方面面，也就需要具备一些非常基本的要素。计划首先要周详和科学，不但要可以解决现实中存在的问题，还要能否在适当的时候反省自己过去的生活和工作，发现不足，扬长避短。制订计划的过程实际上就是向自己发问的问题，有了问题才有动力——解答。

第一个要问自己的问题是，自己的事业规划是什么，这一点必须明确。可以学着问问自己，现在和未来的发展方向在哪里，准备要从事什么样的行业，或是进入什么样的公司，或者自己在某一个领域自行创业，关于自己未来的事业发展应当分几个步骤进行，等等。这些问题都有助于自己认清自己的事业发展之路。

第二个要问自己的问题是，究竟需要什么样的商脉关系网。在工作和事业当中，商脉关系的作用是很显而易见的，眼下的工作是否顺利，是否是自己从前所想的那样，都和商脉关系有着一定的联系。常常问问自己，是否自己现在所获得的成功和周围人的支持和帮助有很大的联系，是否将来还需要这些帮助，这些帮助主要来自于哪些人，等等。就算是眼下的工作并不顺利，也可以问问自己究竟是什么原因造成的，是自己的努力不够，还是在某个方面缺少强有力的支持？究竟又是什么原因使自己缺少他人的支持呢？这些问题的背后都隐藏着商脉问题，事实上就是对个人商脉关系网做一个恰当的反思，这样才有利于开发自己潜在的关系网络。

上面说到的这两方面的问题，只要心中有了明确的答案，就可以开始为自己制订构建个人六度商脉的具体行动计划了。

要搭建一个合理科学的商脉关系网，在与他人的公关关系当中就要十分注意结构的配置，这其中包括性别结构、行业结构、学历与知识素养结构等，还有一些是高低层次结构的配置，以及关于现在和未来的结构，等等。

之所以有不少人工作上各种问题层出不穷，且常常找不到合适的人来支持和帮助他，就因为在事业上的商脉关系不够丰富，单一结构的商脉关系质量是很低的。有不少人习惯只在自己的公司内部进行人际公关，却忽视了外部关系的拓展，结果就是商脉渠道狭窄，消息闭塞，孤立无援。还有些人是习惯只盯着当前的人际关系看，却不准备为自己的将来扩展潜在的人际关系，或是储备人际资源，结果随着事业和环境的变化，原本重要的商脉失去了原有的价值，新的人际关系尚未建立，这也容易让自己陷入困境，临时抱佛脚的效果总不见得好。

人的一生有事业，同样也需要生活，因此商脉圈子里就不全是同事和客户，还要有生活上的朋友。生活中的朋友兴许无法提供事业上的帮助，倘若少了这群人，心灵上的互动就难以继续，这就是生活中人际关系的价值所在，他们可以是好邻居、好知己，无论哪一类都是人们内心情感需求的对象。在发展事业的同时，千万别忽视这类关系的经营。

常常有人发现自己所经营的商脉关系，总是建立在某种利益的往来和名利的交换而得来的，其实这就已经忽视了人际交往的本质了，身处在如此人际关系中的人难得获得快乐和幸福。每个人都需要一两个可交心的朋友，彼此之间的关系与财富名利无关，只是单纯地有心灵上的交流。成功时，他们会站出来为自己拍手叫好；得意时，他们也会提出合理的忠告，让自己不至于得意忘形，迷失方向；遇到挫折的时候，他们也会静静地坐在自己的身边，任凭自己发发牢骚，安抚情绪。这一类朋友是心灵上的朋友，是成功时可以一同分享，失败时可以一同分忧的人。人们常常说挚友，挚友就是那些可以在逆境中忠言逆耳的朋友，生活中少不了要有这一类朋友，尽管他们每次说出来的话都不那么中听，或者很多时候会感觉他们在和自己抬杠，但善于指出自己的不足正是他们存在的价值，真诚地看到自己的不足，即使意见相左也绝不姑息，这种朋友如今实在是太少了。从心灵交流的层面上看，结交这类朋友，与他们相处才能冷静地看到自己的不足，让自己变得更完美，也可以避免犯下可怕的错误。

既然是商脉关系网，就不能总是在低层次的关系中打转，那些能够帮助自己提高心智的高层次人才也是必须结交的人群。专家、学者、教授乃至某一个具体领域的实战高手，或是经验丰富的老者等，他们都可能是启迪未来人生的重要人物。经常同这类人交流，会让自己的人生丰富不少，那些曾经迷惑自己多年，百思不得其解的问题，只要他们聊聊数言，就能醍醐灌顶，幡然醒悟。

六度商脉不仅仅只为了拓展人际关系而提出的理论，更是从深层次对人生的成长和完善提出的一个哲学上的人际关系要求。要搭建完善的六度商脉，就要明确自己的未来人生道路，要制定周详的事业规划，并对当前的状况有个清晰的认识。只有这样才知道自己未来的需求是什么，才能遵循六度分割理论，合理科学地设计自己的商脉关系，让自己在一个合理的环境中走向未来，成就自己。

❷ 让你靠近成功的六度思维

曾经有一个很知名的源自于数学领域的关于人际关系处理的猜想——"Six Degrees of Separation"。但凡关心人际关系理论的人对这一猜想都不会感到陌生，翻译成中文，实际上就是前面说到的六度分割理论，也有人将其翻译成六度空间理论或是小世界理论等，但总体意思相当。本书一般采用通用的翻译六度分割理论。

要在商脉关系的经营上取得成功，就绝对不能忽视六度分割理论的重要性。思维中重视六度分割理论就可以称之为"六度思维"，这是能够帮助自己最快结识他人，构建商脉的最佳方法。

前面提到过 MSN 的实验结果表明，陌生人之间所间隔的距离通常为 6 个人，不论是谁，只要通过 6 个人的搭桥就可以认识对方，彼此搭上关系，这一点毋庸置疑，用在任何人身上都奏效，包括美国总统，世界首富或是好莱坞大明星等。

这条关于商脉构建的定理却有不少人一开始并不相信。很多公司的销售经理在因为无法拓展自己的客户时，总是感到十分沮丧，苦于上门无术，很可能在多次拜访客户失败后就决定放弃，直到他们接触到六度分割理论——任意两个陌生人之间要取得联系最多只需通过六个人。

这么神奇的定理自然一开始让很多人产生过怀疑，六个人就可以让全世界的人认识自己，自己也可以认识全世界，这让那些身处困境中的销售经理们一下子就被吸引住了，尽管他们并不全然接受。究竟这个神奇的定理是怎么来的呢？追根朔源的话，六度分割理论最初源于 20 世纪 60 年代美国社会心理学家米尔格伦（Stanley Milgram）所做的一项研究。他的研究结果仿佛在告诉所有销售经理，最多只要找到四个人就可以了，就四个人，就可以敲开大客户的门。不论那个客户是否认识，只要找到其中的四个人，有了要结识他的渴望，就一定可以做到。这和距离没有关系，彼此身处的地方相隔多么遥远，都可以做到，因为在彼此之间有着六度分隔的理论在起作用。

既然如此，就勇敢地去相信这个理论的真实性吧，从中所获得的也许不是某种特殊且具体的技巧，而是给予自己一种前所未有的自信心。因为六度分割理论所带来的希望,那种希望让人感受到了人际交往的信心。

举个例子来具体说说六度分割理论的价值所在吧,也来看看它的实用性究竟何在。

多年前,有家德国报纸接受了一项几乎不可能完成的挑战,即帮助一位居住在法兰克福的土耳其烤肉店的老板与当时最当红的好莱坞影星马龙白兰度联系。一个是普普通通的烤肉店老板,一个是好莱坞炙手可热的明星,这样的任务一听起来就让人感觉到难度的存在。但就六度分割理论而言,这位烤肉店的老板和马龙白兰度之间应该也就隔着不超过六个人的距离,这不得不让人怀疑这理论是否真的能实现烤肉店老板的愿望。不过这事件的结局确实出乎很多人的意料,几个月过去了,报社的员工果然在烤肉店老板和马龙白兰度之间建立起了沟通途径,而这一过程确实只通过了不超过6个人的私交。这其中的过程是,烤肉店老板原本是伊拉克移民,他的一个朋友居住在加州,而这位朋友同事的女朋友又恰巧在某个女生联谊会上结识了电影《这个男人有点色》的制作人的女儿,而这部电影的主演又刚好是影星马龙白兰度。这就是烤肉店老板和马龙白兰度之间的联系,彼此间的距离确实不超过6个人,看了这个过程之后是否有让人咋舌的感觉。

只要自己有结识他人的愿望,并且找到合适的方法,可以说没有谁是不可认识的,任何人都可以找到最快的方式以最快的速度找到和那个人之间的联系。

米尔格伦不但用自己的研究证明了六度分割理论的存在,他还有另一个很著名的连锁信件实验。他将自己的一封信件随机地寄给居住在内布拉斯加州奥马哈的160个陌生人。米尔格伦在每封信中都放了一个波士顿股票经纪人的名字,要求收到信的人都要把信再寄给自己认为最接近那个股票经纪人的朋友，第二轮收到信的朋友也要这么做。如此反复多次，大部分的信件都只经历了五到六轮之后就已经可以达到信件中所写的那个经纪人手上了。

米尔格伦的这个实验同样说明了六度分割理论的神奇效力确实存在，即便是这一辈子被认定为最不可能认识的人，自己和他的距离或许也只有不超过 6 个人，而通过这不超过 6 个人的私交，就可以同他建立起紧密的联系。

信件连锁实验充分说明了六度分割理论的客观性，也进一步证实了六度商脉理论的科学合理之处，说白了，六度商脉理论所体现出来的就是一个普遍的社交规律。每一个生活在这个世界上的人，和其他陌生人之间的联系都可以通过"六度空间"来实现。在社会化高度发达的今天，现代人之间不存在绝对没有联系的 A 和 B。看起来似乎每个人都被地域或是其他因素给分隔开，彼此间没有往来，但这种所谓的独立存在也是存在于各种关系当中，它们总是被一条最快捷的链条给紧密地联系在一起的。

只要自己有结识他人的愿望，并且找到合适的方法，可以说没有谁是不可认识的，任何人都可以找到最快的方式以最快的速度找到和那个人之间的联系。

❸ 无所不达的六度商脉

谁都渴望有意料之外的成功会降临在自己的头上，只不过大多数人都不可能碰到这般的好运，还常常因为无法实现计划中的目标而苦恼不已。

谁都渴望成为人群中的焦点，成为众人关注的对象，但并不是每个人都可以享受到这份被关注的荣幸。应该说，那些商脉关系网强大的人才会经常有这般感受，他们身边各种各样的朋友众多，只要需要，不同的朋友就会为他们提供相应的帮助，有了这样的商脉关系网，还发愁成不了人人羡慕和关注的事业强人或是人际场上耀眼的明星吗？商脉关系网发达的人自然是走到哪儿都是荣耀无比的。

只是现实太多残酷，很多人都会发现自己成为他人的朋友容易，要结识他人却实在太难。不少人抱怨过："我想认识你，但你没有回应。"也有人曾经不止一次对自己内心渴望结识的朋友说过："我们就仿佛隔着一座山，注定了这辈子是无法相遇的。"很多人都在类似的绝望当中失去了努力向着梦想前行的勇气，从此只在自己的小圈子中一生碌碌无为。

搭建一个科学合理的商脉关系到底难不难，是不是如众人所说的如此让人绝望呢？实际上并非如此，真正了解了六度商脉的本质后，就不会有类似的想法出现了。

第一，六度商脉关注的不是静态的人际资源，而是人际的动态经营。

对于任何一个人的工作而言，获得多大的成功，赚了多少钱，积累了多少经验，有了多大的名声，这些都只是暂时的，一时的辉煌过去，一切都会

重来，只有从工作中结交的朋友和建立彼
此之间的关系才能持久。因此工作的最大
收获不在于名利，而在于人际资源的累积。
人与人之间的关系会为将来的发展提供巨
大的能量，不管是留在这个职位上继续工
作，还是离开这里换一个公司工作，这些
人际关系都不会因为职位或是单位的变化

人与人的交往并没有
什么玄机，要的就是了解
这其中的本质，身体力行，
交朋友就没有从前想象的
那么难了，而这其中的本
质便是六度商脉理论。

而变化，只要经营得当，人生会因为他们而终生受益。

商脉关系不能是静止的，一旦静止不动，就相当于被封存，静态的商脉
关系是发挥不了作用的。这就好比是银行里的存款，如果不用，那么它就仅
仅是个数字，没有任何实质性的意义，必须让钱动起来才能算得上是真正地
发挥了钱的功用。商脉关系也一样，动起来才会创造惊人的价值。

积累商脉不是为了炫耀自己拥有多少人际资源，商脉关系的存在是有实
在意义的。当自己在工作或是创业过程中遭遇什么样的困难或是挫折的时候，
人际资源就要发挥相应的作用，一个电话就可以找到能够提供帮助的人，取
得相应的支持。商脉关系存在的目的正在于此。

第二，六度商脉和一般意义的人际关系不全然相同。

人际关系到底是什么大家都很清楚，六度商脉也是一种人际关系，但不
全然是大家所熟知的人际关系，两者之间纵使有千丝万缕的联系，但就本质
而言也不完全是一回事。在普通的人际关系当中，人和人都是一个个分散的
点，而六度商脉不同，它不允许分散的点的存在，而是把所有在这张人际关
系网中的人和关系都串联起来，编织成一张有机的网络，由此形成一个无所
不及的面。

第三，六度商脉传递的是价值和信息，而不是独立展示某一个人的工具。

　　当今世界是信息时代，信息几乎成为了决定胜负的关键，手中若是握有信息这一制胜法宝，就等于在这个时代拥有了无限发展的可能。怎么才能把握住无限发达的信息资源呢？信息纵然是看不见摸不着，但关于它的来源却十分好理解——广阔的人际网络和人际网络的经营能力。一个人有多广的商脉，就有多丰富的信息来源渠道，也就有多发达的信息网络。所以说，六度商脉这一复杂交叉立体的网络是一个传递信息和相应价值的最佳工具，而不仅仅是用来炫耀自己这么简单。

　　举松下幸之助为例，就可以很好理解这个道理了。作为日本松下电器创始人兼总裁的松下幸之助，之所以能够把松下电器做大做强，靠的不是别的，就是他自己独创的商脉理论，在他的商脉理论中，他要求自己和公司在收集和传递信息方面总走在人前。他提出："信息从来都是从人的身上加以汇集，并对它们进行建档。既可活用，又能引起对方的回应。就像我们将一条活鱼放回到鱼槽中，我们也要把信息养在信息槽里，这样才能够时时吸收足够的养分。"

　　松下幸之助的理论完全已经点出了六度商脉的动态经营特点。信息是流动的，是在不同的人之间通过传递来增强的，最终回到自己这里时的信息才会是具备最大价值的信息。人和人之间如果缺少了这种信息流动的话，只做单点联系是无法将信息的能量释放到最大的。

　　还有一个日本人也很擅长信息流动，那就是前外相宫泽喜一。宫泽喜一最有名的应该算是他那闻名世界的"电话智囊团"了。当有记者在某些问题上对他一路穷追猛打的时候，他就会要求对方给他一个小时的时间去思考如何回答这个问题。这是很关键的一个小时，宫泽喜一就利用这宝贵的一个小时的时间打电话咨询他的智囊团成员，然后汇总智囊团所提供的各种信息，取其精华，去其糟粕，再总结出一个最优的答案，回馈给媒体。宫泽喜一的这一个小时就是信息整合和信息最优化的一个小时。

换句话说，这个时代已经不是个人英雄主义的时代，任何一个人都没有把握只凭借一个人思考的力量来完成一项任务，必须是多数人通力合作，信息整合的结果。有理由相信，那些拥有品质优良的六度商脉的人就有可能成功地完成他所想完成的各项任务，而这其中的关键就在于商脉能够根据个人的需要为自己提供信息，传递信息并增强信息的价值。因此，不断有人希望自己可以拥有越来越多的人际交往关系，让他们为自己未来事业的起飞插上翅膀。强调六度商脉的目的也就在于此。人生道路上最宝贵的资源就是这些围绕在自己身边的朋友，有了他们就可以打开机遇的天窗，缩短通往成功之路的路程，少走弯路，帮助和支持自己在更短的时间内完成更多的项目。

个人奋斗的奇迹不是不可能发生，但在这个时代里这样的奇迹总显得那么遥不可及。与其去摘天边最遥远的那颗星，不如先看看眼前。神话终归是神话，白手起家单枪匹马创下一番霸业尽管看起来很是诱人，只可惜凡人是无法缔造神话的，普通人还是需要在他人的帮助下来实现自己的梦想。成功是一个团队的成功，而这个团队的支持就来自于良好的商脉关系。

个人英雄主义和成功本来就不是两个完全画等号的概念，再普通的人有团队的通力协作也是可以获得成功的。通常意义上的成功都是建立在团队合作的基础上的，就算是比尔·盖茨这样的天才背后也少不了团队的支持。20岁的盖茨与当时世界排名第一的电脑公司IBM签下了自己人生的第一份合约，是什么让IBM做出这样的选择，选择了一个初出茅庐的小伙子进入自己的公司，难道仅仅是因为盖茨所表现出来的诚意和才华吗？当然不是，这一切与盖茨的母亲的支持和帮助是分不开的。

六度商脉理论的目的在于证明成功不是一些偶发的因素造就的，不是和某些名人握个手就可以从中获得好运，也不是和某个知名企业的高管共进晚餐就可以实现同他一样的梦想，更不是只付出一点点的努力就可以收获成功，成功所依靠的是自信、智慧以及团队协作多者结合之后所产生的巨大能量。

六度分割中强调的就是 6 这个数字的神奇。有人在为自己交不到朋友而发愁，实际上只要有六个步骤就可以让自己认识自己想认识的人，也只要六个步骤就可以让自己为交朋友所付出的努力得到收获，听到这，是不是就再也不必为生活中的众多难题而愁眉苦脸呢？这不是在开玩笑，无数的成功人士和名流都用自己的经历证明了这个定理，不论他们从事什么行业，都在践行着这一定理。

微软公司也曾亲口宣布，在众多事实的证明之下，他们已经可以证实六度分割理论的正确性。2006 年，微软的 MSN 通过一项网上信息传递实验的研究结果表明，每两个人要互相认识，中间平均需要 6.6 个人搭桥才能建立联系，一般的中间值是 7 个人，最多的时候也高达 29 个人。

这个人际动态理论在日常的生活和工作当中每时每刻都在运作，只不过几乎没有多少人会意识到在人际交往当中还有一个神奇的 6 的存在，而且事事都脱不开和 6 的关系。正因为没有多少人认识到 6 这个神奇的数字和人际关系有关，也就无法对其加以合理利用，来提高人际交往的效率。事实上很多事情确实如此，用一种最笨的方式来解决一个问题时，人们总会认定其中的逻辑一定如此，例如要打开一扇窗户，总要有以下几个步骤。或许不是所有人都会去总结究竟是哪些步骤能够最终打开一扇窗户，不过对于效率和速度大家的渴望都是相似的。

按照六度分割理论，每一个普通人和美国的现任总统奥巴马之间的距离也只不过是大约 6 个人。只要方法得当的话，这个人数还可能减少。这些方法都不难，都很简单，关键就在于是否掌握了六度商脉理论来指导自己处理相关的人际关系，能否对自己的人际网络进行有效的管理和积极的开拓。如果一切顺利，那么很快就可以体验到自己在人际交往领域中神奇的一面。做到了这一点就不必再让自己沉溺于那些成功学的书籍，因为人际关系的高效管理已经帮助自己找到了如何与人交往，如何为未来规划的最佳方案。

六度商脉理论的最大效用就是帮助各行各业的人通过六度传递来实现自身价值的最大化，让自己在彼此联结的传递当中变得更加强大。本书的目的也在于介绍一些关于拓展人际关系的广泛技巧，让人际交往实现互动连乘的效果。一般来说，书中的一些案例都通俗易懂，具体生动地阐明了一些熟知商脉自身的法则，以此来扩展人与人之间的六度商脉网，开发周边的潜在资源。

人与人的交往并没有什么玄机，要的就是了解这其中的本质，身体力行，交朋友就没有从前想象的那么难了，而这其中的本质便是六度商脉理论。人际交往的壁垒不是牢不可摧，只要能够找到合适的办法，就可以以最快的速度和最短的距离去实现人际往来，这就好比掌握了两点之间的直线距离，哪怕是最远的两个点也可以在有效的时间内到达。

4 沟通是践行六度商脉的基础

初入销售大门的推销员们，最早遇到的问题就是人际交往问题。起初有不少人都不知道如何去扩展自己的人际网络，追根究底就是因为他们不明白与人交往的本质是什么，不知道沟通和联结是商脉中的关键因素所在。如果把每个客户都看成是点的话，那么沟通就是把这些个点连接在一起，形成一个点线结合的六度商脉网络。

六度商脉网络有六个维度。仅有一个维度的人际关系最重要的是沟通，二维到六维的高级商脉网络也不能缺少沟通的作用，沟通仍旧是它们的基础所在。六度商脉网络也需要良好的沟通，商脉网络中的人际关系才能持久，才能牢靠，在网络中的点与点的关系才会坚固长久。

对于销售员来说，事业发展进程中必然存在漫长而残酷的生存实战，如果一直没有领悟六度商脉的重要性，不能理解沟通对于人际关系的重要性的话，就不可能闯过这些残酷的关卡。试想一下那些在销售道路上急得像无头苍蝇一样的推销员，哪一个不是错过了人际往来黄金机会的人呢？

假设自己原本和一位热情的银行家朋友熟识。当自己身处困境时，这位银行家朋友在了解了情况之后，很热情地向自己伸出了援手，愿意一同共渡难关。只可惜在面对朋友的真诚和热情时，自己却有些犹豫，而这一切完全是因为自己沟通能力的不足所引起的，对方很容易因此而感受不到热情的回应。时间一长，这位银行家朋友就会因此而失去和自己沟通的渴望。可以说，这种人的人际关系还只停留在一维、二维的人际关系，至多是三维的程度。

六度商脉理论中最重要的一点就是强调六维的人际关系，六度商脉所实现的也正是六维的人际关系。这一理论可以清晰地让人们了解如何从一维的人际关系迅速升级为六维的人际关系，又如何在短时间内让自己和那些原本在自己看来遥不可及的人建立联系。六度商脉理论给出的答案很简单，就是高明的沟通和公关手段。

尽管答案很简单，不过要真正做到却不那么简单。就营销角度来说，从一维人际关系要迅速跃升为六维人际关系，至关重要的一点就是提升自身的营销能力，这是升级自身人际关系所迈出的第一步，同时也是最关键的一步。

面对如此激烈的市场竞争和复杂多变的生存环境，倘若没有这样的认识，一步一步从小事做起，慢慢积累总结自己的营销经验，勇敢地去拓宽自己的资源空间，又如何能让自己游刃有余地处理各种复杂的人际关系呢，又如何能通过提升营销质量来搭建自己的六度商脉网络呢？

六度商脉网络有六个维度。仅有一个维度的人际关系最重要的是沟通，二维到六维的高级商脉网络也不能缺少沟通的作用，沟通仍旧是它们的基础所在。

大道理谁都明白，自不用多说，就说个最简单的事情，无论如何沟通都是商脉网络向外延伸和拓展最基本的手段，相信不会有人怀疑这个观点吧。这个定理显然是毋庸置疑的，就好比是没人会去否认说话对于人际关系的作用一样。

沟通本质上说就是自我向外界的一种开拓方式，也可以是在团队内部的内在融合方式。每每提到提升商脉关系网时，维系现有的关系也同样需要沟通，很多时候有些关系之所以会毁在自己手上，都是因为沟通不良所导致的，真正的原因不过是一些无关紧要的小事罢了。

沟通对现代人而言几乎已经可以成为决定商脉关系的关键因素，尤其是在营销领域，每一次残酷的较量都和沟通以及自我营销能力有着莫大的联系。短时间内如何积累比他人更多的商脉资源，沟通作为其中重要的一个因素是有助于人际关系的良性建设的。因此，沟通能力对于树立人的外在形象和融入某个团队的作用是不容忽视的。

在纽约闹市的一个偏角处有一个很不起眼的汽车装饰公司——路易斯汽车装饰公司。一天，这公司的老板正在严肃地和自己的员工蒙克谈话，只因为蒙克和其他一些员工认为自己上个月拿到的薪水偏少，似乎莫名其妙地被老板给扣掉了，这样的薪金他们均表示无法接受。

　　谈话中的蒙克情绪很激动，他瞪大了自己的双眼表示自己的愤怒，不断地用自己苏格兰式的英文对自己的老板洛克说："洛克先生，我今年已经47岁了，我有一个15岁的儿子，还有一个12岁的女儿，我的妻子已经失业了10年，家里所有的开销都指望我一个人。另外，我的母亲刚刚做了一个心肺复苏手术，才花费了一大笔钱，这些钱都是从亲戚朋友那里借来的，如果您还要克扣我的薪水的话，您知道这个无情的决定将对我的家庭造成多大的伤害吗？"

　　其他一些员工听了蒙克的话以后，也对蒙克报以深深的同情，对于洛克的做法感到不解，他们不明白自己的老板为什么突然降薪，因此他们的眼神里充满了对老板的愤怒。很显然，这是一场劳资纠纷，老板与员工在一起严肃的谈判气氛让空气里弥漫着火药味儿，只要稍有一点不注意就可能擦枪走火。如果这个时候老板不采用合理的沟通方式进行沟通的话，不仅会失去这群忠诚能干的员工，还可能因此在业界身败名裂，从此被劳动保障和司法部门盯上，被人们称之为黑心资本家，如此反面典型也难免被众人奚落。

　　作为公司的老板洛克，算是遇到大麻烦了，此刻他所能做的无非就是劝服自己的员工听从自己的安排，这显然已经不太可能了。要不就是拿出扣走的那部分工资重新发给这些员工，满足员工所提出的要求，但这样一来又有损他作为老板在公司内部的威信，势必会影响今后他对公司的管理，而陷自己于被动。

　　洛克是个充满智慧的老板，面对愤怒的员工时，他并没有大吼或是发脾气，也没有不屑地匆匆走掉，反倒是给蒙克倒了一杯水，请他坐下来好好说说。洛克说道："蒙克，你家的情况我早就知道了，如果你想解决问题的话，就请坐下来说。"蒙克听到自己的老板这么说了以后，很是惊讶，迅速停止了他的抱怨。在他预想中，老板听了他的抱怨以后一定会动气，一定会让他滚出自己的公司，但是洛克并没有让这一幕发生。老板反倒是心平气和地让他坐下，局面似乎没有蒙克最初预想的那么紧张，老板很明显是接受了他的抱怨。蒙克接过了老板递给他的水杯，自然地坐在老板办公桌的对面。

蒙克听了洛克的话之后，说："好吧，我想听听您怎么说，我也想知道您会给我一个什么样的结果。"

洛克听完后笑了一下，随即语气又变得凝重起来。针对蒙克的要求，他并没有开门见山地提出自己的想法，而是把话题转开了。他向蒙克提到了另一名员工，一名一向工作非常认真努力的员工——默奇尔。洛克说起了这几个月来发生在默奇尔身上的事情。

默奇尔的家中最近发生了一系列的变故，首先是自己的父亲在去超市购物的路上遭遇车祸失去了双腿，在送往医院的途中，一度生命垂危。默奇尔父亲的这场变故公司内部几乎无人不知，但员工们却不知道在默奇尔最为危急的时刻，洛克拿出了 10 万美元，替默奇尔垫付了父亲的天价医疗费用，10万美元对他来说也不是个小数目，几乎已经是自己的公司最近一段时间的全部周转资金。也正因为如此，洛克才不得不暂时削减了其他员工的薪水。

说完默奇尔家中的变故后，洛克跟蒙克说："只要公司内部所有的员工能够齐心协力的话，这些问题都只是暂时的不是吗，都可以得到解决不是吗？"

蒙克和门口的那些员工听完了洛克的这番话之后，原本的愤怒都已经消掉不少，他们都陷入了深深的沉思当中，开始慢慢思考自己的所作所为是否得当。老板对他们所说的一切在情在理，也说到了问题的根本所在，也未曾回避他们所提出的要求。很明显，公司现在面临着前所未有的困境，甚至没有回旋和后退的余地，如今摆在他们面前的只有两个选择，要不就是拿走属于他们的那份工资离开公司，这无疑意味着失业，要不就是和默奇尔一样同洛克的公司共存亡。

最终的结果是所有人都选择了第二个选择，这也说明洛克并没有轻视他的这群员工，反而是非常珍惜他们对自己的作用。

洛克用自己的真诚和重情义挽留了自己的员工，从此后这批员工成为了洛克公司中的顶梁柱，无论是谁都比从前更卖力地工作，因为他们知道自己有一个重情重义的老板。此后的多次全国性或是行业型的危机，洛克公司里的员工几乎没有一个人因为公司遭遇经济危机的袭击而离开公司，他们对洛克都不离不弃。蒙克甚至还为洛克出谋划策，让自己的一位身在美国西海岸从事短期融资业务的远房表亲协助洛克解决了资金问题。

蒙克在帮助公司走出困境后，洛克给了他丰厚的回报。如今蒙克已经不是当初的小员工了，已经同其他的三名员工成为了公司的小股东之一，他们的公司也不同往日，在他们的努力之下变成了一家朝气蓬勃的公司，每一名员工都十分团结，且对公司非常忠诚，洛克有这样的一家公司也不必惧怕任何困难。

洛克的故事证明了沟通和沟通技巧的重要性，当彼此之间产生敌意或是关系濒临破裂的时候，巧妙地沟通不但可以展示自我的真诚，还可以在一定程度上缓解紧张的气氛，让关系回到最初良好的局面上来。

在这个故事里，洛克有着很高的沟通技巧，他善于用谈话来化解危机，同时维系自己的人际关系。几句话就把一个无须过多修饰的真实故事传递给所有的员工，化解了一次马上就要降临的危机。沟通对于人际关系维系的必要性和重要性也就随之显而易见了。

擅长沟通的管理者，可以运用自己的智慧去疏导下属的不良情绪，扭转危机的局面，他们总是习惯用自我营销的方式来展示自己，尽量压缩公关的成本，减少周期，用最简单的方式去化解人与人之间的矛盾，可能是几句话，也可能是几个小小的细节，就能打动对方。与之相反的是，不善于沟通的人，可能一开口就会适得其反，一句话就可能叫对方感觉不满，这样的结果只会让自己的事业和人际关系毁于一旦，再也无法挽回。

不少人在现实生活中总希望有丰富的商脉资源，也希望自己有各种有利的人际关系。他们把这种渴望化作日常行为的动力和决心，就像是一个焦急等车的人，迫切需要登上一辆开往目的地的巴士。于是，他们锻炼自己的口才，在与人交往时，总能无所不通，口若悬河，辩论能力也十分强大。他们总在想，自己应该有很多很多的朋友，自己也具备了成为众人的焦点的可能性，所有人的目光都应该注视着自己。

他们心目中的自己是极富有诚意的，但也让他们感觉到奇怪的是，为什么一提到六度商脉就总是和他们无关，所有和六度商脉相关的东西总是和他们无缘。毕竟他们认为自己可以和任何人交上朋友，任何人也都不可能轻易无视他们的存在。

实际情况却不如他们想象的那样，在生活当中，他们并不是众人眼里的焦点，他们的生活也始终不太如意。但凡他们做点什么事情，都会处处受阻，事事受挫，这些困难和麻烦几乎让他们焦头烂额，随时随地都有很多难以解决的问题让他们产生巨大的无力感和无助感。这种人在现实当中并不鲜见，他们就好比是沙漠里的荒草，孤立无援，身边没有合适的朋友，找不到事业上的帮手，而且常常会发出"没人帮我"或是"我无人可找"的慨叹。

为什么会是这样？他们时常在问自己这样的问题，也时常去找原因是什么。只可惜他们都没有一颗真心想解决问题的决心，于是总是习惯把责任推到客观因素上去，从不反省自己，从不将一切过错归咎于自己，甚至有不少人还发出了"怀才不遇"的感慨，认为现实中自己遭受了不公的待遇。缺乏自省的他们只得终日压抑和悲愤，却无力改变什么，浑浑噩噩，度日如年。

事情完全不如他们所想象的那样严重，而问题也确实和他们自己有关。他们在与人沟通的时候表达总不见那么顺利，他们的话语让他人感觉不舒服。在与他人相处时，他们无法用准确的方式表达自己想说的，有时言语行为还表现出了很强的攻击性，这样的沟通结果就是不但不能达到沟通的效果，反而因为气场过于强大，气势过于嚣张，而导致对方不愿意以诚相待，不愿意和他们交朋友，更有甚者有人都不愿意自己的生活和他有交集，仅此而已。

沟通的目的就在于为身处困境中的自己解围，让自己借助公关来渡过难关，更好地融入团队当中，把自己的人际网络关系无限向外扩展，自己的外在形象也会因此而树立。

大量的事实已经证明，同样的事实，同样的意思，只要换一种表达方式进行表达，沟通的效果都会有天壤之别。我们都能通过合理科学的办法来延伸自己的商脉网络，结交各种各样的朋友。

在增强人际交往能力时，有两点是很值得注意的：一是合理恰当地表达自己的想法；二是站在对方的角度为对方考虑，把对方的需求也放在自己考量的范围之内。做到这两点无非就是为了达成双方的一致，在求同存异的基础上实现自己的目标，这自然不是件简单就能做到的事情，却也不是做不到的事情。方法很重要，掌握了恰当的方法，就犹如想要飞翔的人添上了一双有力的翅膀，要过河的人有了一对顺水的船桨，完美的沟通让人际交往的效果事半功倍，短时间内为自己打开了商脉宝库的大门。

⑤ 六度商脉的本质在于传递价值

上文提到了沟通对于人际交往和六度商脉搭建所起的关键作用，那么六度商脉的搭建目的又是什么呢？很显然，在一个良性的人与人沟通网络中，最基本的要素就是传递价值。

第一，在六度商脉中找到自我价值。

在公关培训课程中，"价值"这个话题是时常被提及的。常有人质疑商脉拓展和价值的关系是什么。难道在扩展人际关系的时候还要以价值为依据吗？难不成在每次同他人交往时，都要用利益去衡量是否这个人对自己有什么现实的好处？这种想法明显有不少偏颇，在提及利益的时候，人们总习惯用主观的视角去理解利益这个词语的内涵，就好比是一种无意识的存在一般，没有人能够阻碍自己对利益有这般看法。客观一点说，价值并不只是人们通常想象中的那样，它首先是针对自己的，说得更具体一些，价值其实就是自己的"被利用价值"。

当自己需要往外扩展自己的人际交往的时候，要去结识某些朋友的时候，不妨先问问自己，冷静地审视一下自己，自己是否是一个对他人有用的人。倘若找不到对他人有利的地方，那就说明你对他人来说是暂不具备价值的。这个概念理解起来不难，就好像自己被某个公司聘用，就因为这个公司看重了自己身上的某种"被利用的价值"，或者说是"被雇佣的价值"，与此同时，自己进入这个公司所做的一切职业规划的唯一目的也是为了提升自己的"被雇佣价值"。公司和个人要是都缺少价值的考量的话，那这场雇佣关系几乎是

> 由于价值的原因，在现实生活中，人们往往不会和自己地位相差太远的人真正成为朋友，毕竟彼此间对价值的需求和所能提供的价值总不对等。

没有意义的。人际交往也是如此，彼此间对对方的价值越明显，就越容易结成强大而牢靠的人际关系。

"我能为你做点什么？""哦，或许你可以帮我解决我眼前的麻烦。"这样的对话在人际交往的最初阶段常常听到。或者可以说，这样的对话就是彼此关系的入场券。一旦自己可以为他人排忧解难的时候，自己的价值就会被他人发现，而彼此之间的关系就因为这份价值的存在而有了稳固的基础。六度商脉就是这样的价值传递，从表层来说，彼此之间的信息传递和营销是人和人关系中的全部，就实质而言，信息的背后是一种价值的需要，对对方价值的需求和肯定是六度商脉的本质所在。信息的传递只是一种方式，人和人之间就是通过信息的传递来明白对方是什么样的，对方需要什么，对方可能存在的价值是什么。如果只是把信息看成人际交往的全部的话，那是远远不够的。

由于价值的原因，在现实生活中，人们往往不会和自己地位相差太远的人真正成为朋友，毕竟彼此间对价值的需求和所能提供的价值总不对等。试想一下，如果自己某一天能够应用六度分割理论有幸结识了某位富商，相信这种关系也不会太过持久或稳固，对方的价值总不对等。并非没有价值，而是自己的价值和对方的需求二者之间存在太多的对接障碍，如此价值差异的人际关系要牢靠难度实在太大。再换个角度想想，一个比自己地位低很多的人也是难以和自己成为真正的朋友的，道理是相似的，双方所传递的价值信息不在同一个交流平台上，即便是动用了六度分割理论相识，也难以相互获取所需的信息。

与其像只无头苍蝇一样到处花费精力认识陌生人，不如好好地找准自己的价值定位，了解了自己的价值取向和价值所在，这就好比树立了自己的品牌一般，能够有针对性地选择自己所需要的商脉关系。接下去要做的就是向对方展示自己的价值，让对方认同自己的价值，才能让对方把自己纳入人际交往库当中，双方的商脉网络才因此建立，这是搭建六度商脉网络最为理性务实的做法。

第二，向他人展示和传递自身的价值。

价值既然是在传递中得到交流和肯定的，而且商脉拓展是需要在价值的基础上进行的，那么如何把自身的价值勇敢地展示，并成功地传达出去，就是决定自己能否从他人那儿得到人际交往的一个重要信号了。一个不愿意把自己展示出去的人是很难获得他人认同，也不容易同陌生人搭建良好的人际关系的。

六度商脉关系的建设，首先需要双方互相传递自身价值，掌握了对方的价值所在和自身的价值需求后，双方做出适当的评价后才促成交往的机遇，达成互信之后，商脉关系自然而然就建立起来了。

在向陌生人展示自身价值的时候，切忌要防止以下两种心态的出现。

一、要防止出现傲慢和封闭的心态

这类错误一些大公司的中高层管理人员常常犯。由于社会地位较高，在面对陌生人时，他们总是喜欢抛出自己的名片，就好比在他们面前要秀出自己不凡的价值一般，他们的优越感十足，令陌生人望而却步，还会因此产生不必要的厌恶感。其实大可不必如此，身为某500强公司的董事或是高管，这本身不足为傲，一味地在社交场合里流露出自己身居高位的傲慢心态，只会在人际交往中伤害对方的自尊，并且招来对方的厌恶，反而起不到多好的社交效果。将心比心，谁也不会愿意和一个傲慢的人交往吧，这不但达不到好的交往效果，还会伤害到自己，如此吃力不讨好的事情人们自然都不愿意做。

傲慢的心态源于他人求我，我不求他人的想法，如此高高在上的一种态度，是很难让自己摆脱虚荣心的。实际上，在社交场合里，谦虚待人是很重要的，傲慢会影响自己的学习能力，容易把自己封闭在自己小小的空间里，变成目光短浅的井底之蛙。

二、要避免自以为是的愤青心态

如今不少公关网站成为了经理人与人沟通的主要途径，一般来说，经理人会在网站上标明了自己所属公司的名称和自己的职位，这是最常见的一种表明自己身份的方式。标明职位，可以让搜索的人一下子就明白自己可见和潜在的价值，所以没必要弄虚作假，捏造事实，明白地把准确信息传递给其他人才是正确的做法。不过也有不少人不这么做，总喜欢在网络上开一些自以为是的揶揄玩笑，例如曾经有人在自己的职位描述上就写道：我是经理，却不知道经理的价值几何？

之所以这么写，无非就是为了表现自己的超脱，还带有一些愤青的味道。实在不必如此来彰显自己的个性，看起来这个描述与众不同，但与众不同，标新立异不尽然都是好事，有时候也会给自己带来负面的形象。通过网络来进行社交，陌生人的交往情况居多，这也是六度商脉理论存在的意义所在。当陌生的客户接触到一个经理人的资料时，在无法真正深入地了解本人的情况下，只得从描述中寻找有价值的信息，一般就在几分钟之内对对方的交往价值进行判断，所以说描述是一个很重要的展示自身价值的途径。如果描述当中存在太多揶揄的语言，带有浓重的愤青色彩的话，多半会给人传递一种不尊重自己职业的感觉，那么多数人都会在这个时候选择放弃认识这样的商脉关系。

既然价值传递是建立商脉的关键因素，那么不尊重价值传递过程的人，也就不再尊重自己的商脉网络，换句话说，也就是不尊重别人，至少很多人都是这么认为的。人们在判断很多事情的时候标准都是源自于人们的潜意识，而不受到主观意识的控制。那些并不让他们感兴趣的职位描述自然也会在几分钟以后被他们送进回收站。

三、商脉网络的建设必须通过价值的传递才能实现

有这样一种情况，从前关系很好，且彼此互相需要的一个朋友，由于平时大家的工作太忙而无法常常碰面，久而久之缺少联系，彼此都忘记了对方的存在。对于六度商脉而言，这一类的人际资源可以算是一种没有产生应有价值的沉淀资源。直到某一天，某人因为某种困难求助于自己的时候，自己才会回想起还有这样的朋友存在。而处在那个时候的自己就会情不自禁问自己，为什么没有早想起这个朋友，为什么没有早一点向自己的朋友介绍这个人呢？

再或者在某个时候要向某人介绍这位相识已久的朋友时，却发现自己已经很久没同他联系了，关系已经不似从前那般熟悉了。就算是打电话过去，对方对自己的反应也很冷淡，没有从前那样的热情，这时的自己忍不住会想，难道朋友只在自己需要的时候才会对自己热情吗？

这里面有个很重要的问题需要好好解释一下，商脉关系的最大价值是什么，要怎么去发挥商脉的最大价值呢？既然自己对于朋友来说是很有价值的存在，另外，自己的众多朋友也对自己有不同的价值意义，那如何才能将这些价值关联成一个网络，在传递之间发挥出更大的价值？

要发挥和传递最大的价值，在庞大的商脉网络中需要一个重要的价值周转站，而这个周转站不是别人就是自己，自己的价值在网络当中联系着来自四面八方的朋友，在朋友的信息和价值的传递中无限扩大自己的价值。假设自己只是单方向地接受或是发出信息，作为一个终点的存在的自己是无法创造无限的商脉可能的，即便是已经存在了的商脉关系，也只能维持在有限的范围中。因此，不仅仅要做一个终点，更要成为商脉网络中的信息和机制的中转站才更有利于所有人际关系的交换和传递，作为一个人际关系的枢纽中心，才会有更多的机会去接触各式各样的人，巩固和扩大自己的商脉网络。也只有这样，来自各个领域的人才会因为自己而感受到自己的价值存在，促成自己和他人之间的人际交往，扩大商脉网络的无限可能。

寻找和建立自身价值，是搭建六度商脉网络的基本逻辑。作为商脉网络中心的自己，要随时随地将自己和他人的信息传递给网络里中的所有人，并尽快促成更多信息和价值的传递。掌握了这一原则之后，就会对人际公关无所畏惧。

第二章 | 成功只在六步之内

成功看起来很复杂，但也很简单，只需六步就能到达成功的彼岸。这不是天方夜谭，事实证明确实如此，根据六度分割理论的原则分析，任何一个人要获得成功，或是在人际公关上有所建树，都只要短短的六个步骤，甚至有时还可以从第一个步骤直接跳到第六个步骤，实现质的飞跃，前提是要为自己找到一个合理的科学方法。

◆ 有商脉是坐电梯，没商脉是爬楼梯

商脉的重要性自不必言说，碰到一个合适的朋友很可能为自己的事业提供巨大的帮助，别轻易地轻视身边的人，没准下一个就是可以给自己带来好运的人。有了好的商脉资源，努力起来就像爬楼梯有电梯或扶梯可以乘坐；如果没有商脉资源，你再努力，也只能是一级一级地爬楼梯。所以茫茫人海中遍地都是你的商脉资源，无论是对谁都应以诚相待，让自己成为自己六度商脉网络中的一员，绝不能自视清高或是无理取闹。

可以这么说，六度商脉理论最大的核心价值就在于帮助人在建设自己的人际关系时，能够在最短的时间内最有效地为自己找到一个可以给予自己有效帮助的黄金商脉。这些商脉资源不仅是为了帮助自己取得最初的事业上的

成功，还要让自己的小世界变成一个精彩的大世界，从小世界中走进大世界的自己也因此感受到了量变到质变的变化。所有的变化，无论量变还是质变都是出乎自己意料的，都是六度商脉所带来的美好礼物。

有一个叫张勇的年轻人的创业故事十分具有代表性。张勇原本是山东的一个普通的农民，创业成功后的他，摇身一变成了当年最有名的企业家。关于他的创业故事听起来似乎有些戏剧化，可是这个戏剧化的进程分明是在告诉人们一个事实，仅凭一个人的力量是无法完成这样的神话的，他的成功也不仅仅是他一个人的成功。

创业之前的张勇是一个普通的农民，而且还有先天残疾，在大家眼里他几乎是不可能创造奇迹的，对于一个普通的农民来说，他的身边也不存在太多可以调用的资源和关系，除了他们日日耕种的土地之外，他们想要创造其他更多的奇迹本身就会是一个奇迹。所以在很多人看来，张勇似乎是注定要当一辈子农民了，他不会有其他的事业生涯，甚至他的生活都会有不少困难。乡里所有的百姓是这么认为的，即使是他的父母也从来没有过一点点奢望。

当他20岁的时候，一天正在放牛的他遇到了一个向他问路的人。两人聊了几句之后，问路者开导了张勇，还劝张勇尽快去学会一门手艺来养家糊口，还给他指明了方向，提供了具体的建议。张勇听了这位问路者的话以后，很受启发，一瞬间内心就生发出了前所未有的热情，仿佛自己的人生被种下了一颗热情的种子，慢慢发芽，让自己原本是荒地的人生也长出了青青绿草。

于是，张勇拜别了自己的父母去学理发的手艺，后来又回到家乡开起了理发店。碰巧从前向自己问路的那个问路人又一次路过了自己的理发店，后来张勇才知道此人是这个乡的邓乡长。邓乡长了解了张勇的情况之后，时常会到张勇的理发店去看看他，还鼓励张勇要勤劳致富。在邓乡长的鼓励下，身体有残疾的张勇并未因为自己的缺陷而放弃自己的梦想，他始终相信通过自己的努力还是可以创造自己的幸福生活。

邓乡长的鼓励几乎影响了张勇的一生，张勇开始计划起自己的人生，他放弃了理发店，改行做起了五金和建材生意，在他的努力下，生意日渐红火。邓乡长了解了之后，继续鼓励他开始企业化管理，张勇真正开始了自己的创业计划。虽然在创业初期，张勇既缺乏经验，又没有资金。但在邓乡长的支持下，张勇和乡里的企业办主任一同外出考察项目，学习他人的先进经验。随后邓乡长又以个人名义担保从信用社贷款，解决了张勇的资金问题。有了经验又有了资金的保证，张勇决定放手一搏，他开了一家砖厂，没多久砖厂的生意就出奇地好。短短两年，砖厂就为张勇积累了几十万的资金。有了这笔资金，张勇开始其他产业的扩展计划，又在别的城市开办了多家自己的分公司。

商脉的重要性自不必言说，碰到一个合适的朋友很可能为自己的事业提供巨大的帮助，别轻易地轻视身边的人，没准下一个就是可以给自己带来好运的人。

注定了只能在村里混一辈子的农民，自从结识了邓乡长以后，张勇有了自己的梦想和创业计划，从一个贫苦且自卑的农村青年，一跃成为一个知名的大企业家，而这些变化仅仅发生在两三年时间内，也许连他自己都没有想到，自己的人生道路会因此发生如此大的变化，这种突破令人难以置信。

邓乡长就是张勇人生道路上不可多得的"伯乐"，也是张勇年轻时期的黄金商脉。朋友不一定求多，可是那些可以为自己的人生道路带来宝贵的建议和帮助的人却不能缺少，关键时刻，"伯乐"的作用就在于帮助自己突破人生的瓶颈，让自己在未来人生道路上少走弯路，尽快领悟人生的真谛，仅凭这一点，这样的"伯乐"就足以让自己终生受益了。六度商脉的本质就在于帮助自己多多找到这样的"伯乐",好莱坞有一句经典名言:"成功不在于自己知道什么或是做了什么,而在于自己到底认识谁。"朋友不少,可不是所有人都会成为"伯乐",也有些会让自己不知道何去何从的人,这些人就是俗称的损友,当然也有那些可以为自己指引道路,让自己跨越障碍,找到成功方向的朋友,那才是"伯乐"。真正聪明的人是不会轻易放弃一个生命中的"伯乐"的,无论如何他都要让"伯乐"成为他六度商脉中的一员,从而发挥巨大能量,让六度商脉和自己的成功对接,让自己最快地接近成功和梦想彼岸。

华商钟兰女士的创业史也是颇有神话色彩的历程,她的经历几乎是另一种鲜明地与巨人同行而达到成功终点的经典案例。钟兰女士从弗吉尼亚大学毕业以后,先是在零售行业里累积自己的经验,她加入了鲁明岱百货公司,成为了一名基层培训人员,工作了一段时间后钟兰女士才进入了法学院开始学习法律。之所以在学习法律之前去零售业学习了一段时间,只因为在她看来零售业的工作经验可以为法律学习提供经验上的帮助,零售业工作的艰辛磨炼自己的耐心,细致的工作还帮助自己提高了处理问题的能力,提升了自己的悟性。

在鲁明岱公司的经历,让钟兰女士体会到了零售业的艰辛和事业梦想的艰难,难归难,却没有让钟兰女士打过退堂鼓,反倒是让她明白了将来自己创业时需要注意些什么。此时的钟兰遇上了她人生的第一位伯乐,鲁明岱百货公司的副总裁万斯女士。万斯女士在当时已经是商界赫赫有名的女强人,有很强的工作能力,而且智慧超群,还很善于与人沟通。在鲁明岱百货公司内部,谁都知道要获得万斯女士的肯定就必须拥有超强的工作能力。认识了万斯女士之后,钟兰马上就意识到自己,遇到万斯女士或许是一次艰巨的挑战,更可能是一次难得的机遇。只要获得万斯女士的认同,自己就可以在鲁明岱百货公司得到信任和重用。

为了从万斯女士那里学习到更多的工作经验和技巧，钟兰把万斯女士视为了比自己年长的老朋友，热情地与她交流。钟兰的诚意和热忱慢慢地打动了万斯女士，并赢得了万斯女士的信任，万斯女士也很愿意将钟兰视为自己的朋友，心甘情愿为钟兰的事业发展提出自己的建议和看法。几年的时间，钟兰在万斯女士的帮助下，职位一再升迁，到了20世纪80年代，钟兰已经成为了鲁明岱百货公司的销售规划经理和内衣部的副总裁。钟兰用了五年的时间完成了大多数人20年都无法走完的职业历程。

不久以后，钟兰又在已经有了110多年直销历史的雅芳公司担任顾问工作。钟兰在雅芳工作期间，凭借着自己卓越的才华和商脉拓展功力，让雅芳的CEO普雷斯对其刮目相看。俗话说，机会总是垂青那些有准备的人，普雷斯很快就认可了钟兰卓越的工作能力，甚至还和钟兰成了好朋友。1999年，雅芳公司遭遇了有史以来最大的经营危机，销售量迅速滑坡，股价也一路下滑，此时普雷斯作出了一个惊人的决定，让钟兰继任雅芳的CEO。钟兰在此后的一年时间里，就公司的广告、加工、包装、销售等诸多环节进行了大刀阔斧的改革，让雅芳重新恢复了生机，平稳地渡过了这次危机。钟兰尽管对雅芳进行了各方面的改革，但她并没有辞退任何雅芳的旧员工，或是培养自己的心腹，而是在原有的销售队伍的基础上进行重新整顿并沿用，这样的做法无疑是一种广植商脉的做法，这也让钟兰在短时间内获得了人心，赢得了商脉，推动了她的每一项改革策略顺利推行和实施。

钟兰曾经表示，很多人看似都在等待机会，实际上都是在希望有上帝可以降临来拯救自己，她从来不这么做，她希望自己主动去找到能够带着自己飞翔的翅膀。

钟兰这么说，也是这么做的，她是一个毫无背景的女性，40 岁的时候就取得了让很多人羡慕的成就，有人说这是奇迹，其实也不算是奇迹。她的成功源自于她精通六度商脉，这是缔造一切成就的关键，找到那些可以推动自己事业发展的关键，成功就在前方招手。成功本没有速成法则，也没有捷径，但商脉开拓确实可以成为事业成功的"第一元黄金规则"。事业当中认识的第一个人是谁很重要。这个人是可以帮忙找到捷径，并且可能改变人生的一个人。此外，经营好自己已有的商脉也是必需的，这些商脉网络的存在可以带着自己一路小跑，顺利跑过自己的事业历程。

在过往众多成功的企业家身上，存在一个很普遍的现象，这也就是他们成功的秘密之一，他们的成功路上必有人相助，也许这帮助不一定如钟兰那样显著，但这份帮助是功不可没的。说得简单一些，有人可能出资金，有人可能给自己提供施展才华的平台，有人帮助自己走出了最终的困境等，这些人都可以称之为"伯乐"，都是事业发展过程中不可或缺的商脉。

每个人的一生当中，都会面临一些人生的关卡，都会碰到事业的瓶颈期，这不足为奇。此时最需要的就是有一个人在身边可以真心诚意地扶自己一把，这样的帮助看似简单，却是给自己的事业注入了强力的推动力，让自己更有信心地朝着未来的方向走下去，自己的才华也可以得到进一步的发挥和释放。他们的帮助能让自己在迷茫中找到最终的方向，获得更多的力量。所以认识他们，和他们保持良好的关系，是事业成功最为关键的一个环节，有了他们的支持，事业的成功仿佛是如虎添翼。不少人正是因为缺失了这一块，还在苦苦地追求着自己的成功。倘若他们早一天洞悉商脉对他们的重要性的话，明白商脉公关的本质的话，就不至于如今还总是徘徊在弯路之上。

所谓的"贵人"真的是可以给自己带来幸运的人，有了他们的帮助，就可以少走很多的弯路。创业者在创业初期都会慨叹自己在最困难的时候无人相助，也哀叹过没有人为自己提供帮助，自己总是孤单一人陷入泥淖当中。这话听起来确实很不幸，但这不幸的源头是他人吗？当然不是，问题还在于自己。不走出去和其他人沟通交流，在事业的起步之初积攒相关的商脉，这都是自己的问题。如果可以掌握沟通的技巧，与人为善，一定能渡过难关。关注身边有价值的商脉资源，就等于掌握了一把金钥匙，他将以最小的成本换回最高的回报。

② 六度商脉的传递方向和携带价值

联系的效率也是个不可回避的问题，六度商脉的积累过程，就好比是几个人聚在一起打牌，不但要和对方有联系，还要和牌之间传递一些信息。这种传递是毋庸置疑的，重要的是如何通过结点来传递信息，如何通过传递来让自己掌握先机，识破其中的玄妙之处。打牌就会发现有的人目光独到，随手就可以摸到一手的好牌，而有些人则总是不得要领。这说明一个人的眼界是很重要的，如何在信息的传递当中判断某种联系或是所传递出来的信息的价值，是最关键的所在，这是因为未来是人人都无法预知的，不过经验和往常的一些需求还有朋友之间的信任是能够作为初步审核和决定的标准的。

在结识新朋友时，人们都习惯通过已有的商脉网络来进行联系，这个时候很多人都会为这样一个问题所困扰：这个人需要认识吗？他可靠吗？

要知道，若是对方不够可靠，或是方向出现偏差的时候，等待自己的很可能就是一场骗局。

还有，在传递信息时出现偏差，所有的关系都会变得徒劳无功。

> 有价值的朋友会为自己展示出渐强的商脉传递维度，自己的商脉网络会随之像一支潜力股一样实现正面升值。

对于六度商脉而言，方向性的价值其实就是让大家更为清晰地明白，不是每一个朋友的价值都是相同的，有些人可以在适当的时候传递出有价值的，方向性正确的信息，给自己带来意想不到的收获，而有些人则做不到。试想一下，若是有一天自己的商脉网络里面有马云的存在，或许真的马云就会是自己的"伯乐"。反之，如果朋友总是一味求助而无法提供相应帮助于自己的话，那么这朋友的价值就要重新考量了。

有价值的朋友会为自己展示出渐强的商脉传递维度，自己的商脉网络会随之像一支潜力股一样实现正面升值。而那些缺乏价值的朋友，对自己的事业而言只会是一次很严重的打击。

请注意，这里所说的问题有两个关键点，一个是价值的方向，一个是信息的传递。方向指的是该结识什么样的朋友，而信息的传递是指要如何向对方展示和发送信息。二者结合，说的就是商脉联系的效率问题。一般来说，人们对损友的定义就是那些总是在自己身上蹭各种好处，平常为人处世很是离谱，对自己的生活和事业起不到任何积极作用的人。这样的人通常是没人喜欢的，即便是少不更事的小孩都会讨厌他们。

如果不幸结交了这样的朋友，自然是后悔不已，恨自己为什么要和这样的人认识，还和他成为了朋友。这一切一切的原因就在于自己当初做出的那个最为失败的决定，而如今的生活因此充满了各种各样无尽的烦恼。

这类事情谁都可能会遇到，生活当中此类事件总是层出不穷。突然不知道哪一天，自己身边就会跳出某一个人来，和自己称兄道弟，而且他身上一般具备以下几种特质：诸如在某个特殊机构任职，拥有旁人所没有的能力，还有超强的眼光，等等。简单地说，他就是一个在短时间之内把所有烦恼一扫而空的人，甚至还可以帮自己一步登天。这样的朋友看起来是多么的完美啊！

遇上如此完美的朋友，难道自己事业的春天就因此到来了吗，自己的梦想就马上有了实现的一天了吗？事实的发展与自己的想法显然是背道而驰，因为从一开始，这样的完美就是一个幻境。

不要自以为遇到这样的朋友就是六度商脉里最佳的人选。在商脉的联系效率问题中，最要紧的就是刚才提到的方向和传递问题。可能一个与自己关系极其融洽的朋友，他的朋友却和自己并不怎么合得来，所以朋友的商脉网络不完全等同于自己的商脉网络，里面还可能有些和自己的观点相抵触，或者他们对自己一点儿兴趣都没有，这不是一句玩笑话，它是真实存在的。

很多人都爱说这样一句话："朋友的朋友就是我的朋友啊。"说这话的人通常都不懂得如何交朋友，只是单纯喜欢交朋友，却对如何交朋友一点概念都没有。这就好像一副扑克牌，所有牌的背面花色都相同，不同的只是它们的正面，只有把它们从一副牌当中抽出来，看到了正面，才能知道自己手上有什么牌，是不是抽到了王牌。

说个具体的例子事实就很明白了。比如自己认识了某A的朋友某B，而某B正好是自己最厌恶的一个家伙，自己厌恶也就罢了，自己还有另外一个朋友某C比自己还反感某B。于是，在某B和某C同时在场的场合里，自己就必须很谨慎小心地去处理两者相处的关系，有的时候还要避免两者同时出现，避免两人有联系。毕竟两个彼此没有好感的人待在一起久了，一定会吵架，还会因此成为互相鄙视的仇敌，把整个气氛搞糟，进而影响其他人的关系。

说了这么多，总结一句话就是，有什么样的朋友就有什么样的商脉网络，

而什么样的商脉网络就决定了自己的生活和事业的未来前景。因此，有两点
要特别值得注意：第一，通过自己的朋友所结识的朋友，不一定会和自己产
生某种值得期待的联系；第二，广撒网不一定是结交朋友的最佳办法，不妨
考虑一下自己所需要的方向再出手这样会更有效率。

要做到这两点并不简单，首先自己必须了解如何去积累传递能力的技巧，
不管是谁在固定的时间和空间里，只能朝同一个方向释放自己的能量，三心
二意是达不到好的结果的。与其随意出击，不如一面抓紧。一个朋友究竟值
不值得交，前提是这个人自己是否了解，这当然不是要求自己要派出私家侦
探，对这个人进行全面的摸查，只不过是希望确确实实地了解这个人的本质
如何，这是很必要的一项工作。一旦确定了要和这个人结成朋友的话，那么
就需要一个良性的传递过程，这一过程还会带来双赢的效果。否则，只有单
方面进行传递，也就难免会出现你输他赢的尴尬局面。

❸ 你的搭档和朋友决定了你的前途

在拼命为了工作和未来设计努力的大部分时间里，自己都会忽略掉这样
的一个事实，那就是自己的实力未必能够决定未来的成功与否，而真正能够
决定一切的却是自己的搭档和自己的朋友。不是说成功只和他们有必然的关
系，但自己和他们之间的联系似乎成为了前途的最终决定因素。大多数心气
高的人，都会觉得只要自己拿出一份出色的创业和商业计划书，再有一个充
满力量的自己，怎么就不能决定自己成功的命运呢？可承想，当自己在为这
个问题而苦恼的时候，可能已经忘记了自己身上也有不少毛病和不足存在。

第一要紧的就是资金问题，如果缺少了资金，光有计划就只是空谈。第二要紧的是有帮助自己实现计划的人吗？如果没有，单纯的计划也一点用处都没有。缺少一个可以和自己优势互补的合作伙伴这也是个问题。一般情形下，只有在同行光芒的衬托下，自己的光芒才

> 单打独斗是无法全力解决所有问题的，人都是需要助手的，有时候即便是强大的敌人都会是激励自己打拼的重要前提，否则自己只会是一个孤单无力的背影。

会显得更加的耀眼。只有一个人，手中拿着那份计划，空凭着一腔的热情就想为自己的事业打拼出什么来，这显然是不可能的。

这就是现实，尽管很残酷，但不得不去面对。单打独斗是无法全力解决所有问题的，人都是需要助手的，有时候即便是强大的敌人都会是激励自己打拼的重要前提，否则自己只会是一个孤单无力的背影。

如此说来，难道个人的力量就一点都不重要了吗？倒也不是，提到搭档和朋友的重要性不是为了否定个人努力的作用，还是有不少人凭借超强的个人实力，过五关斩六将，从众多人群中脱颖而出。只不过奇迹就是奇迹，如果在所有人身上都发生的话，那就不是奇迹了。当今社会竞争如此激烈，单靠着自己一人的力量要想创出点成绩来难度实在太大，太多例子告诉大家缺少强有力的支柱事业之路是无法畅行无阻的。事业发展的路上，如果有了六度商脉的支持，结果就会有很大的不同了。有了足够的商脉资源的帮助，给自己物色一个可以同行的强者，这和发挥个人能量彼此之间不存在矛盾，相反的是，两者还可以产生正面的相互影响，这种影响更利于个人成功。

曾经有一个青年演员，外形不错，表演方面的天赋很高，从学校毕业以后很快就接上了几部戏，在演艺圈里崭露头角。只不过因为是新人，一切都

只是处于起步阶段，很多东西打理起来都比较力不从心，自己不但要上戏，还要自己一个人联系剧组，等等，很多事情都要他自己一个人来做，他感到十分崩溃。

不久，这个青年演员的演艺生涯就出现问题了。其实解决他的问题很简单，他是个优秀的演员，也很有发展前途，所缺的不过就是一家富有经验的公关公司去帮他打理戏外的一切，这样他才有时间去发展自己，提高自己。只是，作为新人，很多有实力的大公司并不看好他，它们更愿意和一些资深或是知名的演员合作，所以短时间内他找不到合适的公司和他签约，做他的事业代理。

就在他感到彷徨无比的时候，一个人的出现让他看到了事业的春天。这个人是国内演员经纪界颇负盛名的一个经纪人，她曾经在一家极有实力的公关公司任职多年，不但对演员公关业务非常熟悉，还有很广的人际网络资源。就在认识这位青年演员的几个月之前，她从那家公司辞职，自己开办了一家新的公关公司，正愁公司没有演员资源来成就自己的经纪人事业。

于是，两个人认识后一拍即合，这位青年演员当即就决定和她签约，成为了这位经纪人公司的第一个签约演员。从此以后，这位青年演员所有演戏以外的业务都由经纪人全权打理。有了专业经纪人的打理之后，慢慢地，这位青年演员的名气就越来越大，与此同时，经纪人的公司也因为演员名气的扩大而获得了丰厚的利润。两人各取所需，合作得非常愉快，两人之间的关系也越来越牢靠。

自己的事业能走多远，重要的是身边同行的人是谁。同行的强者就是前行道路上的助推力。也就是说，商脉的重要性体现在这里，有力的同行者可以帮助自己，这种帮助不仅仅是一元的，它会产生很强大的连锁反应，一连串的二元、三元乃至六元的关系都会被打通，这就会形成一个庞大的网络对外辐射。这个道理很基本，对于商脉关系来说，处在其中的人要成功，靠的就是这些重要的关系。无论是在什么样的公司工作，大集团也好，小公司也好，一切皆是如此。

美国斯坦福研究中心曾经做过这样一份调查，结果显示，一个人赚到的钱当中，12.5%和自己所拥有的知识有关，剩下的部分都和人际关系相关了。这里所说的人际关系，不只是彼此认识，要求彼此合作。任何人在做任何事情的时候，都必须有一个强有力的，可以帮助自己走出困境，提供有价值支持的人在身边，强强合作才能换来最优的效果，相反弱弱同行，只会让自己堕入无尽的深渊。

同行的强者还有一个优势在于，可以帮助自己建立高层次的关系网络。通过和强者合作，就可以找到其他一些强者来与自己合作，彼此之间可以创造出更高的价值。于是，强者联盟就此达成，这种可贵的商脉资源是很多人可望而不可即的，一旦获取，就不仅仅是简单的人际关系，而是事业上的无形资产，是一份潜在的人生财富。

有了好的合作伙伴，即便当下的平台还不够大，也不用担心，将来会有更大舞台在等着自己去展示，更大的事业等着自己去创造。强强合作其实就是通常所说的 1+1>2 的效果。要是没有类似的合作的话，单枪匹马去闯，或许在初期也会有不错的闯劲儿，但这种激情和冲劲儿会随着时间的推移而慢慢消沉，如果是这样的话，很快就会感觉到自己前方的阻碍会越来越多。

找一个适合与自己同行的人来相互促进是必需的。

巨人集团的史玉柱算是中国企业界的一个很奇特的人。当年他和刘伟的合作，就是一次很经典的强强联合的案例。刘伟曾经是史玉柱最主要的管理者之一，也是史玉柱当年创业时期的"四个火枪手"之一。刘伟 1992 年就进入了巨人集团，算得上是巨人的第一批员工，她在巨人集团当过文秘、人事部长、副总裁等职，现在是巨人网络的总裁。

史玉柱曾经说过："现在公司的所有业务我几乎已经撒手不管了，一切业务都落在了刘伟身上，她比我做得好。所以公司的主事是刘伟，她在巨人做了十几年，只有她会在我冲动的时候把我拉住。"

刘伟性格的最大特点就是稳重，这正好和爱冲动的史玉柱性格互补。史玉柱十几年来对刘伟的评价一直都是充满感激和感慨的。在史玉柱看来，巨人要是当年没有了刘伟，现在不知道会是怎样一副模样，如果只有凭借一腔热情独来独往的史玉柱的话，难免会有太多的遗憾和失败。

1992 年，刘伟第一次到深圳，第一次走进了巨人集团，成为公司的一名普通的秘书，第一次写可行性报告就让史玉柱骂得直流眼泪。那时候的刘伟似乎没人相信她将来会对巨人集团有多大的影响力。可当 3 个月后，巨人集团迁址珠海，开始了它的辉煌时期后，刘伟和史玉柱之间十几年的合作关系也就此开始。

刘伟属于那种长相和谈吐都颇有亲和力的女性，在公关方面很有自己的一套，而史玉柱则与她不同，在公关上史玉柱并不擅长，他说话很直，就像个小孩一样，不管对方能否接受，他都敢说。所以这一点上史玉柱和刘伟也形成了鲜明的对比，两人在思维和行动方面的特点优势互补，产生了巨大的积极作用。史玉柱是一个天生爱冒险的人，在商界这种个性是注定要打破常规的，而刘伟却总是能遵守规则，做事小心谨慎，如果把巨人集团比作是一艘巨轮的话，那么史玉柱就是掌握方向的伟大舵手，刘伟就是船上把握全局和细节的人。

对于像史玉柱一样的有志之人，没有了像刘伟这样的搭档，很难想象结果会变成什么样。一个想要自我创业的老板，缺少相应的搭档或是朋友，没有适当的业界的商脉，就好比是一个在海上孤独游泳的人，直到体力耗尽，就会感觉到山穷水尽。

事实上，许多正在经历大集团的管理者也常常有此困扰，总是花重金去聘请人才，但好的人才总是难求，在自己的企业里因为关键部位缺少人才而造成公司管理混乱，方向不明的事情屡见不鲜。这样的悲剧既然不少见，那就不要再重蹈独木难支的局面了。

很多人在创业初期，头一件碰到的困难就是融资问题。由于更换了新的环境，而缺乏有力的、经验丰富的伙伴，很多人融资计划迟迟没有实现，业务的开展也受到了阻碍。具体来说，众多的杂事和琐事，关于管理、资金应用和业务开拓，都会出现问题，很多创业者在此时都依靠一个人的力量在勉强支撑。一开始还可以凭借一腔激情和累积的经验，慢慢地就支撑不下去了，只好调整计划，关闭公司，另寻发展的途径。

创业者们开始纷纷寻找最适合自己的机会。有人开始在商脉和公关方面下了大功夫，找到了自己事业上的"伯乐"，找到了可以给自己提供巨大帮助的"伯乐"，在自己的事业上进行新的尝试。

"伯乐"就是在关键时刻能够坚持和自己同行的人，这样的人还可以成为自己的商脉导师，自己可以从他们那里学到众多的扩展六度商脉的重要技巧。毕竟一个人的力量总是有限，创造出来的财富也有限，要是可以会聚更多人的力量，形成合力的话，才能有更大的成功。这是创业者必须掌握的第一个成功规则。

人们不是不知道这个道理，很多时候人们还认为这个道理实在太简单，要做到实在太难。真的去实践的话，人们就会发现自我本性总是在自恋当中不断地放大，自己永远都是第一位的。也许这也是所有人迷信自己个人的力量和魄力，存有侥幸想法的最终原因，从而忘却了这第一条成功规则。在事业发展的过程中，必须有一个能和自己分享利益的强者在身边，一同前行，彼此之间互相保护，才能更快地接近目标，最大限度地规避风险。

❹ 努力搭建一个靠谱的商脉网络

商脉网络要建立的话，就准备阶段来说，具体需要注意三个问题：

1. 商脉网络必须是自己可信任的。

2. 有些商脉资源看似是黄金资源，却不太可信，重要的是他们具有太高的欺骗性。

3. 商脉的实用性和成本也必须得以重视，这是阻力和信任度的问题。

S.J.沃森在他的畅销书中写道："请不要相信任何人。"可见，不是任何人都是可信的。那难道人人都是骗子，都不可信吗？那是不是所有人很会伪装自己呢？在S.J.沃森的眼里，人性的恶和现实的残酷几乎在人们的身边无处不在。因此，他提到别轻易地去相信自己身边的任何人或是生物，别动情，别认真，一旦认真动情了就容易陷入其中。在他的书里，他总是劝说人们要怀疑自己身边最亲近的人是不是给自己伪造了一个人生，除此以外自己谁都不可以相信。另外，自己所看到的世界也可能是虚假的，更何况是别人给自己看的。

现实听起来实在太过残酷，有时候自己满怀热情地去交朋友，对同事、朋友、客户、亲人甚至是爱人以诚相待，可是结果是他们都在欺骗自己，彼此各怀鬼胎。在这时候真的很想问自己这么一句话，还有什么商脉网络是值得信任的？这时候别忘了要给自己一个合适且客观的答复。

几百次的自我询问以后，相信很少有人还可以无比自信地告诉自己能够做到，一般来说，人们在面对这个问题的时候都会犹豫不决，心里都会浮现出各种怀疑和惭愧。

除了自己那就没有人可以相信了吗？就算是有些人施与恩惠，自己也会想，究竟这个人的动机是什么，为什么要相信他？要是他不是真心来帮助自己，那该怎么办？或者还有其他的很多问题一瞬间都会涌上来。在一种彼此不信任的关系当中，人们都会认为，两人之间的关系总是和某种结识的动机联系十分紧密。

与他人建立互信的关系，最重要的三个因素是：第一，彼此所付出的真心有多少，能否彼此诚心对待。如果诚信待人，即便换来的不是对方的真心的话，那么自己被背后捅刀子的可能性也不大，除非天生走霉运，自己实在太背。第二，一般来说，互信不可能和价值交换之间不发生关系，两个人之间需要一个彼此帮助的必要性，然后再经由某种沟通和妥协，建立相互间的有限或是无限的互信。

美国前副总统切尼在他的竞选幕僚小组成立的那天说过："我之所以去竞选，并非为了民主，而是为了信任。在我看来，我相信美国的体制能够帮所有人去角逐每一个机会，不管是成功或是失败。我承认自己获胜的希望寥寥无几，但为了美国的公平和你们的支持，我会走到最后的。"

切尼的竞选幕僚很快就和切尼建立起了紧密的互信关系，而这一切和他是否能够成功当选美国总统关系不大。也就是说，切尼和他们的幕僚小组之间的互信已经是最高级别的互信，这也就是将要提到的互信关系中的第二个重要因素。如果希望有一个合理和谐的商脉团队，或是在短时间要取得他人的信任的话，就必须考虑这个因素的存在。

是否具备真心，具备某种价值，以及和对方能否达成信念上的一致，这如果自己与朋友之间的联系始终都缺乏一种激励机制的话，那么为此所付出的成本就太大了。

就是从上文当中总结出来的三个重要因素。这个现实的社会中，"三无产品"实在太多了，很多人在对待自己的朋友时，总是缺少真心，戴着虚假的面具，对于朋友来说也不具备很高的价值，他们也不会相应地为朋友付出什么，最重要的是他们在重大问题上很难和朋友达成一致，总之这是两个世界的人，怎么可能走到一起呢？因此，信任对这些人来说是一种买不起也用不起的奢侈品。

有一位已经在惠普公司工作了很长时间的职员威森特有一天突然想到，自己之所以一直无法晋升的原因就在于没有和自己的上司搞好关系。他的上司正是惠普公司的技术研发部主管，在公司中握有实权的人物。惠普公司里的很多人都有这样的想法，都认为和主管保持良好的关系，这可以称作是一条人人都梦想结交的黄金商脉，难道不是吗？威森特喜欢在自己的主管面前炫耀自己的才华，自视自己是公司不可或缺的一个重要员工，一向行事偏激、独来独往。面对如此个性的员工，主管对他的态度也只能是打压了。

"他气恼我的性格，因此不准备重用我，我觉得他还可能将我开除，清除我对他的威胁。"

威森特认为自己的改变首先应在这方面下手。他的确付出了不少，制订了讨好顶头上司的方案，很迅速地让自己融入团队，成为主管手下的好好先生，忠诚能干的下属。但是一年后，他仍然没有升职，反而备遭排挤。

当他讲述自己的"遭遇"时，距离他在惠普公司最后的日子，只剩下不足一周的时间了。他选择了离职抗议，却不明要领：为什么主管对我许下了那么多承诺，却没有一条能够兑现的？

他的错就在于选错了对自己最重要的人。公司的主管是公司内的黄金商脉，这是毋庸置疑的事实，不过作为主管，打压威胁到自己地位的下属也是很正常的，这也不稀奇。所谓黄金商脉的欺骗性就在于此，当威森特看到这条黄金商脉的时候，是看到了主管对自己的评价，却没有注意到两者之间在地位上的不对等，包括两者在利益上的潜在对立。

其他还有一些看起来很管用的关系，特别是一些很有价值的商脉，也都统统被人们视为是"黄金商脉"，可在实际的操作中却并不是这么回事。曾经有人这么说过，越是名头响亮的黄金商脉，其实越不是那么回事。兴许对有些人来说它确实产生过一定的作用，但对自己而言却一点儿用处都没用。这说的就是黄金商脉的欺骗性。

在传递某种关系的时候，常常要考虑的不仅仅是方向问题，还要想想它所产生的成本和激励效用，通常情况下，人们说的阻力问题，也就是联系的阻力系数。上文提到过的米尔格伦的连锁信件实验，他找了很多不同的人来传递信件，想弄明白这些信件最后都到了什么人的手中。这个实验没有任何的花费，可参与其中的人却热情高涨，或者说这实验成本为零，人们却很热衷于其中。真的如此吗？这不过是一个假象，人们传递信件的花费很低，要是改成用 MSN 的方式岂不是更为简单。他们愿意这么做的理由并不是自己需要这么做，而是完全仗着朋友面子才去做的，所以这实验缺乏联系的实用性，没有价值支撑。

在这场实验中，人们花费掉的实际成本是什么呢？不是没有一点成本，而是一种关系成本，也就是俗称的人情债。用这种方式可以找得到自己想要找的人，但只能奏效一下，反复多次以后就不行了。这是因为第一次做的时候，朋友尽管感到难度很大，有时还会打扰到自己的生活，但他们都还很乐意帮忙，这就是面子问题，不过是勉强为之。次数一多的话，朋友就会感到厌烦，最终会放弃这个朋友。到了那个时候，这种缺少实用性的联系方式就宣告失败了。如果自己与朋友之间的联系始终都缺乏一种激励机制的话，那么为此所付出的成本就太大了。

在最开始的商脉结交理论中，Gmail 所奉行的邀请方式被全世界誉为最佳的结交方式。在它刚刚出现的时候，一个邀请曾经在网上卖到了 60 美元。为此，很多人为之赞叹不已，还有人曾惊呼这是有史以来最伟大的营销策略。不过，现在看来这种营销方式已经是很老掉牙的办法了，随着 Gmail 的不断普及，它已经失去了原本的激励成本，成本不断增加以后，阻力也就变大了。

倘若六度商脉的连接性和信息的传递一点阻力都没有的话，就好比是在真空中传播声音一样，后果如何呢？举个例子来说吧，若是有 30 个朋友，信息在六个维度中的传播达到了 30 的 6 次方，就是 729000000，只要没有任何阻力，这么大的信息量就会实现，就此商脉量也会足够达到一个能覆盖所有可能的人的级别。接下来就会发现这信息传递到各处都是，自己也会每天都接受到各种各样的来自六度商脉中的信息，如此大的信息量几乎可以让自己感到无比地窒息。这般突如其来的"关系"，这些天天把挂念自己挂在嘴边的人们，不是真正可以信赖的，他们的动机都十分可疑。

信息爆炸的程度其实是和自己的身份、名气还有地位成正比的。名气越大，地位越高的人，商脉网络的发达程度就越高，也就有越来越多的人想要认识他。此时他的心态就是，自己的商脉圈子不要随意拓展，如果任其随意发展的话，自己就可能不胜其扰。

不久前国内曾经发生过一起知名演艺名人联系方式大泄露的事件，众多明星的电话号码被泄露出来。这就是一场典型的商脉扁平化的事件，原先的六度被挤压成了一度，联系的阻力因此而消失。

那就好像在一瞬间，自己拿起电话，随意拨打一个号码就可以联系到一个知名的演艺人士，或许是刘德华、张学友，或许是姜文、巩俐,等等。很多人不是一辈子都在渴望和自己的偶像亲密接触，从他们那儿获得一个签名吗？现在一切都成为现实了，一个电话就可以实现自己和他们之间的联系。

可是从本质上看，这是一场很可怕的灾难。过去就有不少好莱坞的明星谈过类似的事情给他们带来的困扰。很多当红的演员表示，自己的信息被泄露了以后，成千上万的粉丝往自己家里打电话，只为了说一句话："哇，某某某吗？你好，我很喜欢你，也很崇拜你。"随即挂断了电话，除此以外再没有其他有意义或是有价值的话语，接到的电话永远都是很冲动的情绪化的一种表达，就算是有其他的一些表达，也大多都是无意义的。很多明星经不起这样的骚扰，只好换掉自己家里电话的号码或是干脆停掉电话。

从这个事件中就可以发现，一旦联系的阻力消失，联系就会失控。从前的关系会因此被挤压扁平，从六度变成一度，这样一来，一个人对他人的商脉价值也会因此而流失。毕竟这时候的商脉成本已经降到了最低点，随时随地都可以找到其中的任何一个人，跟他提出所有想提的要求。

就好比是前面说的好莱坞明星所面临的那样，从前粉丝们迫切地想和这些人说说话，也为此付出了巨大的代价，但没有多少人能做到。当他们的信息被公开了以后，人们就可以随时随地联系到他们，这样做的意义何在呢？虽然他们离自己偶像的距离看起来近了，可是实际上他们还是接触不到明星们最实际的生活，更提不上是和明星之间有什么公开炫耀的关系。

⑤ 从一到六，最短的距离有多远

在商脉网络中还有一个不可回避的因素就是距离。一个人想要拉近和其他人的距离，提升自己的商脉效率，必须具备几个关键的品质和要素，其中最为重要的一个，就是要找到两个人之间的最短距离，用最直接、最省力的方式去找对人，办成事。

在一次职业经理人的公关培训上，来自各行业的经理人纷纷提到了四种品质，这四种品质合在一起就是"距离要素"（Essential Factor of Distance）。对于职业经理人来说，为公司创造一次价值不难，难的是持续地为公司创造价值。要做到这一点，不但要有超强的个人能力，还要有和下属与客户拉近距离的技巧，这对他们来说是提升商脉网络质量的重要一环，所以掌握"距离要素"对他们来说是至关重要的。

1. 保持良好的信用等级

要对外保持一个守信的正面形象，是拉近与他人距离最基本的要求。从来那些有良好信用和高度信任感的人，都会有人际交往上的正向循环，这说起来就是无声的价值。一个人如果每次讲的话都要打上好几个折扣，这个时候他认识的人越多，他的负面形象就会传播得越广，给他带来的负面效应就会越明显，起到的效果自然也就是相反，他在外人心中传出去就都是坏名声了。好好想想，自己在他人那儿的评价是不是也是这样呢？信用不好的人，他人和他的距离就会逐渐拉远，直到朋友渐渐疏远，都不愿意再见到他了。

2. 增加曝光自己的途径

多和他人接触也是拉近陌生人之间距离的一个最简单的办法。很多白领都愿意去参加 EMBA（高级管理人员工商管理硕士）培训班、旅游团、健身俱乐部等，通过社交的方式最直接地把自己推销给别人，也让自己在这些团体中建立良好的社交形象。参加这些社交团体的目的就在于能够在最短的时间内，增加自己的曝光率，让自己认识更多想认识的人。这种方式总要比在家里打电话的效率要高多了。打电话总不比见面来得直接，见面可以做到直接交流，这一点就比未谋面打电话强得多。公共平台上的交往有一个特点，就是可以帮助人们达成实质性的交流和有意义的沟通，例如举办一场关于某个话题的论坛和讨论会，在这样的场合曝光，就有利于拉近彼此的距离。

3. 以诚待人

没有朋友，就不会知道真诚在朋友间的重要价值。太虚伪的人是很难交到知心的朋友，并获得他人的信任的。对朋友要心诚，不能留有心机？这是一个基本的问题，所谓"害人之心不可有，防人之心不可无"。一向信奉这个原则的人，就会认为这样做最容易和他人拉近距离，毕竟以诚相待是六度商脉拓展的根本原则。虽然在很多时候每个人的情况都不同，君子和小人也有不同，但是不管对任何人，如果不付出真心的话都得不到相应的回报。

富兰克林说过："在人和人的相互关系当中，对人生的幸福最重要的，莫过于真实、诚意和热情。"只有真心诚意地对待对方才会得到全身心的重视和好感，不要总是指望用虚情假意来骗取人心，不论是什么样的谎言，最终都会被揭穿。缺乏诚意的人，往往表里不一，再好的创意、包装还有宣传都无法最终感动人心的。一时用花言巧语骗取了他人的信任，到最后也会全部失去。

4.合理传递关怀

有一颗乐于助人的心无疑是这世上美的基础。懂得要怎样关怀他人，是自我成长的真正开始，这些与身份和财富无关，平凡的人也可以有足够的力量去关怀他人，勿以善小而不为，哪怕是一点点的小事都可以把自己关怀他人的意图传达出去。

那些在商脉网络中获益的人，总可以以他人的幸福为自己的幸福，以他人的喜悦为自己的喜悦。他们认为，自己并不会因为他人的强大而感到感激，反倒是在他人的帮助下而始终保持喜悦。与他人惺惺相惜，才是真正敞开心扉接纳他人的表现。从现在开始，学会去关怀自己的商脉，如果发现自己始终不得其门而入的话，就需要反省一下自己了。

他人在遇到困难的时候，自己是否伸出过援手？

对方不开心的时候，自己是不是也及时地抚慰了呢？

要学会关心他人，就要从这些小事开始做起，才会迈出宽容的步伐。有一句名言是这么说的："友谊之光就像烛火，在四周黑暗的时候最为耀眼，在日光下却是看不到的。"就因为如此，平常很会关心他人的人，可能短短的两个月时间所交到的朋友要比那些总是希望别人关怀自己的人两年内所交的朋友总和还要多。

如何向他人去传达自己的关怀呢？其实有不少实用性的方法，主要是以充实有内容的细节为主，不只是简单地说句话而已。例如，见面时要多问对方一些实际问题，少一些空话套话，多多用具体行动去关怀他人，而不只是说说而已。生活和工作中这些都会有所体现。请记住，抓住机会，就意味着自己和对方的心理距离在不断缩短。

很多人总会认为自己和他人的距离在不断拉长，这又是为什么呢？现代社会，随着人和人之间的关系日益淡漠，彼此之间的互相信任也在不断减少，要找到信任感真是一件无比奢侈的事情。再来说说上面提到过的公关培训，参与者都有类似的感受，他们认为，如果把自己的人际关系放到工作状态中去的话，利益和防备心理就自然而然地产生了。彼此互不信任，保持很远的距离，还在对

> 很多人总会认为自己和他人的距离在不断拉长，这又是为什么呢？

方和自己之间竖起了一道高高的墙。尽管彼此都希望可以坦诚以对，但还是小心翼翼，不轻易让对方接近。通常这是一件很棘手的事情，但也不是不能改变的，如果要改变的话，就首先要掌握上述的几个要素，至少做到其中的几项，当然如果可以全部做到自然最好，那样的话，自己给他人的距离感和疏离感就会大大减弱，也会让自己保持很强的亲和力。

成功的商人或是企业家，都有四种不凡的能力，这可以说是成功者的商脉存折，同时也是六度商脉争夺战场的入场券。其实只要有了距离要素的优良品质，就也可以给自己办一张成就存折，也能够成为下一个成功者。

在加州出生的斯坦森是一位人寿保险家，他是一个很擅长处理人际关系的成功人士。在谈到自己的成功经验的时候，斯坦森说过："我并不推销人寿保险这种产品，而是和我的客户建立人际关系，渐渐地就有好多人会来买我的保险了。"

说起来，他就是个很擅长去拉近和客户距离的人，他能够很快地消融彼此之间的隔阂，获得对方的充分信任。他总向人介绍："我经常把大家聚在一起吃饭，这里面有商界的、政界的，还有社会各界的人士都会来参加。在聚会中我从不向他们推销保险，只和他们交朋友，和他们讨论各种问题，然后在观点上去一致，居然最后有不少人都会在我这里购买人寿保险。要知道，推销一种产品总是太难，有的时候就算自己说一万句话，也卖不出一次。但推销给朋友就是另外一回事了，有时候想请朋友出去，或是要让朋友帮忙，

开个口就可以了。这样的话，对身边的朋友就不会使用技巧了，于是推销不过就是需要更多的朋友而已，尽量去多认识一些朋友，拉近彼此的距离，让他们信任你，认为自己是个不错的人，再要去推销就不难了，因为他们喜欢你，信任你，也尊重你。"

人际关系零距离，就是双方坦诚相见，彼此不存在隔膜，这也是斯坦森的营销理念的本质。斯坦森用自己的亲和力和可信任的良好形象，还有他总是在各个场合曝光的优势，获得了成功。对客户他总是考虑周到，提供充分的服务，还时常给自己的客户送一些小礼物表达自己的心意，而且每一位客户每年也都会收到他的感谢信、生日卡或是圣诞卡。

"你或许想象不到一张小小的简单的生日卡所起到的作用有多大。"斯坦森很感慨地说。有一次，一个客户的孩子对他说："在我年幼的时候，我父亲就给我上了保险，从那时起我每年都会收到你送给我的生日卡，也就是从那时起，我把您当成了我们家的成员之一。在我知道什么是保险之前，您就已经让我成为了您的客户。"

这就是能够和他人拉近距离的魅力所在。斯坦森用自己的技巧和客户之间建立起了成熟的人际关系，他的赚钱门路也因此扩宽了不少，商脉的档次也得到不断提升。

现在继续刚才前文的话题，想想要怎么才能做到最省力最省时。干脆从第一步直接跳到第六步，把中间的四个步骤都暂时省略掉。很多时候，人们不需要去走一些看起来必须存在的弯路，因为事情没有想象中的那么复杂，或许有时候你会觉得自己要费很多的气力去完成一件事，而实际上这件事情只要伸出一根手指就可以把面前的这扇坚固的大门打开了。

可惜最大的问题就是人们总想不到要从第一步跳到第六步。人们习惯认为，任何事情总是付出得越多，越容易获得成功。若是在第一步就达到了目的，他反而会感觉很忐忑，认为这不是真的，不是事实，事实上自己还没到达成功。

有一个来自温州的周太太就遇到过类似的问题。她的儿子成绩很差，平时除了打球，看 NBA 比赛以外，就不愿意好好学习，也不愿意干其他的事情。为此她特别焦虑，想跟孩子的学校的校长好好谈谈，她说道："我想见见校长先生，尽管他不一定愿意帮助我，但是我还是想让他乐意倾尽全力来照顾我的孩子。"

周太太的这想法典型是国内家长的思维方式。她希望通过结交校长先生来实现自己的目的，也认为自己在结交校长的过程中多付出一点，才会赢得对方的尊重和看重，从而把事情办成。可惜，这就是最愚蠢的想法。一个学生的家长希望获得校长的帮助，这个要求本身就很正常和合理，只需一个电话就可以预约时间了，真不明白为什么她觉得要付出那么多的曲折和代价。

于是，她果真这么做了，首先是通过她的两个好朋友问到了校长先生的私人电话，随后联系到了校长的妻子，一个患有严重抑郁症的美国女人。其次，她又开始打听到了校长家里有三个孩子，再打听这三个孩子分别喜欢什么礼物，喜欢吃什么样的零食。了解完这些，她就找了一个她自己认为最恰当的时间，拎着大包小包去拜访校长先生了。周太太的到来受到了校长一家的欢迎，大家一起度过了一个愉快的夜晚，还谈了很多关于孩子的教育问题。周太太尽兴而归，以为经过这么一个晚上就能让自己的儿子在校长的关照下，学习有飞速进步。只不过不久以后，她就发现事情的发展并不如她所愿，校长并没有因为那天晚上她所绞尽脑汁做的事情而领她的情，并没有因此对她的儿子特别关注。

校长此后对她儿子的态度和其他学生还是一样的，他召集了所有同学进行了统一谈话，了解所有孩子的近况，还制定了一些宽容且理解的方法，在不伤害所有孩子个性的基础上，科学地引导他们的学习。

周太太为此还感到十分郁闷，这让她感到很是意外。因为通常情况下，在国内如果有家长像她那样做的话，孩子在一段时间内都会成为老师或是校长另眼相待的座上宾，但是换了一个环境，在美国，她所做的这一切却都是白费心机。

算起来，这个例子还不算是很贴切的一个例子，不过它已经足够说明一个事实，六度商脉理论在数字方面往往有很大的迷惑性，如果按死理去执行它的六个步骤的话，不一定会得到想象中的结果。找到某个人，也许并不需要那么多的步骤，简单的一个电话、一封电邮就可以搞定了。毕竟两个人之间或多或少地都会存在着某种可靠的连接，某种共同话题的平台，彼此之间大可以用正当理由进行光明正大的接触和协商。

既然是这样，所谓的人际关系步骤为何还在死死固守，让自己最后徒劳无功呢？不如就把6简化为1，它不过是个象征性的数字，是最短距离的符号代表，不能仅把它视作一条僵化的标准。

一般来说，就算是再难实现的关系，只要能够灵活应用手中的资源，审视自己的条件，还能够充分展示自己调动资源的能力，就能够减少公关过程中的时间和步骤，降低成本，实现从一到六的直接跨越。这样的假设，往往都在大部分的商脉拓展中存在，而不是单纯只适用于上文所提到的周太太的特例。

第一，给自己找到一个可以最大限度利用资源的良好平台。

掌握了如何利用人际交往的平台来发挥身边所有资源的最大作用的技巧

之后，无疑会少走很多弯路。通常在胡同里站着的人和在房顶上站着的人视野是不一样的，前者能看到的东西显然和后者看到的宽阔无边的蓝天是有很大区别的。房顶就好比是一个人际交往平台，只要站在上面，就可以实现人生的跳跃，只要利用得当，也可以帮自己省去不少的麻烦。

常常有人有这样的疑问，为什么总有人在商脉关系上获得很多成功呢？前提就是这些人一定是站在一个良好的人际平台上。这个平台和公司的事业舞台不同，和自己的财富基础或是其他硬件也不相关，只是单纯地指构建自己商脉的网络能力。它是一个能够通向四面八方，且扩散延伸的"网络"，而不是一个单双向点对点的人际体系。成功学领域的权威大师卡耐基说过："一个人的成功，不在于他的业务素质有多强，这其中的 85% 都取决于他的商脉构建和经营的状况，其中最重要的一点就是他所拥有的商脉网络和人际关系的平台。"卡耐基的观点很说明平台的重要性，人际交往平台在现实生活中是一条可见的经脉，又像是一张透明的蜘蛛网，不论是关系、路子、交情还是人缘，其实很多时候都是平台的一个分支，或者说是其中的一个动态工具。

为自己组建一支虚拟团队，这个团队最大的特点就是，自己能在有参与或是退出的主动权，还可以在团队中自由地跟所有人交流，或是参与到一些现实的社团活动。相对于每个人的商脉拓展来说，这就是搭建人际平台的最佳途径之一，要通过社团互动的开拓来经营人际关系，让所有已经扁平化的商脉成功地拓展为立体和六维的商脉空间。

平常一对一的交往，如果对陌生人太过主动和热情，容易造成对方的反感，对方也就很容易会拒绝自己的要求，可是通过社团的形式，在一个大的网络状态下，实现一种发散交流，人和人之间的交往就比较顺利了，就可以在自然状态下和对方形成良好的互动关系，彼此的感情和信任也就更容易建立了。

在参加某种社团组织的时候，要是在社团里有一个组织者的角色那是最好的了，例如某个俱乐部或协会的理事长、会长或者是秘书长，这样的话就等于有了一个服务他人的机会。当为他人服务的时候，不但要为他人构建一个人际平台，还要为自己增加商脉发展的可能性。这个平台越大，商脉网络的拓展就能够越往外延伸，突破原来的瓶颈，达到事半功倍的效果。

第二，给自己制订一个完整成熟的商脉计划，在这份计划当中，要对自己的商脉拓展有明确的目标，要有序经营和按计划发展。

为自己搭建一个良好的商脉网络，要实现六个维度的空间突破，雄心壮志固然要有，但仅凭这个是远远不够的，还要有一定的心机，要有理性分析和深刻洞察，讲点策略和手段也是必要的。从另一个角度来看，人是要有城府，懂得步步为营，层层推进，按照给自己制定的商脉发展规划来走，一步步行动，最终理性且聪慧地结交目标对象，用最小的代价换来最高的回报。

自己可以先为自己列出需要开发的商脉对象所在的领域，随后就能够要求自己现有的商脉支持者为自己介绍自己所希望认识的目标，并创造相应的机会采取行动。规划的优点就在于此，它可以避免让自己盲目出击，少付出一些无谓的代价，提高商脉效率。

第三，通过现有的熟人给自己介绍关键的朋友，让他们在其中为自己牵线搭桥，绕开障碍，这样也可以省去不少不必要的付出和成本。

《华尔街日报》和美国人力资源管理协会曾经共同针对人力资源主管和求职者进行了一项专项调查，上面的调查数据表明现有的人际交往资源拥有多大的能量。

①95%的人力资源主管或是求职者都会通过已有的商脉关系找到合适的拍档或是工作。

②61%的人力资源主管和78%的求职者认为，这样的方式是最直接、最

有效的。

所以说，大多数人在人际交往手段的认识上都认为通过熟人介绍都是一个最行之有效的方法。

但是在实际当中，不少成功者并不是很信赖已有的人际资源，在他们成功之后就很注意和原有的熟人保持一定的距离，以免招来假公济私的嫌疑。难道他们就不利用熟人的关系了吗？其实，他们当中没有一个不借熟人的力量来获得成功。就好比恰好有一个亲戚认识巴菲特，而且两人是多年的好朋友，或者自己可以控制自己的冲动，不去答理这位让人艳羡的亲戚，反倒是打无数个电话给哈撒维公司的公关部门，像飞蛾扑火一样哀求要见巴菲特？一般来说，只要是正常人都不会这么做，大家都会直接找到这位亲戚，让他代为引荐，把六步直接变成一步。

这是很显而易见的一件事情，在六度商脉拓展中，已有的人际关系是最受关注的，他们处在一度和二度之间，被称作是六度商脉中最不稳定的因素。他们可以帮助自己缩短与其他人之间交际的环节，也有可能把事情变得很糟糕，这也不是不可能，如果他们对自己的行事方式不是很喜欢的话。

这个观点也符合"大数法则"的验证结果，很多时候，人们在已有的人际关系那里所获得帮助远远大于损失。因此，最大限度地开发现有人际关系的力量，化繁为简才是最关键的。已有的人际网络能够让自己认识到更多的朋友和关系，结识的朋友越多，预期成为朋友的人数占所结识总人数的比例就越稳定。

既然是个确定的概率，那么要从第一步直接到第六步，自己要做的事情就是尽可能去认识更多的人，并以这些人作为人际跳板认识更多的人，从而不断加深彼此之间的关系，广结人缘，所谓条条大道通罗马，如此聪明而快捷地结交朋友的方式何乐而不为。可能不是每一次都可以顺利地实现理想中的六度沟通，但广结人缘对于残酷的生存竞争来说，也是一种不可替代的优势。就算有人要和自己竞争人际公关能力或是其他额外的能力的话，自己也会占得先机，效率也会比别人高很多。

⑥ 最关键的是正确的方式

人际关系的公关领域中，要解决问题不仅仅只是需要提出问题，提出问题只是完成了第一步而已。一旦发现了正确的方向，就应当采取相应的行动，才能顺利地达到目标，做事的方法是很关键的。一个半夜肚子饿的人一定是先走进厨房吃掉一根香肠，因为自己知道必须把这根香肠吃下去，再让这香肠进入肠胃，化为养分。

这几乎不需要考虑，那么自己该如何去细心制作这并不算丰盛的晚餐呢？如果把六度商脉扩展比喻成一顿烛光晚餐的话，很显然，最后张开嘴把它吃掉的那一刻的价值一定没有此前准备的过程。

找到一个自己想结交的朋友不难，难的是要用什么方式来结交，这其中一定有一些比较特殊的方式。

伊索寓言里有这么一个故事，一群老鼠凑在一起开会，讨论怎样才能让自己避开凶恶的猫。要知道，对全世界的老鼠来说，避开猫的利齿是个永恒的问题，因此这场讨论显得无比重要。一开始就有一只老鼠提道："要不然我们在猫的脖子上挂一个铃铛，只要它朝我们走过来，铃铛一响，我们就能听见了，就能迅速逃跑。"听到这建议，所有的老鼠都欢声雷动，说道："这个建议实在太妙了。"不过还有一只老鼠轻轻地问，那么谁可以把铃铛挂到猫的脖子上呢？听到这个问题后，老鼠们又开始纷纷沉默了。

是啊，如此好的建议，可惜方法缺乏可操作性。这个寓言说明无论做什么事情，要预先考虑方法问题以及方法的可操作性问题，没有哪一件事情是不需要通过正确恰当的方式来完成的，对于人际公关来说，也是如此。

宾夕法尼亚州电器的公关经理杜马斯就说过："在某些特定的时期，方法永远要比目标来得重要。因为大家的基本方向都差不多，有些人之所以没能成功，不是他的战略或是视野出了什么问题，而是缺乏相应的战术手段。"他还说道："缺乏成熟的策略和对于公关方法的判断力，这比找不到合适的人要来得可怕得多。人们通常在选择自己的方向时不会犯太多的错误，几乎所有的致命失误都发生在朝着正确的方向前进的路上，经常是由于具体举措出了问题。"

杜马斯之所以能有这么一番领悟，与其自身的经历有很大的关系。他曾在向宾夕法尼亚州某连锁超市推销空调的时候，就因为商脉问题遇到了一个令他十分难堪的经历。当时为了取得超市负责采购的副总裁努内斯先生的青睐，杜马斯可谓是绞尽脑汁。

杜马斯先给努内斯打电话，结果效果很不尽如人意，努内斯的秘书最后甚至不愿意帮他转接电话，因为每天往努内斯先生办公室打电话的空调商家实在是太多了。努内斯感到很不耐烦，秘书更是如此。杜马斯明白了要通过这种最普通的渠道来达到目的显然是不可能了，就算是努内斯接了他的电话，接受了他的营销，八成也不会好好去看。

杜马斯知道必须另辟蹊径，必须有一个更好的办法才行。于是，他想到了一个新的办法，他开始打听努内斯先生的私人电话，选择一个他看来最为适合的时间，大概是晚上 6 点左右给努内斯打电话。这个时候通常是努内斯刚刚下班的时间，正在去停车场的路上，不但没有工作烦扰，也尚未用晚餐，杜马斯猜想这个时候的努内斯应该是一天内最有时间接听一个陌生电话的时候。所以他选择了这个时间给努内斯打电话，当他拨通了努内斯的手机后，不料不到三秒就被挂掉了。

"努内斯先生，晚上好。"

"请问是哪位?"

"您好，我是宾夕法尼亚州电器的销售经理杜马斯，很冒昧这个时间打扰您。"

"哦，杜马斯先生，有什么事吗?"

"我想跟您谈一下关于贵超市采购空调的事情，我想……"

正当杜马斯要向努内斯热情地介绍自己的公司和想法的时候，电话被挂断了。努内斯显然对杜马斯接下去要说的事情一点兴趣都没有。所以说，杜马斯用尽了办法联系到了自己要公关的目标，但结果仍然不尽如人意。他要做的就是继续寻找更好的方法，强攻是肯定不行的，那只会让自己吃闭门羹。

认识一个人，方法五花八门，其中有最好的方式，也一定有最差的方式。对杜马斯来说，前两种方式都不够理想，直接向对方进行电话营销公关，他因此吃了两回闭门羹，努内斯先生没有给他任何机会。那么最好的办法究竟是什么呢? 杜马斯开始思考自己的方法，但他的时间不多，因为无数的竞争对手在排着长队等待机会，努内斯不久就要做出采购决定了。

杜马斯在那段时间里很是苦恼。直到某一

> 找到一个自己想结交的朋友不难，难的是要用什么方式来结交，这其中一定有一些比较特殊的方式。

天的晚上，一个朋友约他一块儿吃饭，当中杜马斯提到了这件事情，抱怨事情总没有太多进展，再这样下去，这项业务就要宣告失败了。朋友听了以后，很是惊讶地说："你说的是努内斯吗？他的妻子上星期在我妻子的珠宝店里订购了一些项链，两个女人一见如故，还约好这几天要到我妻子的店里去取货。"

"他们从前就是朋友吗?"

杜马斯听完朋友的介绍以后，眼前一亮，他知道这唯一的机会终于降临了。随后在朋友妻子的引荐之下，他给自己伪造了一个身份，乔装成另一个人，作为朋友妻子的好友见到了努内斯的妻子，还给她提出了一些珠宝方面的购买建议。这一次见面很是愉快，杜马斯到最后说出了自己的想法："对于贵超市，我一直都很想推荐我们的产品，只可惜一直没有机会和努内斯先生面谈一次。"

最终的结果证明，努内斯的妻子确实帮了杜马斯很大的忙，这种方式达到了此前两种方式所起不到的效果。妻子给努内斯吹了耳旁风，对努内斯说杜马斯是个热情且善良的人，这人在生活中也十分平易近人，那么在工作中也一定是个很有亲和力的人。听完妻子的话后，努内斯勉强同意给杜马斯半个小时的时间来介绍一下他们公司产品的性能和具体服务条款。杜马斯得到了这个千载难逢的机会以后，做好了充分的准备向努内斯介绍宾夕法尼亚州电器空调的性能特点和价格优势。杜马斯还不忘当场给努内斯许诺一些折扣，并给出更多的优惠条件，例如售后服务等，尽可能帮超市减少一些后顾之忧。

结果可想而知，最后中标的一定是宾夕法尼亚州电器，杜马斯击败了所有强大的对手，拿下了这家大型连锁超市的空调改造项目。杜马斯的成功不仅仅是公司产品质量的胜利，更重要的是他用最恰当的方式赢得了时间，赢得了努内斯听取他的介绍的时间。他做得最出色的地方就是利用身边人的中间关系成功地和努内斯搭上了关系，这个方式同其他竞争对手的方式迥异，最终实现了自己的目的。

做一件正确的事情，用正确的方法做事情，两者有什么不同吗？当然比较的前提是，自己究竟做了什么事情，那么自己的选择就和自己的需求紧紧联系在一起。记住，必须先知道自己到底要些什么，如果不这么做的话，那么你的方向就会最终丧失意义。

明确了自己的需求是什么，接下来就是要朝着自己认为最正确的方向积极努力，这些努力可以是主观的，也可以是客观的，不论哪一种对自己的智慧和价值观的考验都是巨大的。在通往目的地的道路总是有很多，有直路也有弯路，不幸走上了弯路，也大可不必感到泄气，开足了马力也未必就比那些选择了直路的人晚多少。当然选择直路的话就更好了，直接开足马力以最快的效率到达目的地。

拿 S 米代表目标，V 比做是努力和方法，T 是时间的话，则公式是：假设 $S=S1+S2+S3+S4+\cdots\cdots$ 而 S1、S2、S3……之中又分别有长短不一的路线，每一次选择几乎都决定了它们的长短，这样的话，S 的长短就会因此而确定。

在这个公式当中，两个变量的关系是 $T=S/V$，所以如果选择对了，S 就会缩短，努力和方向也就对了，V 就会增大，T 就会随之减小。

换句话说，实现目标的时间就因此而缩短了。其实两者之间并没有太多的关系，可是这却和实现自我价值的时间长短这一第三方因素有着密不可分的关联。

杜马斯在工作中遇到的问题其实很多人都曾经遇到类似的问题，而且还不鲜见。一个对业绩有迫切要求的销售经理时常会对因推销而受挫的业务员说："多跑几家客户不就可以了吗？"换成一个有耐心的上司是绝不会说这样的话，他会说："你再努力一点，再多付出一点。"这两句话听起来似乎没有太大差别，多跑几家客户，多努力一些，都是在为自己的下属找到正确的方向，为的都是让下属好好工作。可是他们所忽略的都是方法的问题，他们没有给自己的下属找到一个最合适的方法，并做出指导。这就好比是一个粗鲁的将军，指了指前方，就对自己的士兵说："去把那座城攻下来吧。"士兵们听后顿时茫然失措，他们会反问："究竟如何攻城?"

销售经理最重要的就是要让自己的业务员明白推销的技巧，例如要通过哪些私人关系去和客户建立联系。一个上司要让下属明白努力的方法是什么，诸如区分工作中的不同方法，才有利于确定最有效率的工作流程，这样的话，问题解决起来要简单得多。

A是某投资公司的一名普通员工，工作了很长时间感觉自己的满腔抱负没有被上司赏识，一直郁郁寡欢。不久以后他开始想这样一个问题，如果有机会在老总面前施展一下才华就好了，让他明白自己有多大的能量，或许能够更加赏识自己，让自己去做更有意义的事情。

不过这一切都是A的想法而已，实际上除了抱怨以外，他什么都没做，依然待在自己的位子上，还是朝九晚五，紧锁眉头。

同事B也有相同的想法，希望自己可以尽快升职。于是，他很快就付诸行动了，先是打听了自己的老板上下班的时间，甚至算好了进电梯的时间，然后开始守株待兔，这个方法就要比A要好一点。

同事C的做法就又要比B更进一步了。他先是把公司老总的人生历程和所有获得的成就都总结和了解了一遍，找到了老总最感兴趣的话题，给自己设计了一个很完美的开场白，然后再和B一样守株待兔。在和老总经过几次碰面以后，终于有一天老总亲自找他谈话，不久C就爬上了自己梦寐以求的职位。

C 比 A 和 B 成功的地方就在于他摸透了老板的心理，为自己找到了最为有效的方法，并为此一步一步合理地安排自己的计划。一个人的成功无非是靠两种东西，一个是找对方向，一个是找到方法。有了这两样东西就不怕不成功。但是如果只是埋头做事没有方法，那无异于蒙着黑布拉磨的驴，只能在原地打转。

在商脉网络的拓展当中也是如此，在保证大方向正确的前提下，找到合理科学的方法才能让自己避免原地打转，才能让自己看清未来的方向，明白如何做才能把事情最终做好。

还有一点，在人际交往中有一个正确的方法，也就是投入产出比最高的技巧，应用这样的方法可以很快缩短人与人之间的距离。就好比上面提到的杜马斯，他就是用了这样的方法取得了一次宝贵的营销机会，要知道有了正确的方向，也可能只得望天长叹，有时候无奈就在于看到了目的地，却只能在对岸苦等渡船。

即便是遇到了疯狂的歹徒，只要方法对了，尽量满足他们的需求，也是可以得到足够的时间去和他们谈判的。对于任何一种关系的建立，沟通都是应该放在第一位的，沟通的目的倒在于其次。

有时自己给自己定了一个方向，方法就好比是可以启动汽车的钥匙。意图和行为的价值本身也是不对等的，很多人终其一生都为了做成大事，到最后不也是碌碌无为。

最后需要提醒的一点是，做事和做人究竟哪个在前哪个在后，这都不重要，要明白的一点是目标远远比不上方法重要，明确了目标之后要懂得具体的方法才行，否则就会徒劳无功。换言之，先知道对方是谁，然后再去结交，这才是最关键的一度，至于剩下的五度，就围绕这一目标进行就好了。

世界上优秀的人总是很多，他们当中有的需要找一份好工作，有的想和知名人物交上朋友，来扩展自己的人际关系，但是无论是哪一种人都倒在了第一关上，他们给他人的印象都不太好。

中 篇

你需要什么样的六度商脉

在日常生活和工作中，你的周围总会有这样一些朋友：他们能无私地为你付出，默默地为你奉献。为了你的成功或者事情进行得更为顺利，他们从不计较个人利益得失。总是心甘情愿、诚心诚意地为你提供帮助。

第三章 | 怎样甄别你的六度商脉圈

　　"商脉圈"能够对人的一生产生积极的影响，但同时也会对人产生一定的消极影响，这主要取决于你所交的朋友是"益友"还是"损友"。和正直善良的人交朋友，就能够得到朋友的帮助，自己就能受到积极的影响；而与一些邪恶的人交朋友，会使自己陷入邪恶的深渊之中，甚至会将你置于死地。所以，在创建自己"商脉圈"的过程中一定要谨慎，与周围的人交往时要擦亮你的眼睛，仔细甄别他们对你是有"益"还是有"损"，只有好好经营"益友"，远离"损友"，我们才能顺利地达到自己的目标。

◆ 朋友决定商脉

　　在一个主题为"创造财富"的节目论坛上，主持人对想成为富翁的人说："请大家写下与你相处时间最多的 5 个人，即与你关系最为密切的 5 个朋友，将他们每个人的月收入加在一起再除以 5，得到的结果就是你的月收入。"

　　当时很多人都想：自己的月收入怎么能由朋友的月收入来决定呢？几乎所有的人都认为主持人在胡说八道。但是，经过计算后，所有人都惊呆了，果然如主持人所说的一样。紧接着，主持人就对他们说："与你关系最为密切的朋友就决定了你的'财富指数'。"

不可否认，主持人的话是有一定的道理的。在生活中，不管你是商界领军人物，还是一个普通的职员，都不可避免地会受到周围朋友的影响。所以，不要怀疑，只需 5 个朋友，便很大程度地看出你的"财富指数"。

杨杰的老家在山西农村，他从家乡的一所普通大学毕业后，就怀揣着梦想来到了上海。他在上海无亲无友，四处奔波后，终于找到了一份月薪 2400 元的工作。但是，这点儿收入根本不够自己的日常开销，每个月除了房租、吃饭的花费外，几乎没有剩余的钱做其他的事情。

为此，杨杰就想出去寻找更好的发展机会，他找来朋友刘翔商量，刘翔的收入是每月 2000 元左右。他听了杨杰的想法后，就劝他说："你的工资比我的还多呢，别再瞎折腾了，现在工作多难找呀，你拿得已经不少了，就知足吧！"杨杰想想，也认为朋友说得对，觉得自己应该知足，毕竟自己刚来上海，拿这份收入应该是不错了。

后来，一次偶然的机会，杨杰遇到了在上海发展得比较好的朋友许青，才知道许青的月收入已经过万元。杨杰就将自己要换工作的想法告诉了许青，许青就鼓励他说："你有这样的想法是好的，不应该安于现状，应该要想办法争取更好的机会。不过，你不能盲目地换工作，要对自己以后的职业生涯进行规划，先积累经验，平时要多充电，充实自己就是资本。"在许青的鼓励下，杨杰开始满怀信心地对自己的职业生涯进行了规划，工作也更加卖力，以争取更好的发展机会。

半年后，杨杰由于工作成绩突出，升职为总经理，月薪涨到了 3500 元。一年后，他凭借自己积累的工作经验，跳槽到了一家更为著名的公司，月薪也涨到了近万元。

与那些优秀的人长期交往，你会受到良好的影响，长时间地耳濡目染、潜移默化，会让你成为一个优秀的人。如果你不甘于平庸下去，想成为一个优秀的人，在现实生活中具体应该如何去做呢？

1.要离开自己的交际舒适区

在《谁动了我的奶酪》中有这样一个故事：小老鼠待在自己的窝里，感觉十分舒服，一旦出去了以后，就感到十分彷徨、无助，甚至恐惧，为此，它就不愿意走出去，而这个鼠窝就成了它的"舒适区"。

其实，每个人都有自己活动的"舒适区"。在这个区域中大多是你以前的朋友，与他们在一起就养成了与朋友们一样的思想与心态，不求上进的生活会使你感到无比舒服和自在，你们不必为未来担忧，不必为追求个人发展而发愁。但是，这在一定程度上也限制了你个人的发展。

要想拓展自己的发展空间，你就要勇敢地离开你的交际舒适区，尽量与比你能力强的朋友交往，向你向往的生活冲刺。

离开自己的交际舒适区是一个十分痛苦的事情，但是，你要知道，长痛不如短痛，收起你的软弱，在友情的大道上来个急刹车。尽量减少与那些消极的人之间的来往，抓住你有限的时间、精力与金钱，去与那些积极向上的朋友交往，去做你应该做的事情。

2.突破人际交往的瓶颈

当你从舒适的社交区走出来之后，向你所向往的交际圈中进发，你必定会感到恐慌和无奈，这时候你就要学着去突破人际交往的瓶颈。那么具体应该如何去做呢？

1. 要进行自我反省

人都有接近自己喜欢的事物、远离自己厌恶的事物的本能，交朋友也是如此。有些人在离开自己的交际舒适区后可能总会抱怨自己不能够融入陌生的社会圈子，这时候，你就应该反省一下，是不是自己不够好，自己平

> 与你关系最为密切的朋友决定了你的"财富指数"。

日中的言行是否能够融入那个社会圈子，反省以后，就要主动地改变自己，以使自己能更好地融入他们当中去。

2. 结交益友要主动

要知道，真正的"益友"都是积极主动的人，所以，为了更好地融入他们，你一定也要积极、主动，在交际的过程中千万不要因为不好意思而错过一些结交优秀朋友的机会，使自己的生命中少一位贵人。

微软的第二大股东保罗·艾伦之所以能成为亿万富翁，就在于他积极主动的社交习惯。他原来只是一个普通的职员，和一帮朋友在一起过着不求上进的生活。但是，后来他自己觉得无比的空虚，认为自己不能一直持续这样的生活状态。所以，他离开了自己的那些朋友，且开始积极主动地与那些积极的人交往。

原来他与比尔·盖茨是素不相识的，但是，他知道比尔·盖茨是个乐于进取的、不同寻常的人。于是，在社交场合，他抓住一切可以利用的机会去与比尔·盖茨交往，最终赢得了比尔·盖茨的友谊。他在年轻的时候，就与比尔·盖茨志趣相投，一起干事业，从而奠定了他的未来。

现在微软公司已经成为世界上 IT 业中的一个巨头，董事长比尔·盖茨已经成为人所共知的世界首富。保罗·艾伦在比尔·盖茨的巨大光环下，虽然显得有些暗淡，但是也能在《福布斯》富豪榜上名列前五名，个人资产也达到

了 200 多亿美元，是众多人所不及的。

保罗·艾伦能取得如此之成就，不得不说是得益于他当初勇于突破交际瓶颈，能够把握机会，积极行动，最终赢得了比尔·盖茨的友谊。

是的，你想成为什么样的人，就会与什么样的人交朋友。如果你不是含着金汤匙出生，却想成为人人艳羡的生活富裕的人，那么，你唯一一个扭转命运的机会就是：要突破自身的社交瓶颈，坚持与积极进取的人交朋友，坚持与比自己优秀的人交往，可以从这些优秀的人身上汲取到更多致富思想与走向卓越的处世方式，与他们肩并肩，最终实现自己的目标。

❷ 选择你的真朋友

我们在创建个人"商脉圈"的过程中，既会遇到真诚的朋友，又会遇到阴险的朋友。能否判别出真伪朋友、好坏朋友，是"商脉圈"能否对你发挥出有利作用的关键因素。

判断他人是否是你的真朋友，关键是不要用眼睛去看对方一些外在的表现，而是要用心去感受他与你交往的真正目的。德谟克利特曾说，许多表面看起来像朋友的人其实并不是你的真朋友，而表面上看起来不是你朋友的人其实就是你的真朋友。大剧作家莎士比亚也指出，朋友之间必须是患难与共的，有些人对你恭维不离口，可全都不是患难朋友。

路遥知马力，日久见人心，困难是检验真伪友谊的分水岭和试金石。真正的友谊不是挂在口头上的，只有在患难的时候，才能看见朋友的真心，这叫作患难见真情。

在公元前 4 世纪，意大利的一个叫皮司阿休的年轻人不小心触犯了残暴的国君犹奥尼索司，被判处绞刑。皮司阿休是个孝子，他身在异乡，临死前想回到家中与父母做最后的诀别，但是始终没能得到暴君的允许。

皮司阿休的朋友达蒙见他是为了回家行孝，就当即向国君请求自己愿意替皮司阿休服刑，并对国君说："皮司阿休若不能够如期赶回来，我可以替他服刑。"如此这样，暴君才勉强应允了他的请求。但是，行刑之期已经临近了，皮司阿休却还杳无音信。当时的人们都嘲笑达蒙太傻了，竟然敢用自己的生命来帮助朋友。

临刑之日如期来临，当达蒙被带上绞刑架之时，在场的人们都悄无声息地等待着这一幕悲剧的来临。突然，远方却传出了皮司阿休的声音，他飞奔在暴雨中向众人高声喊叫："我回来了！"随即就泪流满面地拥抱着好朋友达蒙，与他作最后的诀别。这时候，在场的所有人都泪流满面，残忍的暴君犹奥尼索司也被这一幕感动了，随即就赦免了皮司阿休的罪行。

在皮司阿休受难时，达蒙能够勇于舍弃生命为他承担风险，这才是真正的朋友。生活中这种可以用灾难甚至用自己的生命来检验的友情毕竟很少见，但是，我们可以从日常生活中的点点滴滴中体会到与自己交往的是否是自己真正的朋友。

一、好朋友要具备三个条件

一般情况下，一个永远对你不离不弃的好朋友应该至少具备以下三个条件。

1. 他永远会是你的"啦啦队"

一个好朋友，他不管在任何条件下，都会善意地支持你的正确决定，并会主动去帮助你实现你的人生梦想。他会舍得在你的身上投资，好让你有更好的发展，同时也会真心地希望你取得成功。就算你成为他的竞争对手，他也不会忌恨你，而且还会十分理性地将之视为一种你们共同成长的珍贵历程。

2. 他永远会是你的"开心果"

当你的情绪处于抑郁、焦虑状态之中，你真正的朋友可以很快地让你恢复常态。因为他与你有着共同的志趣，与他在一起消磨时光，你会感到无比的快乐与兴奋。他会努力地让你知道挫折是人生必经的一个阶段，慷慨地贡献自己的时间，帮你找到你自己的优点，甚至还愿意牺牲他自己来帮助你重新找到人生的坐标。

3. 他永远会是你的"心灵导师"

当你对人生感到彷徨、对未来感到迷惘时，真正的朋友可以给你建议并会为你指引方向，他会帮助你分析你的优势与不足，可以与你分享自己最隐密的心事与梦想，并且告诉你如何去达成自己的人生目标，在他们面前，你可以放心地做真正的自己。

还有一个十分有趣的调查数据表明，真正的好朋友还会关心你的健康，如果你的好朋友是个注意饮食健康的人，那么，你也可能会因此而注意自己的身体健康。所以说，身边有几个真正的好朋友的好处是极多的。现在你就赶快地想一想，你的人生中会有多少个对你不离不弃的好朋友呢？

二、辨别真伪朋友有良方

了解了真正朋友的标准后，就要在实践中用各种方法去识别真伪朋友了。你具体可以从以下几个方面着手去做，便基本可以识别出"商脉圈"中的真伪朋友了。

1. 酒后显真性

有人说"交际场中有一半是酒场"，与朋友在一起喝酒更是再正常不过的事情了。大家都知道"酒后吐真言，酒后露真情"，通过酒场中的表现，你就可以了解到一个人的真性情。

有的朋友在酒后会喋喋不休，把该说的和不该说的都一吐为快；有的朋友会控制不住自己，会"耍酒疯"，等等，为此，你可以利用这个机会去观察朋友的真性情和真为人，以此来判断他是否是可交之人。

2. 以利试义

观察一个人是否讲义气，对朋友是否忠心，你不妨许以小利，然后再观其反应。如果他是见利忘义之徒，或者是利欲熏心者，最好不要与其结交。这种人往往以"人为财死"为自己的处世原则，一旦涉及个人的利益问题，是不惜朋友之情的。与这样的人成为朋友，很难保证他在更大的利益面前不会出卖你。

3. 与之相约

考察你身边的朋友是否讲信誉，不妨与其达成一个约定，并交给他一项重要的任务，或者是一件颇有难度的事情，看对方是否能够在约定的时间内完成，用这样的方法便可以知其信用程度。

4. 观察他身边的人

我们知道"物以类聚，人以群分"，通过观察他身边的朋友便可以知晓他是一个什么样的人。同时，你也可以听听他身边的人是如何评价他的，有了这些侧面的了解，你就会对他的为人有个大致的了解了。

以上几种方法，可以帮你大致地辨别出你周围的真伪朋友。不过，以上的那几种方法要用得恰到好处，不要以破坏"朋友"之间的情谊为前提。如果弄巧成拙，错失了真正的好朋友，那可就得不偿失了。

三、从细微处读懂对方

现代人在交往的过程中，为了达到一定的目的，往往会戴着各种各样的"面具"，我们若是无法识别"面具"后的真相，就很容易交到损友。因此，我们在与人相处时一定要时刻擦亮自己的眼睛，要善于识人于细微之处，看出对方的庐山真面目。

"细节观察"也是现代社会常用的识人辨人的方法，尤其是在生意场上，有一些辨人识人的高手，他们很善于观察人，通过细微之处，他们能够读出一个人与众不同的地方，或是一眼就能够看出对方的意图，最终判断此人是否是可交之人。

这类高手之所以能从细节之处读懂别人的心理，是他们思维能力、辨别能力等能力的综合体现，一个人没有一定的经验和阅历是很难做到的。但是，辨人识人之术也是有规律可循的。

一般来说，于细微之处辨人识人，可以从动作和语言两个方面去下功夫。

1. 从动作上辨人识人

在与朋友交往中，一个不经意的动作，可能就会暴露出其心理活动。比如一个总爱掰手指节的人，一般都是爱动脑筋、有心机的人，他们在工作上能够提出独树一帜、别具一格的建议。这类人如果利用得好，便可以成为工作中的能手，如果利用得不好，就会反为其害；再比如，一个习惯跷二郎腿的人，通常都是自命不凡的人，这类人往往较为自负，不过也很有主见。总之，只要你仔细观察，便可以从一些小动作、小习惯之中读出对方的心理，然后就可以判断出对方是否是可交之人了。

2. 从语言上辨人识人

不同性格的人，所用言辞也是不尽相同的。比如有的人在说话时总会加上"我认为""我感到""我想如何如何"等字眼，这类人大都是自以为是、刚愎自用的人。有些人说话总爱言过其实，这类人是不诚实的人，不可大用，等等。总之，语言是展示人类思维的工具，所以，语言也是辨人的重要依据。你可以从对方的言外之意、从他的说话习惯上去辨别对方的性情、习惯，从而最终判断对方是否为可交之人。

> 要判断一个人是不是真朋友，能不能深交，就要掌握一些识人的方法，这样才不会被人的表象蒙蔽。

　　什么样的朋友才是好的朋友？每个人都有不同的标准，只要你好好观察，利用正确的方法去辨别朋友，一定能够知晓哪些朋友是不可交之人，哪些朋友才是值得你结交的真正朋友。

❸ 不可交的几种朋友

　　古人说："交友必择，取友必端。"我们在交友的时候也应该要谨记。因为不好的朋友会给你带来诸多麻烦，甚至是恶果。现实生活中，以下这几种朋友你要远离，否则将会给你带来不良，甚至是灾难性的恶果。

自私自利、见利忘义者不可交

　　我们知道，有福同享，有难同当，这是交友必须要遵循的一项原则，但是在现实生活中，你可能会遇到这样的"朋友"：事事向你伸手，做什么事情只顾及他自己的利益，得到你的好处后便转头就忘。与这样的人做朋友，你会付出极大的代价。因为，与这样的人交往，你首先要源源不断地给他施与利益，而他却不会念及你的好，这样的朋友只会拖累你一生。其次，这类人大多都是利欲熏心之徒，一旦遇到能给予他更大利益的人，很有可能会背叛你，将你的恩义忘到了九霄云外。这样的朋友是不值得你结交的，所以，如果发现自己的周围有这样的朋友，就要赶快把他的名字从你朋友的名单上坚决地去掉。

张丰曾经就有这么一个自私自利的朋友。

张丰与晓雷是多年的朋友了，平时晓雷是个挺随和的人，两人虽交往不多，但是却一直保持着要好的朋友关系。

有一次，张丰想装修房子，得知晓雷在工程装修行业一直做得不错，就想请他过来帮一下忙。晓雷当即很兴奋地答应了他的请求，说这点儿忙他在行，应该过来帮。本来两个人关系一直处得比较好，所以张丰在开工前就没有与晓雷提工钱的问题。同时，晓雷也一直说是过来帮忙，张丰想如果把工钱说在前面，怕晓雷误会说看不起他。

但是，当工程完毕后，晓雷却向张丰开出了比市场价还要高一倍的价，而且还乐呵呵地说："咱们关系一直不错，只收点儿工本费！"张丰这下傻眼了，本来想让朋友过来帮忙想便宜点，没想到反倒要价比原来在装饰公司的预算还要高出许多。张丰不好意思地对晓雷说："这个价是不是太高了？"而晓雷却立即翻了脸，最后张丰只好吃了这个哑巴亏。

生活中，像晓雷这样的朋友是不能结交的。要知道，世界上每个人都会为自己打算，但是，一个明事理、有道德的人是不可能不考虑他人而只顾及自己的私利的。同时，这些自私自利、见利忘义的人最容易伤害他们比较熟悉、亲近的人。因为与他们越亲近，他们就越会利用这种亲近处心积虑，想方设法去占你的便宜。有时候为了一点蝇头小利，甚至会不惜背叛朋友来满足自己的欲望。与这样的人做朋友，不仅会使自己吃亏上当，还会给自己带来不必要的麻烦。

狡诈虚伪、恩将仇报者不可交

狡诈虚伪、恩将仇报者是典型的小人！与这类人交往，你对他有恩，他也丝毫不当回事，因为在他心里，你是不重要的，而且会认为你帮他也是应该的。

这类人最擅长的就是在你背后捅刀子。表面上，他看起来是那么的和善、有诚意，对你又是那么的关心，你可能会感动得恨不得把一切都告诉他，把自己的一切都给他。而一旦你与他的利益发生冲突，他就会狠狠地踩你一脚，让你防不胜防。

赵青从小失去了父母，他的养父母花了几十年的心血将他养大，并供他上了大学，大学毕业后还给他找到了一份很好的工作。

为了供赵青读书，他的养父母背了很重的债务，后来为了还清债务，他们过度劳累而得了重病。养父母治病花光了家里所有的积蓄，在走投无路的情况下，他们便让自己的亲生孩子去向赵青借点儿钱。但没想到的是，赵青却忘恩负义，他知道老人的病无法治好，便只给了老人的孩子100元钱，还说道："今后不要再来找我了！"

赵青的行为受到了邻居的谴责，赵青却跑到医院对养父母大发雷霆。同时，还背地里将老人在老家的房子卖掉，让老人无家可归。

像赵青这样的人你敢交吗？滴水之恩，当涌泉相报，这是做人的基本常识。对他施恩的人都不懂得去回报，那么，你还指望他能帮上你什么忙呢？你与这类人交朋友，其实就是在自掘坟墓。

好赌、好色者不可交

如果你的朋友中有一些生性好赌或者好色之人，那么你一定要与之保持距离，否则，你很有可能会被他们拉下水，染上赌瘾或色瘾，最终落得众叛亲离的下场。

张杰有个名叫刘翔的好朋友，此人是个好赌之徒，平时张杰与他走得很近，因为他总认为好赌不算是什么大的问题，只要自己不与之同流合污就可以了。

后来，两人一起去澳门旅游，刘翔让张杰陪他一起去一家大的赌场看看。张杰想自己只是进去看看，也不碍什么事儿。可是，刘翔进去后，赌瘾就犯了，他对张杰说："咱们这次到澳门一直挺走运的，说不定还能发一笔财回去呢？"于是就极力地建议张杰试试手气，张杰也抱着试试看的心态参与了赌博，但是，不到3个小时，就输掉了他全部的现金。当时张杰十分懊悔，可刘翔却对他说，赌博哪有不输的道理，不过没关系，再赢回来就可以了。张杰也很想把自己的钱赢回来，又借了一些钱继续赌，结果不但没有翻回本，还又输掉了一些钱。

从澳门回来以后，张杰心中一直愤愤不平，总想着把那些输掉的钱给捞回来。为此，多次参与赌博，最终越陷越深，一发不可收拾，他天天不思进取，把工作也辞掉了，不到一年时间就把家里的财产全都输光了。

与刘翔这样的赌鬼朋友走得太近，终不会落下什么好的下场。赌博害得多少人家破人亡、家道败落，而人一旦嗜赌成性，便会走火入魔，陷入赌博的泥潭而不能自拔。

其实，与好色者交往也是一样，与其在一起，他们整天会向你大谈他的风流韵事，让你不知不觉地染上色瘾，使你丧失理智、变得堕落、不求上进，最终也只会毁了自己。

酒肉朋友不可交

酒肉朋友是典型的不可交朋友，酒肉朋友一般是指那些只注重吃喝玩乐、不干正经事的朋友。那些只顾吃喝玩乐的朋友，一般都是自私自利、爱贪占小便宜的人，所以，与这样的人交朋友，也不会有什么好的结果。

有这样一个故事。

在很久以前，一个镇子上的张三和李四是邻居，张三家是开酒坊的，李四家是开肉铺的。

张三想："若能与李四交个朋友，到他家中割肉岂不是不用花钱了？"而没想到李四也在盘算："我若与张三成为好兄弟，我们在一起喝酒，就可以不用掏酒钱了。"两人各怀鬼胎，所以，一拍即合，就立即成为了好朋友、好兄弟。

为了达到各自的目的，两个人几乎天天在一起喝酒、吃肉，还真的是十分亲密，被人们称之为很好的"酒肉朋友"。后来，两个人还合伙外出做生意赚了大钱。到了年关的时候，两个人就将银子包在一个大包袱中往家赶。

一天晚上，他们路过一个庙里过夜，张三说："到家了，我们俩应该好好地庆贺一下。"李四也连连赞成。于是两个人就分了工，一个去打酒，一个去买肉。张三就想："如果这包银子都归我该多好呀，真舍不得分出一半给李四。"于是，他便买了一包毒药放进酒壶中。李四也这样想："我如果能得到那么多的银子，后半辈子就不用再卖肉了。"于是，他也买了一包毒药，放进肉中，最终两人同归于尽。

张三与李四只把友谊当成了一种酒肉交易，这样是不可能结交到真正的朋友的，这样的朋友也是经不起任何考验的，最终只能落得十分可悲的下场。

在不同的环境中会遇到不同的朋友，有这样几种朋友，你要远离。

所以，你应该仔细观察你的周围是否有这样的朋友，如果有，就赶快将他从你的"商脉圈"中驱逐出去。

以上所说的 4 种人是不可结交的。在生活中，许多人也知道这 4 种人不可结交，但是，就是不能准确地判断出来，所以说，要知道哪些人不可交，其关键就在于要根据他们的一些表现去认清他们的本性，然后作出理性的判断，与不可交之人断绝来往，只有这样，才能让自己免受其害。

4 要与这些人保持距离

在现代社会中，由于生存竞争的需要，人与人之间的关系变得异常复杂。有的时候你本来心情爽朗、兴冲冲地去赴友人之约，最后却败兴而归。有的人会因此而自责，其实也不尽然，问题也可能是出现在你的朋友身上。

据美国的一项研究表明，有些朋友本身虽然不是什么可恶之人，不会对你带来毁灭性的危害，但是，这些人却会对你产生不好的影响。比如，有些朋友的言行会使你感到筋疲力尽，有些朋友总会让你感到灰心丧气，等等。交际专家提醒大家，最好不要与下面这几类人走得太近。

忌妒心过重的人

与忌妒心过重的人交往，你必须得表现得不如他或者顶多是与他站在同一起跑线上，这才能使他可以与你亲密无间地来往。而一旦你的表现比他突出，他心中立刻就会泛出醋味来，会对你恨之入骨，要么在背后拼命地说你的坏话，要么在暗里不断给你制造小麻烦。很多时候，这种朋友比敌人更可怕。

王平毕业后被一家著名的广告公司录用，刚到单位时，为了不被周围的同事所隔离，她尽可能地与每个人交朋友。由于王平的热情与真诚，很受周围同事的欢迎。在工作中，她也得到了同事刘莉的热心帮助，王平在工作中只要是遇到困难，刘莉都会尽力去帮她解决。于是，两人成为了无话不谈的好朋友，她们一起吃夜宵、一起谈论服装、一起谈论公司领导。

半年后，王平凭借自己在工作上的业绩被提升为部门副经理。自从成为副经理以后，她感到张莉对她的态度明显冷淡了很多，也不愿意多与她说话了。

有一次，王平莫名其妙地被经理叫到办公室教训了一通，经理很恼火地教训她：身为领导，要时刻注意自己的言行……

当时王平十分不明白经理所说的话里的意思，但是看到经理恼火的样子，也不敢多问。直到后来，她才明白，是张莉把自己与她在一起时所说的关于领导不好的私密话，全部都告诉了经理。这次王平虽然没有被降职，但是她在领导眼中的形象却差了许多。她当初怎么也想不到，表面上看上去极为热情的张莉，忌妒心却这么强。

从王平的经历中我们要汲取教训：切不可与忌妒心过强者交朋友，否则，自己将会付出十分惨重的代价。

鸡蛋里能挑出骨头的人

在现实生活中有这么一种人，他们无论做什么事情，无论与什么人打交道，都能够从鸡蛋里面挑出骨头来。他们看什么都不顺眼，看什么都不如意，任何事情都能找出问题。这些人表面上看起来与你的关系不错，但是只要你一转身，马上就会拿你说事儿，损坏你的名誉。

赵冰与张洁是大学同学，也是很要好的朋友。两人毕业后由于工作单位离得近，所以就合租在了一起。

赵冰是个异常挑剔的人，在一些生活细节上总是埋怨张洁。有时候张洁下班后总会做些好吃的饭菜，但是赵冰则总说她做的饭菜味道不够好、买的菜也不够嫩；在赵冰生日的时候，张洁送给她一件围巾，而赵冰则说颜色太土，和自己衣服不搭……总之，事事她都能找出一些瑕疵来。

张洁是个老好人，凡事都会为别人着想。她总想着赵冰是个独生女，自小没做过什么家务，所以，她总是主动承担所有的家务活。但赵冰还经常背着张洁向自己周围的朋友数落张洁脾气不好、平时不注意生活细节之类的话……

像赵冰这样能在鸡蛋里挑出骨头的人，最好要与之保持一定的距离。否则，就有可能被其拖累，也极易被其伤害。

张嘴乱说的人

现实生活中有这么一种人，他们很是关心别人的隐私，喜欢说三道四，经常把自己看到的一些表面现象进行想象加工，编造或散布一些谣言，损坏别人的形象。这些人逢人总是滔滔不绝、口不择言、乱说一通，给你带来无尽的麻烦。

林达初入公司就受到了丽莎的热情帮助。丽莎帮林达熟悉公司的环境，帮助她解决工作中的困难。林达颇受感动，就与丽莎成为了无话不谈的好朋友。但是，她们进行深交后，林达才得知丽莎是个爱说别人闲话的人。

刚开始，丽莎总会与林达讨论她们部门内部的一些员工，但是，林达发现丽莎的谈话中总是要涉及别人的隐私，说白了就是在说别人的闲话。林达想，她既然会说别人的闲话，总有一天也会传播自己的谣言。所以，总是避着她，尽量不与她谈及自己的私事。

但是，最终林达还是没能避免被丽莎伤害。有一次，林达在与一个客户谈工作上的事情，一直谈到很晚。第二天，当丽莎知道林达与客户很晚还在一起时，就开始向其他同事说林达与客户在酒店彻夜不归，让林达的声誉日渐下滑，这件事也成为其他同事在茶余饭后的谈资……

像丽莎这样的朋友，你还敢与她亲近吗？这种张嘴就会乱说话的人，本身也并没有坏心眼儿，但由于他们经常说话不动脑筋、口不择言，你最好要与之保持一定的距离，以免受其害。

多愁善感的人

如果你周围有多愁善感的朋友，你是否会发现他们遇事后，总是不先去想解决的办法而总会哭泣、抱怨，他们会不自觉地将你拖入受害者的凄苦氛围之中，将你当作不收费的心理治疗师，你得不停地安慰他，从而耗尽你的精力。

刘华的好朋友晓敏就是一个多愁善感之人，即便生活中遇到一些细小的事情都要掉眼泪，找不出解决的办法，还总会打电话给刘华或者直接去找刘华，然后就开始唠唠叨叨地抱怨个没完，让刘华烦不胜烦。她平时也总是唉声叹气的，不自觉地也将刘华的情绪带入低谷

有的人，能够在你的职业发展中助你一臂之力；而有的人，却只能为你增添各种小麻烦，面对这样的人，你要与之保持适当的距离，以免被刺蛰伤。

之中，让她甚为苦恼。

事实上，多愁善感者对你产生的影响，远比你想象的要大得多。为了保持你的健康情绪，最好与这种朋友保持距离，少与他们来往。

但愿我们生活中能少一些这样的朋友，以免使我们受到不必要的伤害。另外，在生活中，我们自己也要自律，如果发现自己身上有这样的坏毛病，一定要及时改正，尽力做一个有魅力的人，不要成为他人疏远的对象。

5 这样的朋友，你需要特别感谢

在日常生活和工作中，你的周围总会有这样一些朋友：他们能无私地为你付出，默默地为你奉献。为了你的成功或者事情进行得更为顺利，他们从不计较个人利益得失。总是心甘情愿、诚心诚意地为你提供帮助。

这类朋友是你事业发展强有力的助推器，是你生活的润滑剂，更是你个人精神的强大支柱。对于这类朋友，我们要对他们特别地表达感激之情，主动地对他们表示友善，积极地给予他们关心，无私地与他们建立友情，这些朋友是：

一、替你承担责任、"挨板子的人"

有些朋友，能够在你最危难的关头挺身而出，帮你分担眼前的困难，甚至为你承担一部分损失或者是责任，这样的行为能证明这种朋友已经把你当成了休戚与共的知己，他们可以为你付出而不计回报。这类朋友每个人都不会太多，所以如果你有幸拥有这样的朋友，一定要懂得珍惜。

任强和李刚的关系一直不错，他们同在一个单位，所以平时有了更多的接触机会。

有一次，李刚在工作上犯了一个很严重的错误，公司因此受到了超过30万元的损失。如果李刚负全责的话，他很有可能会因此失去工作。

其实，李刚的工作能力一直以来都深受上司的认可，上司也并不想辞退这个员工。但是，公司的规定就摆在眼前，上司虽然想留下他，却也无能为力。

关键时刻，任强站了出来。他主动承担了一部分责任，而李刚的上司也因此找到了个台阶下，留住了李刚。

事后，李刚专门去感谢任强。但是任强却很严肃地对他说：你不要以为咱们是朋友我才这么做，关键在于，我知道如果我不帮你的话，既是你的损失又是公司的损失，我希望你以后能改正自己的缺点。

听了任强的话，李刚心里对这个朋友顿生敬意，他们的关系也从此更好了。

像任强这样能够在关键时刻出面来帮你承担责任的朋友，替你"挨板子"，你不应该对他心存感激吗？这样的朋友是你的守护神，有他们在你身边，你很少会受到伤害。为此，对于此类朋友，我们没有理由不对之心存感激，并与之深交。

二、替你清理善后、"扫尾巴的人"

这类朋友的思维总是很敏捷，而且还很无私、大度，不论什么事情他们总能为你考虑得很周全，能够想你想不到的事情，做你忘记做的事情，有他在你的身边，就等于帮你弥补了平时的一些过错，让你变得更完美。

与这样的朋友在一起，你永远不必为自己的粗心大意而烦恼，也永远不必担心自己有什么事情做得不够完善。所以，对此类朋友，我们没有理由不对其心存感激。

晓彤的工作能力很强，但是她有个最大的毛病，就是"忘性"特别大。比如说她手头某件事情做到一半的时候，领导让她去做另一项工作，她回过头来就把当初那项已经做到一半的工作给忘记了，到最后误了许多事情。到月末绩效考核的时候，上司总是会对晓彤摇头道："要你做的工作你为什么都要留个尾巴？真不知道你每天坐在这里都在想些什么！"

晓彤的同事刘玲从事的是秘书工作，由于她工作效率比较高，而且工作也相对比较清闲，所以经常会抽出时间来帮助晓彤。总能帮她清理一些善后工作，有时候，帮她打印没打印完的文字材料，有时会帮她整理早已被她忘记的不完整的会议记录……这样一来，晓彤的工作绩效顿时提高了许多，每到月末考核的时候，在同一级别的同事中，她的业绩总是最高。但是她心里很清楚，这都是好友刘玲的功劳。

晓彤正是有了刘玲这样一位肯为自己"清扫尾巴"的朋友，才使工作进展得更为顺利。所以，像刘玲这样无私的朋友，是值得我们深交的。

三、替你"装点门面的人"

这类朋友考虑问题总能从大局出发，同时也比较细心。在一些大场合，总能够悉心地替你整理现场，帮你"装点门面"，使你的工作进行得更为顺利。与这样的朋友在一起，你能够风光十足、信心百倍地完成自己的事情，并能顺利地达到自己想要的结果。

李涛的好朋友张波就是这样的一个人。

李涛是北京某医药总公司的销售部经理，所以，平时免不了要参加或举办一些大型的社交会议。但是，他本人平时却总是很粗心，不讲究穿着不说，即使在自己亲自负责举办社交酒会的时候，也不太注重场面的一些细节问题。张波是某医药公司的主要销售负责人，与李涛是同行，也是好朋友。平时看到李涛在穿着方面不拘小节，便时常提醒并帮助他。有时候会去商场帮他挑选合适的套装，帮他租借名贵的汽车，为他"装点门面"，让李涛在众人面前树立了良好的形象，工作也自然进行得比较顺利，业绩不断攀升。

在李涛负责本公司举办会议的时候，张波也总能亲自到场帮他整理现场，帮他支撑起大的"门面"来。如此，让李涛在众人面前增色不少。

李涛周围的朋友都说他是个讲场面的人，而只有李涛自己知道，这些都少不了张波的帮助啊！

李涛正是在张波的帮助下，才使自己在公众面前树立起了良好的形象，才使自己的工作业绩不断攀升。如果你周围有像张波这样无私的朋友，就一定要好好地感激他，并诚心地与之建立友情，因为他的确可以成为你事业成功的"助推器"。

四、替你考虑利害关系、"敲警钟"的人

这类朋友机智、聪明，且有较强的危机意识，他们总能从一些普通的事情中替你考虑一些你想不到的深层次的利害关系，并能推心置腹地为你敲响警钟。也许这种朋友所说的话有些时候你并不爱听，但是正所谓"良药苦口"，如果你因为不能倾听别人的相反意见而失去这样的朋友，将会是你最大的损失。

战国时齐国有个大臣叫邹忌，此人身高 8 尺多，而且身材魁梧，是当时

> 在你的生命中，总有一些让你感动的朋友，面对这些人，要心存感恩，时刻铭记。

有名的美男子。

有一次，邹忌问他的家人："我与城北的徐公相比谁更美呢？"这个城北的徐公也是当地有名的美男子。他的家人说："还是你更美。"第二天，一位客人从外面来拜访他，邹忌与他坐着闲谈时问客人："我与徐公谁更美？"客人说："徐公当然不如您美啊。"

几天后，邹忌在外面偶然见到了徐公，他仔细地端详他，认为自己远远比不上人家。他知道自己的家人和朋友都是因为讨他欢心才这么说的。

为此，邹忌就上朝拜见齐威王说道："我确实知道自己不如徐公美。但是家人和客人都是因为讨好我，才捡好听的话来奉承我。如今的齐国，土地纵横千里，有 100 多座城池，宫中的妃子及您身边的近臣，没有不偏爱大王的。他们也会只报喜不报忧，大王所受的蒙蔽一定很厉害了！所以，您一定要有接受不同意见的胸襟。"

国君听了邹忌的话之后，果然大开进谏之门。没过几年，国家就富强起来。

在这个故事中，出现了两种人，一种人是邹忌的家人那种人，他们报喜不报忧，只会说漂亮话，这些话除了能恭维你、讨你欢心之外再没有其他的作用。另一种人就是邹忌这种人，他们说的话虽然有时并不好听，但是却指出了你身上存在的一些关键问题，可以帮助你获得提高。所以说，这类朋友可以称得上是你人生道路上的"指南针"、"护身符"，如果你的周围有这样的朋友，一定不要错过将之纳入你的"紧密层"商脉圈中！

⑥ 把握生命中的伯乐

俗话说，店中有人吃好饭，朝里有人好做官。这句话充分说明了：如果结交到能改变自己命运的伯乐，那么就是找到了通向成功的捷径。有人说，真诚的朋友千金难买，但是，那些可以改变自己命运的伯乐更是千金难买。所以，在你建立"商脉圈"的过程中，一定要好好地把握住那些可以改变你命运的朋友，让成功事半功倍。

一、生命中的伯乐千金难买

在生活中，如果我们能够得到伯乐的指点与支持，人生之路便会顺畅很多。伯乐的一句话，会让我们茅塞顿开；他们的一个提携，会让我们从激烈的竞争中脱颖而出；他们的一个帮助，会让我们事半功倍。伯乐能够为我们提供成功的助力与资源，使我们少走弯路，加快我们成功的进程。伯乐能够为我们的人生带来希望和转机，改变我们的命运。

英国著名的化学家与物理学家法拉第的成功就在于他抓住了生命中的伯乐戴维。

法拉第在小的时候，家境就十分贫寒，没有上过学，他的所有知识都完全来自于自学。他在13岁时，就在印刷厂当学徒工，渐渐地对电学与力学方面的书产生了兴趣。

一个十分偶然的机会，英国皇家学会会员

> 每个人的一生中都会遇到伯乐，在你忙碌和迷茫的时候给你扶持和鼓励，遇到了伯乐，就要好好把握。

丹斯来印刷厂校对自己的著作，无意中看到了法拉第的笔记，感到十分惊讶，当时就立即给了他4张皇家学院的听课券。法拉第由此结识了发现氯元素的科学家戴维。

法拉第十分珍惜这次机会，他把自己做的化学实验交给了戴维，戴维看后，觉得他非同寻常，决定收他为徒，让他做自己的助手，戴维从此为法拉第打开了科学研究之门。不久，法拉第发现了电磁感应现象，几年后又发现了电解定律，震惊了科学界。

戴维是个伟大的科学家，但他认为"我一生最大的发现是法拉第"。

你生命中的伯乐对你产生的力量就如阿基米德所说："给我一个支点，我能撬起地球。"借助伯乐成大事是聪明人提升自我与发展的好方式。大凡成就事业的人都会巧妙地利用伯乐的提携与帮助，缩短奋斗时间，让他们为自己走向成功添砖加瓦，从而实现自己的远大抱负。

伯乐之所以为伯乐，主要是因为他是一种稀缺资源。他不会无缘无故地跑到我们面前，更不会像童话中的天使一样，在你需要的时候就出现。他需要我们努力去寻找，他或许就在我们的亲戚、朋友、同学、老乡、领导、同事、邻居，甚至是对于当中，只要你练就了一双发现伯乐的慧眼，你就能够找到他，让他成为助你成功的"加速器"。

虽然我们讲万丈高楼平地起，但有人提携必然会加快你迈向成功的步伐。所以，无论什么时候，都不能忽视经营你的"商脉圈"，说不定某人就是那个可以在你落难时拉你一把，或在关键时刻能提携你的伯乐。

二、好好把握你的"伯乐"

你生命中的伯乐不见得一定是了不起的成功人士，也不一定非得是一些权贵人士，主要是指那些在适当的机会能够辅助你实现人生梦想的人。但是，茫茫人海中，哪些人是自己应该好好把握的"伯乐"呢？

1. "专业型"朋友：精通某专业的顾问级朋友

有人曾说，人生如果有"三师"做朋友，你的生活会更加畅快。其中的"三师"主要指医师、律师和会计师，他们分别能救人的生命、保护人的权益与保护人的财产。除此之外，还有理财师、水电专业人员、计算机专员，等等，这些具有专业知识的朋友，可以成为你生活中的专业顾问，他们可以在较短的时间内为你提供你所需要的专业咨询以及协助，帮助你解决问题。你不妨将这些朋友们当作你自己的智囊团，当你有想法的时候，大家可以站在同一条战线内就实务面及理论面一起探讨一下，然后互相激励，为你解决生活和工作中的困难，使你过得更为顺畅。

2. "潜力型"的朋友：那些力求上进的、具有潜力的朋友

如果你周围有那些平时看上去表现平平却有着强烈进取心的人，你最好也要把握住了，因为他们在当前可能不会为你带来多大的益处，但是在未来却很有可能会帮助你。

历史上著名的"红顶商人"胡雪岩就极会结交朋友。当年，胡雪岩还是钱庄的小学徒时，就遇到了穷困潦倒的书生王有龄。他从对方的谈吐中看出其人有一股不凡的气势，于是就挪用了钱庄的500两银子给王有龄，让他去进行科举考试。为此，胡雪岩还丢掉了学徒的工作，但是到后来，王有龄的官越做越大，成为了胡雪岩的至交。后来，正是在王有龄的帮助下，胡雪岩才在商界成就了一番事业。

其实，你身边一些积极上进的平辈朋友，在未来也可能成为你的合作伙伴，而且，当你与他在一起，也会对你的上进产生极为积极的影响，所以，

你周围有这样的朋友，千万不要吝于对他们付出！

3. "保本型"的朋友：重情重义，以情为第一

如果在你的周围有"万事皆可弃，唯有情无价"的朋友，你成功的机会可能会大一些。"保本型"的朋友，虽然未必能够为你带来金钱与权势，但是，只要用心经营，他们永远会是你身边最为可靠的支撑。

4. "励志型"的朋友：是你强大的竞争对手，也是磨炼你的宝藏

在很多时候，你的竞争对手也可以称得上是你的朋友。你周围的好朋友可以从感情上为你带来鼓励，但是竞争对手则可以从理智上为你带来最深的刺激，以激发你不断上进。因为对手对你发动攻击的时候，会针对你的弱点来展现他们的长处。从他们的攻击中，你就可以体会到自己的强项是什么、弱项是什么。当你与对手争得你死我活的时候，一定会倾巢而出，使出自己的浑身解数，这时候也就是展现你招数最多的时候。为此，当你拥有一个可敬的对手时，一定要努力向他学习，他可是磨炼你自身能力的宝藏。

以上几种朋友类型，都可以称得上是你生命中的"伯乐"，如果你周围有这样的朋友，你一定要好好把握，用心经营你与他们之间的友谊，以便到关键时刻对你发挥有效的作用，甚至改变你一生的命运。

第四章 | 六度商脉圈的组成

我们的领导、同事、客户、同学、老乡、邻居以及网友，等等，都可以对我们的事业与生活产生极大的影响。要想使"商脉圈"对我们产生积极的作用，我们就要善于结交周围这些能对我们产生积极影响的朋友，针对我们与他们的特殊联系，利用有效的方法将他们纳入我们的"商脉圈"中，让我们的人生道路走得更为顺畅。

领导商务圈：直接关系着你的前途

你的老板、上司或者是在公司中比你职位高的人都可以将之归入"领导圈"之中。"领导圈"是构成个人"商脉圈"的一个很重要的圈子，因为它影响着你的前途，关系着你个人未来的发展。要想在职场中尽早获得加薪或者是升迁的机会，从你工作的第一天开始就应该主动筹划好与领导之间的关系，主动与他们结为朋友，这样既可以节省你的奋斗成本，又可以使你在短时间内攀升到更高的位置。

王莎刚从学校毕业后就进入一家外贸公司，她的上司李霞是总公司的精英人物，被特意分派到分公司来做行政总监。

聪明的王莎是个认真负责的"鬼精灵",她虽然不是李霞的助理,但是她还是会经常到她的办公室去汇报工作。每次开会都能以最快捷的速度,适时地提醒她的助理漏掉的资料,这让李霞对她刮目相看。

一到周末,王莎还会为李霞送上妈妈平时做的家常菜,让吃厌了工作餐的李霞换换口味。王莎经常还会放弃约会,陪李霞一起去逛街。在李霞烦闷的时候,王莎还会在深夜的时候陪伴寂寞的李霞到金茂大厦唱歌、跳舞、看夜上海,让独在异乡的李霞备感温暖。

某个下午,王莎就与同事们商量:"对面新开了一家川菜馆,听说菜式和情调都很好,我们一起去'血拼'如何?"华灯初上,被约的同事们陆陆续续地在饭店坐定,最后一个到的是王莎,她手中还捧着刚买来的一个鲜蛋糕。大家以为是她的生日,她要请客呢。可没料到的是,她径直走到李霞的身边,说道:"今天是李总的生日,我们一起来祝她生日快乐。"李霞觉得有些意外,但是身在异乡能受到这样的照顾,十分地感动。随后的日子里,王莎就自然地赢得了李霞的友谊。

后来,李霞要回公司总部了,就让王莎去接替她的位置,并言明王莎只要有困难,希望大家多多帮助。当然,王莎也十分感动,为李霞举行了盛大的欢送仪式。后来,王莎与李霞建立起了亲密的朋友关系,当然王莎的职业生涯也一路绿灯常开。

王莎通过各种途径与李霞建立起来的关系,使她获得了升迁的捷径,也体现了"领导圈"对个人前途发展的重要作用。可以试想,如果你能成为公司领导的朋友,他不仅会在工作中指导你、帮助你,还会督促你事业的发展,为你提供各种咨询帮助,帮你处理各种人际矛盾,且还会助你步步高升。

许多人说,我的领导根本就没什么兴趣来培养我,甚至他还会冷落我,对我爱理不理。还有人会说：我的领导各方面的素质都很差，从他们那里根本学不到什么！有这种想法的人要取得更好的发展是不大可能的。你要知道，无论你的领导在你的眼中有多差，他们既然坐到了那个位置，就一定有值得你学习的地方。

既然"领导圈"对个人的发展有着极为重要的作用，那么，你如何才能与不同的领导建立起朋友关系呢？

一、主动去了解领导

在职场中，若想与领导成为朋友并得到他的帮助，首先要了解你的领导，只有了解了领导的性情脾气、个人喜好、处世方式，等等，才能有针对性地去讨得领导的喜欢，或受到领导的赏识。否则，如果你只顾着挥汗如雨地埋头苦干，即便是工作做得再出色，也不一定能够得到领导的认同。为此，在平时的工作中，你要多去留意领导的言谈举止，细细品味领导的为人，掌握领导的个人喜好，这样不仅可以减少相处过程中不必要的摩擦，还可以巩固你与领导之间的关系，加深你在领导心目中的良好印象。

具体如何去做呢？

1. 洞悉领导的目标

只有洞悉领导的工作目标才能有效地按照领导的想法去办事，才能让领导去赏识和赞扬你，你才有机会去和领导接近。工作中如何去洞悉领导的工作目标呢？

直接向领导请教，看看领导是否愿意将自己长期性与短期性的工作目标拿出来与你分享。其实，在日常工作中，每个领导都对工作有着系统的规划，并且常常会用一种比较随意的方法去表达自己的目标与策略。比如，在计划会议中，他会随口说出自己的一些目标和想法。这个时候，你一定要用心地记下来，会议结束后，你就可以从记录中分析领导的主要目标。

了解领导的目标后，要检查自己的目标是否与领导的目标一致，如果不一致，就要立刻进行调整。同时再运用你掌握的资料，找到领导的最终目标，再朝着那个方向进行努力。只要你按照领导的目标开展工作，出色地把自己的本职工作做好，就有可能得到领导的认同和赏识，也能使你获得与领导接近的机会。

2. 熟识领导的个人风格

领导的个人风格是其个人性格的真实体现，我们只要主动去了解领导的个人处世风格，就能够得知领导是什么样的人，然后才能有针对性地拉近与他之间的距离。为此，在工作中，我们要主动去了解领导喜欢什么样的管理方式、他的日常生活作风又是怎样的，等等。

同时，除此之外，还要多去了解领导工作之外的"生活风格"，通过分析领导工作之外的种种言行，我们就能够更深层次地去了解领导。一旦我们能够从领导身上找出与我们相似的个性特点或共同点，那么就可以拉近与领导之间的距离。

3. 掌握领导的需求

在职场中，每个领导为了巩固自己在职场圈子中的地位，都会有一些基本的需求。比如，他也需要下属向他提供一些帮助或一些有效的信息，等等。这时候我们就要敏锐地察觉出领导的需要，去与领导接近。

要想在职场中顺利地发展，不仅要做好本职工作、出类拔萃，还要千方百计地进入领导圈内，与领导关系的好坏直接影响你前途的大小。

每个领导都和普通人一样，既有一些同一般人相同的、普遍性的需求，又有些为满足自身利益所拥有的特别要求。每个领导都希望自己的下属具备以下的几种能力：忠诚、可靠、能传达重要的资讯、能帮助领导节省时间、能察觉到自身的工作压力并勇于帮自己分担压力，甚至希望下属能够帮助自己处理一些生活方面的事情。了解了领导的一些特殊的需求，才能找准机会让领导对你心存感激，从而与你交朋友。比如领导要参加一个重要的会议，但是他的孩子放学的时间快到了，作为下属，如果你看出了领导的焦急，不妨主动上前分忧，虽然帮他解决的并非是自己分内的工作，但是你救了他的急，只要能够完成得当，在领导心中总会给你记上一功，对你心存感激，这也为你提供了与领导交朋友的一个机会。

4. 帮助领导排忧解难

在日常工作中，领导不仅需要听别人赞美他，同时，也需要有人去洞悉他的不足，并能有效地帮助他。比如，领导知道如何去有效地激发下属的潜能，但却不具备做后续工作的能力。这个时候，如果你能够为领导提供这种帮助，就会给他留下好印象，甚至会对你心存感激，以后有什么好事儿，他自然也会想到你了。为此，在平时的工作中，你一定要多观察领导的言谈举止，综合分析领导的优缺点，对其优点进行赞扬，并为他提供一些有价值的帮助，与领导建立一种更为稳固的工作关系。

二、与领导交朋友的绝招

了解了领导后，就要根据具体情况主动开始与领导交朋友了，具体怎么去做呢？

下面介绍几种与领导交朋友的绝招，以供参考。

1. 出色地完成你的工作

你要将自己的工作处理得很出色，即便不出色，也不能太差劲，因为这是前提条件，如果你的工作一塌糊涂，领导怎么还能欣赏你？不能得到领导的欣赏，你还如何与领导交朋友？

2. 与领导多沟通

在职场中，大多数人对领导敬而远之，很少有人能与其进行朋友般的交流和沟通。要知道，如果你不与领导进行沟通，也许领导永远也不会了解你的想法、你的性情，你可能一直都得不到提拔，可以尝试着多与领导进行沟通，就可以使自己在众多员工中脱颖而出。

张波与任雷同在一家广告公司工作，张波只想着把自己的工作做好，对任雷经常到老板办公室汇报工作的做法极为反感，认为他是在刻意巴结领导。

一年后，张波的工作做得非常出色，甚至有些作品获了奖，张波对自己的前途很有信心。到年末的时候，部门经理的人选公布了，其中有任雷的名字，而没有张波。

要与领导成为朋友，与领导多沟通是最起码的做法。在与领导沟通交流的过程中，也要勇于发掘领导的个人兴趣，并促使自己在这方面也努力一下，找到共同的话题，这样就很容易与其成为朋友。即使领导没有什么是你认同的兴趣，你也可以主动去迎合领导的兴趣，与领导打成一片。

3. 有针对性地赞叹领导

找机会多赞叹一下领导的某些出众的能力和处世方式，并表示你从领导身上收获颇多，让领导知道你在欣赏他，会对你产生特别的感情。要知道，这不是拍马屁，而是向他表示他真的有此能力，这样才能赢得领导的好感。

4. 多向领导请教

向领导去请教一些他颇为在行的问题，且适时地表示出你的感激。这能让他产生更为强烈的成就感，以后也会更加关注你，更愿意与你交流。

只要你能努力做到以上几点，便可以顺利地将领导纳入你的'"商脉圈"中。

三、和领导关系密切的人交朋友

在职场上，除了要讨好你的领导，那些与领导关系极为密切的人也是极具"拉拢"价值的。因为这些人对领导的决策、用人及其他问题的看法都会产生重要的影响，而且这些影响在许多时候有可能会是决定性的。

在现代社会中，也有许多人认为，在工作中只要尽心尽力，取得一定的业绩，便可以赢得领导的赏识与欢心，加薪升职便是指日可待的，而不把领导身边的人放在心上，他们认为这些人职位不怎么高、权力不怎么大，与自己也没什么直接的关系，没必要重视他们，只要不得罪他们就行了，殊不知，这样只会让自己多走些弯路。想与领导交朋友，让领导更为关注你，如果能顺利地与领导身边的人搞好关系，就能够起到事半功倍的效果。

25岁的张欣在一家著名企业任部门经理，工作也很出色。公司的领导对她十分赏识，对她的意见与建议十分重视。但是，张欣对总经理却不那么尊敬，而对老板的得力助手——分管人事的副总却出人意料地亲近。逢年过节，必然登门拜访，且总要送一些自己家乡的土特产。

周围的朋友对张欣的举动很是奇怪，认为总经理明明是个很难得、很有魄力、知人善任的人，而副总却明明是一个没多大本事、有心眼儿的人，他为什么一个劲儿地讨好他呢？在许多亲密朋友的追问下，她才道出了原委："总经理是个正人君子，只要你好好干，他对你就满意了，用不着顾及与他的关系。而副总则不然，这种人在工作上虽然没多少本事，但是却很注重同事间的为人处世。如果在背后给你捅一刀，你也吃不消呀。之所以与他那么好，就是希望他不要在背后捅我一刀。"

果不其然，有一次公司内部要选拔一批人才到国外去学习，回国后直接就可以到公司总部担任要职。张欣自然就入选了，当然，除了老板对她的器重外，还在于副总对她的好评。

张欣的经历告诉我们：许多与领导关系密切的人，虽然没有决策权，但却能对决定你未来的领导产生极大的影响力，如领导的副手、秘书以及周围的亲人，等等，与他们搞好关系或成为朋友，对你的前途往往有着举足轻重的作用。

与领导关系密切的人，由于他们的特殊地位，比你的领导更需要尊重和理解，他们虽然不能说一句顶一句，但当你有事相求的时候，千万不要低估，更不能轻视他们的办事能力，否则你一定会为自己失去强有力的支援而后悔。

❷　同事商务圈：齐发展，共进退

"同事圈"主要是指与你一起工作的同事所组成的圈子。在工作中，与同事成为朋友对你的影响是极为重要的，工作的成功离不开与同事的并肩协作；当许多问题解决不了的时候，与同事多沟通、交流，一切难题便迎刃而解；同事可以对你的工作表现提出意见与建议；与同事间的公平竞争能够为你带来成功的动力与学习的机会，让你在工作中保持愉快的心情……

许多人都认为，在工作中建立起来的同事关系是不够纯洁的，因为许多同事之间都存在着激烈的竞争，即他们表面看似很好，暗地里却互相拆台。但是这并非是绝对的，无论如何，多一个朋友总比多一个敌人要好得多。你如果能将你的同事变成朋友，只会给你带来好处，而不是坏处。

在与同事交往的过程中，要保持一颗平常心，在工作中互帮互助，在生活中互相关怀，和睦的同事关系能让你的工作更顺利。

文晓与吴菲大学毕业后同时应聘到一家银行做职员。在工作中，文晓竭力地去帮助吴菲，时间久了，两人就成了无话不谈的好朋友。

几年过去了，虽然她们都已经成家了，但是她们还是会经常在一起聚餐、逛街、泡吧。有的时候，她们彼此还相约在家里聚会，将自己的朋友介绍给对方。久而久之，就扩大了彼此的"商脉圈"。

与同事成为朋友，不仅仅可以扩大你的交际圈，还可以为自己营造一个愉快的工作氛围，使我们忘却工作中的单调与疲倦，使我们每天都能够保持一个好的心情。还有的人认为，与同事关系搞好了，还可以大大提高工作效率。

林翔在一家公司做销售工作，工作极其繁忙，即便是在周末，他也难抽出时间与朋友们聚会。所以，平时他就将自己的同事当作自己的朋友，每当遇到不顺心的事时，他就会在下班后，约上关系好的几个同事去喝茶聊天，在同事的劝解与安慰下，郁闷的情绪也很快就会烟消云散。遇到高兴的事情时，他也会约几个同事找个地方庆祝一番，在心情愉快的状态下，他的销售业绩也有了极大的提高。

由此可见，与同事搞好关系可以调节你的不良情绪，提高你的工作成效。所以，在工作中一定要尽力去搞好与同事之间的关系，使自己获得更好的发展。

一、不同级别不同应对

在工作中，不同级别的同事所扮演的工作角色是不同的，其需求也是不同的，所以，要与其搞好关系，首先要分清他们间的级别，对不同级别的同事不同应对，只有满足不同级别同事的心理需求，方能受到他们的欢迎。

赵蓉毕业后到一家企业任行政助理一职，由于刚到单位没什么经验，工作中遇到了许多困难。于是，她就常常向老员工李雪请教。李雪不但工作经验很丰富，在为人处世方面也很有一套。

赵蓉经常听取李雪的意见，慢慢与同事们都建立了较为深厚的友谊。对与自己同级别的同事，她会尽力与他们配合，把工作完成，有时还热心帮助他们解决一些困难。对比自己职位低的同事，她总会热心帮助他们解决生活中的难题，并适时给他们提出一定的建议。在私底下她也十分关心同事们的日常细节。比如她看到哪位同事中午在单位不用餐，就主动从家里带来午餐给他，就这样与同事的关系拉近了不少。随着时间的推移，赵蓉在同事中的朋友就越来越多了。

赵蓉非常懂得处世之道，对同级同事以诚相待，对下级同事则是关怀有加，最终获得了极好的人缘，与更多的同事成为了朋友，工作也更为顺利。

而对于我们来说，在工作中具体应如何去做呢？

1.如果你是新人，刚入行，就要找对师傅。多与那些人品好、威信高、心地善良的老同事交朋友，可以通过与他们的不断接触，向他们学习，并与他们建立良好的朋友关系，对你日后的发展有很大帮助。

2.同一级别的同事之间很容易发生各种利益冲突，所以，与他们交往时不要急功近利，要以诚相待，多从长远的角度权衡各种利弊，尽量与他们进行公平竞争。切忌拉帮结派，可以结交一两个与你关系密切的同事，若遇到问题，与他们一起商讨就可以了。

3.在平时工作中，要与领导保持合适的距离，尽量不要让其他同事认为你是在巴结领导，从而影响与同事们的朋友关系。

4.对待下级同事，要尽力去帮助他们，并给予一定的生活关怀，向他们下达工作命令的时候要耐心细致，并对他们的工作给予一些合理的建议，帮助他们上进，让他们将你当作自己的朋友。

只要认真做到这几点，便可以顺利地处理好与同事间的工作协作关系，只有把工作关系处理好了，才能进一步与他们成为好朋友。

二、把握交往尺度，公私要分明

在工作中，如果与某个同事交往过于密切，就难免会存在私念，有违公正，会过分听信对方的一面之词，不能对事情的真相有个正确的认识，从而影响自己的判断，阻碍自己的前途发展。

王丽就曾经因为朋友的事情，险些被单位开除。

王丽是某报社的一名记者，平时与同事关系处得相当好，尤其与刘娟相处得更好。有一次，她独自深入报道某食品对肠胃产生的负面影响，不仅在读者中引起了极为广泛的关注，而且也因为取证客观，得到了报社的嘉奖与肯定。

可一个星期后，刘娟突然来找她，说王丽所报道的那家食品厂是她的一位同学创办的，负面报道出来后，工厂损失很严重，所以希望王丽能够再在报纸上发表一个声明，表示这种食品并没有报道中写的那样对人有危害。

这让王丽感到十分为难，这是自己第一次得到领导的嘉奖，若这样做会大大影响到自己的前途。再说这件事情也是自己经过深入调查才写出来的，其中原委自己十分清楚。但是，刘娟是自己最为亲密的同事，如果不帮助她难免会影响她们之间的关系，无耐之下她就在报上重新发了声明稿。但是，见报的第二天，社里就接到了许多读者的电话，对此事表示质疑。王丽因为这件事受到了领导的严厉批评。

在工作中，我们之所以要与同事成为好朋友，主要是为了让自己工作在更好的发展环境之中，如果为了同事而做出损害公司利益的事，就有些得不偿失了。所以，要把握好与同事之间交往的尺度，公私要分明，否则只会害了自己。

另外，在与同事交往中切忌拉帮结派，不要参与各种议论。即便有的时候，同事以朋友的立场跟你说了些什么话，也不要深信不疑，时刻坚持从一种公正客观的角度去处理问题，不要太过感性，如果是坏的议论，听听就可以了，千万别充当传播的媒介。

三、注意自身的言行

在平时，与同事交朋友，也要懂得猜透对方的心理，在谈话的过程中，要给对方留有余地，做个含蓄的人，不要乱拿别人的缺点或过错开玩笑，也不要随便谈些不切实际的话题，只有这样你们的友谊才能长青。

具体要做到以下几点。

1. 要尊重对方的决定

"我理解你""我支持你"等这些看起来极为简单的话，但是在与同事间的交际行为中却起着极为重要的作用，这能够表明你对朋友的尊重。尊重朋友的决定，就是不管在什么情况下都给对方留有考虑与做决定的时间和空间。另外，与同事交往过程中要学会换位思考，多站在对方的角度上思考问题，让对方明白你才是真正能够与他站在同一战线上、支持他并理解他的人。

2. 发挥个人的语言魅力

到一个单位后，你要适当地说些小笑话，发挥个人的语言魅力或者保持微笑，就会消除彼此间的生疏感，同时，幽默感也可以化解你与同事之间的各种矛盾或冲突。

3. 不要触碰交往禁区

与同事之间多交流以表示热情，但是谈论的话题切勿涉及别人的隐私，比如对方的月收入、年终奖，等等，这样容易使对方处于尴尬之中，影响彼此的情谊。

4. 不可能结交所有的同事

人与人之间的个性差异以及其在职场中所担当的不同角色，决定了其不可能将所有的同事都纳入自己的"商脉圈"中。所以，我们无须去结交所有的同事，以免让自己受累。同时，对于那些做事消极的、不负责任的同事，不与其结交也罢。

同事中没有绝对的坏人，只要你保持一颗平常心，顺其自然，遵循做事的原则，相信你会在同事当中找到一群真正投缘的朋友。

❸ 客户商务圈：帮你打造强大的业绩

美国斯坦福研究中心统计表明，有 50% 以上的销售业绩都是凭交情完成的。在工作中，如呆我们能将所有的客户都纳入自己的"商脉圈"中，与他们能像朋友一样地合作，那么，提高你的销售业绩便是极其容易的事情了。

但是，许多人在做生意的时候，不仅不能够让客户持久地接受自己的产品或服务，更不能够让客户为自己的生意摇旗呐喊。他们不懂得如何去培养客户对自己产品和服务的忠诚度，不知道如何对客户进行感情投资，更不知道如何与客户做生意……一句话，他们根本就不知道如何与客户交朋友，这样也就等于将自己的市场拱手让人，自己的业绩就不可能得到提高了。

博西是世界一流的潜能大师、一流的效率提升大师、一流的销售教练。他的书籍被翻译成多种文字，他的训练帮助了千千万万的人。他的秘诀就在于：把客户变成自己的朋友。他相信，只有与客户交朋友，他们才有可能成为提高你业绩的重要力量。

那么，在工作中，如何才能与客户成为朋友呢？

投其所好，让客户接纳你

要想与客户成为朋友，首先得让客户接纳你。商场中一直流行这样一句话："投其所好。"可以顺利地打开客户的心扉，让客户接纳你。

这个词虽然听起来并不是很顺耳，仿佛是要你去拍客户的马屁。而实际上，我们这里所说的投其所好并非是无原则、不负责任地拍客户的马屁，而主要是指在面对你的客户时，你必须要清楚对方的真正需求，了解对方的心理，从客户感兴趣的话题入手，营造轻松和谐的沟通氛围，并且适时地改变谈话的内容和方式。只有能够做到这些，客户才有可能会对你产生好感，才有可能让客户买你的商品。

> 真诚地对待客户，用心留住客户，客户就会像朋友一样帮你拓展市场，为你打造非凡的业绩。

赵琳是一家科技公司的推销员，主要负责销售公司新研发的农场新式采光设备。由于是新产品，价格也不便宜，许多户主都不大能够接受，赵琳吃了很多次闭门羹。

这一天，赵琳又来到一家养殖场，与往常一样，户主又将其关在了门外。失落的赵琳使劲地挠了挠头，突然灵机一动，她再次叫开门，还没等户主开口，她便抢先说道："我不是来推销产品的，我只是想要来购买你的鸡蛋回去做蛋糕的。"赵琳的话，让户主老大爷放下了戒心，一会儿就领她进了门，还问她为什么大老远地来这里购买鸡蛋。

赵琳看了一眼老大爷的鸡蛋，不慌不忙地说："只有白色的鸡蛋做出的蛋糕才会松软可口，而别处都只有棕色的鸡蛋卖。"赵琳接着就向老大爷讨教养鸡的经验，并夸赞老大爷养鸡的收入很高，让老大爷心里感到异常舒服。于是就热情地让她进去参观鸡舍。

这时赵琳才缓缓回到主题，她告诉老大爷，鸡舍如果能够安装新式的采光设备，就会提高鸡蛋的产量。此时，老大爷最初的反感已荡然无存，显然是被她说服了。两周之后，赵琳就乐呵呵地上门来为老大爷安装新设备了。

赵琳巧妙地调整了与客户的交谈方式，让对方觉得她不是冲着赚钱的目的来的，而是对他养的鸡产生了强烈的兴趣，才取得了成功。赵琳的成功，给我们的启迪是：在与客户交流时，应当避开敏感的话题，从对方感兴趣的事物开口，投其所好，消除对方的心理戒备。这样就可以拉近与客户的关系，迅速获得成功。

当然了，要想投其所好，并非是要靠自己的猜测，而是要运用一定的方法与技巧，迅速地找出与客户之间的兴趣点，让客户接纳自己。通常来说，主要从以下几方面着手去做。

1. 一切从客户的需求入手

在拜访或者接待客户之前，我们应当充分、认真地去分析客户的真正需求，如果一开始就能抓住客户急需解决的问题进行谈论，对方就必定愿意将话题继续下去。如果与客户一见面就流露出十足的"商业气味"，那么客户基本上就不会购买你的产品，甚至不会给你机会让你开始你的开场白。

2. 话语试探，发现共同点

在谈话过程中，你可以试探性地问一些问题，在这些问题中寻找到双方的共同点，比如你可以说："听您的口音好像是×××的，我们好像是老乡呢。"只要找到双方的共同点，交谈氛围也就会变得更为轻松愉快了。

3. 针对客户的兴趣点"对症下药"

当我们与客户交流时，有时会听到客户说自己遇到了什么困难，这时候，我们就应该竖起耳朵，仔细了解其中的缘由，这样一来，客户就会认为你是一个值得倾诉的人。接着，你应当积极地想办法，帮客户解决困难、走出困境。这样一来，你的"投其所好"就会发挥出最大的功效。

总之，要想迅速地与陌生客户建立起沟通的桥梁，让客户接纳你，首先要做到"投其所好"，这样才能取得客户的信赖。所以，在面对客户时，我们不妨多去关心一下客户的个性、爱好，从而找到最佳的话题切入点，让自己与客户成为好朋友，这样就可以让自己的工作顺利地开展。

真诚地对待客户

要想得到客户的认同，首先就要学会真诚地去关怀自己的客户。你越关怀客户，他们就越有兴趣与你做生意，越愿意购买你的产品。关怀的感情因素对建立你与客户之间的良好关系所起的作用是巨大的，产品的价格、质量、公司的实力、规模等因素都敌不过它的威力。你的客户一旦认定你是真正关怀他的时候，不管销售的细节是怎样的，他都会愿意购买你的产品。

要想真诚地关怀客户，首先要耐心地去对待客户。在与客户相处的时候，绝对不要急着去介绍产品，要向对方表明，你愿意花足够多的时间去帮助客户作出正确的购买决定，这样能够赢得顾客的好感。

同时，还要学着去感谢和赞美客户，力争让自己的产品与服务超过其期望值，或者可以事先送些小礼物给你的客户，以换取他们对你的好感。

一天，陈杰去拜访一个女客户，当时客户正在厨房忙着收拾，而她的女儿正在客厅的地板上大声哭。陈杰见状，连忙蹲下来对小孩说："小朋友，不要哭，看叔叔给你变魔术。"

然后，陈杰就像变魔术般地拿出了两个棒棒糖，变出了一个会走路的小鸭子，并趴在地上为孩子演示，孩子立马破涕为笑。这一切，都被在厨房里的妈妈看到了眼里。

很快地，客户就痛快地与陈杰签订了合同。

试想有谁会拒绝一个愿意跪在地上与小孩一起玩耍的人呢？这个"小礼物"与那些一掷千金的饭局、一张价格不菲的门票相比，根本不算什么。但是，正是它的"小"则体现了你的细心与爱心，让客户不得不接受你，同时也不得不接受你的产品。

一些小礼物，在很多时候是搭建你与客户之间良好关系的媒介，可以将你与准客户之间的围墙清除殆尽。一份小小的礼物能产生如此大的效果，就在于它抓住了人们心中或多或少的占便宜的心理，它也可以大大降低客户对你的抵触情绪，为你们创造出良好的交流氛围。

除了给客户送些小礼物外，要想让客户知道你是在真诚地关心他，还要注意努力做到以下几点。

1. 诚心地称赞你的客户

在生活中，我们可能都会有这样的体会：当别人称赞并同意你的所作所为的时候，你就会感到异常地快乐，不自觉地感到自己很棒。这是人之常情，所以，当你与客户交流的时候，一定要找机会去称赞你的客户，让客户感到自己是受人欢迎的人，这样才能让客户对你表示欢迎。

2. 适时地对客户表示羡慕

当你去羡慕对方的成就、特质或财产时，对方的心中就会由衷地感到得意，进而也会对你产生好感。所以，我们与客户进行交流时，要针对客户的优点并对其表示羡慕，这样客户就会对你产生好感，也更愿意与你进行进一步的交往。

3. 决不与客户争辩

每个人都喜欢与自己意见相同的人打交道，都不喜欢与自己意见经常相悖的人交往。所以，在与客户交流时，不管他说什么，你只要点头、微笑，并且欣然表示同意就可以了，没必要因一点儿小小的问题就与客户发生争执，惹得客户不高兴。

4. 决不要在客户面前批评、抱怨或指责任何人

在与客户交往的时候，绝对不要批评任何人或任何事情，不要恶言相向或者是批评你的竞争者。每当你听到别人提起竞争者的名字时，你只要微微

笑道："那是一个很不错的公司。"然后再继续作你的产品介绍。这样会给客户心中留下十分良好的印象。

总之，在与客户打交道时，一定要真诚，并注意自己的细节，只要努力做到以上几点，便基本上可以在客户心中留下良好的印象。

多顺着客户，让客户开心

许多销售人员或公司客服人员在谈论起自己的工作时，总会发出这样的抱怨："这些客户太不像话了，总是摆出一副居高临下的样子，只要我稍微一辩驳，他的脸色马上就变。哎，这工作可真难做！"

如果你在工作中也经常这样抱怨，就证明你将永远得不到客户的喜爱，更不能与客户交朋友了。其实，客户对我们表现出的高姿态，在我们身上也是存在的。你可以将心比心，当我们遇到推销员时，不也会摆出一副高姿态吗？既然这样，我们就要理解客户的行为，不管对方的姿态摆得多高，我们都要多顺着客户，让客户开心，这样才有可能博得客户的好感。否则，客户就会感到你很"嚣张"，自然不愿意与你多交流了。

刘涛在武汉开了一家二手汽车公司，生意一直不好，主要是因为前来的客户总喜欢挑毛病，总会对自己看中的汽车说出一大堆的小瑕疵。而刘涛认为，客户这样做，无非就是希望价钱能够降低一些。

这天，刘涛又接待了一位前来购车的夫妇，他们看中了一款车子，但是，他们后来又说这辆车子毛病太多，价格也不太合理。刘涛听到这些，就开始不停地反驳他们，结果客户有些不高兴地离开了。就这样，几个月过去了，刘涛的生意越来越差。后来，他的朋友告诉他，他的失误就在于：总是爱在客户面前摆出一副专家的样子，这样只会令客户感到讨厌。后来朋友建议他，在客户买东西的时候，一定要多顺着他们的意思，这样才能博得对方的好感，他们也才会更愿意购买他的车子。

后来，刘涛依照朋友的话去做，他彻底改变了自己以往对客户的态度，尽量顺着客户的话去说，最终店里的销售业绩明显有了很大的提高。

从刘涛的经历我们可以看出，当客户提出异议时，你越辩护，客户就会越反感，他们可能会认为你是在强迫他们，从而不愿意与你做生意。相反，如果你顺着客户，他们心里就会感到高兴，也就更愿意与你打交道了。

心理学中有种"飞去来器"效应，它比喻人们的情绪逆反心理现象，也就是你越是用力将飞去来器抛出去，它越会飞向相反的方向。而在与客户交流中，我们就要尽可能地避免"飞去来器"效应，尽量顺从客户的说法，这才能使你们的交流顺利地进去下去。

除此之外，具体地要做到以下两点。

1. 先顺后驳引好感

有时候，客户会因为对某些问题不了解而向我们提出疑问，这时候我们应当避免正面的回答，否则就会打击对方的自尊心，让对方感觉到自己被"打压"，从而对你产生抵触情绪。而有的人会认为，客户不懂，我就给他免费上上课，这有什么不对？诚然，道理上我们并没有错，但最终却会惹怒客户。正确的做法应当是：采取引导的方式，首先肯定对方，接着用类似"但是""可是""然而"等词做转折，将对方的思维引导到我们需要他知道的道路上来，这样，客户既不会感到你是高高在上，又会非常赞同你的观点。

比如，客户问："这产品的价格没有这么高吧？"这时候，你就不应该说："这种产品就是这个价！"而应该说："哦，现在市场上这类产品的价格比这略低些，但是这一款产品是我们公司新开发的，它的功能比其他的要好得多……"这样回答，就不会招致客户的反感。

2. 不在公共场合反驳客户

有时候，有些客户因为自身素质低下，会对我们出言不逊，严重伤害了我们的尊严，这个时候，我们更要平稳心态，诚恳地接受客户对我们的批评，千万不要因为一时的火气与客户发生冲突。无论客户的态度如何不好，我们也不能在大庭广众之下对客户进行反驳，否则原本在理的你，也会招致他人的排斥，毕竟多数人都认为"消费者就是上帝"。

遇到这样的情况，我们可以待客户平静之后，选择一个安静的环境对客户进行解释或道歉，必要时还可邀请其他同事协助，这样一来，客户就会感到你的诚意，甚至还会主动向你道歉，这样就会在无形中提高了你在客户心目中的形象，说不定还能够为自己争取到下一次合作的机会。

总之，无论在什么情况下，我们都要尽力地顺着客户，顺着客户的意见，认同客户的观点，只有这样才能得到客户的好感，才能提高自己的工作业绩。

关注客户的利益

我们之所以与客户发生关联，主要是因利益而起的，所以，对客户来说，他们最为在乎的就是他们自己的利益。所以，要与客户交朋友，我们要更多地去关注他们的利益。

在我们与客户合作的过程中，有很多问题都有可能会影响到客户的利益，如产品出现质量问题会导致客户无利可图，最终会使客户不愿意再与你合作，更别说与客户成为朋友了。

那么，在与客户合作的过程中，为更好地维护客户的利益，我们具体应该做些什么呢？

1. 对产品质量严格要求

客户追求的一般都是较高质量的产品与服务，如果我们不能为客户提供优质的产品与服务，就会给客户造成一定的利益损失，最终客户再也不愿意与我们再次合作。所以，我们在与客户合作的过程中，一定要密切关注产品的质量与服务，尽可能地满足客户的需求，向客户提供物美价廉的产品，这样才能提高客户的满意度并加大双方深入合作的可能性。

另外，你还要注意去倾听客户的意见与建议。客户与你是平等的合作关系，你向他提供产品和服务，就应该让对方满意，并认真地对待客户提出的各种意见以及抱怨。在客户抱怨时，一定要认真地倾听，甚至还要拿出笔来将他们对你的产品的不满记下来，让客户感觉到自己真正受到了重视，这样才能使客户与你建立长时间的合作关系。

当然，仅仅是倾听客户的意见和抱怨还不够，还应该及时地调查客户的反映是否属实，并迅速地提出解决方法，然后再将结果反馈给客户，并提请其监督。

2.建立预测系统，为客户提供有价值的信息

你要想真正为客户着想，就应该及时地向客户提供一些行业内有价值的信息，比如，你根据市场需求，预测到产品价格短期内将上浮的消息时，就应该及时地告诉你的经销商，以便经销商大批量地进货，以赚取更多的差价，对方自然就更愿意与你合作。

在市场经济中，信息就是财富，如果你向客户提供有价值的信息，客户就自然会对你感激不尽。

关注客户的利益，最基本的就是要做到以上两点，这样才能让客户对你产生感激之情，从而更愿意与你交往。总之，你也只有多去维护客户的利益，客户也才有可能去买你的产品，你的业绩才能成倍地增长。

4 同学商务圈：有一种真心相助的力量

当我们每个人回想起自己在学校度过的时光时，心中总会充满了温暖与希望。在学生时代，人都年轻单纯、热情奔放，对人生、对未来充满了浪漫的理想，同学们彼此在一起热烈地争论、探讨各种问题，将自己的内心世界都袒露在别人的面前。加之同学之间每天都朝夕相处，彼此间对对方的性格、秉性、爱好、兴趣都十分了解，那时候的友谊大都基于志同道合的基础上，十分纯洁，不掺杂任何功利因素，所以，那时候建立起来的朋友关系是最为稳固和牢靠的。走入社会后，如果能将这部分朋友好好地整合利用起来，将会是一笔巨大的财富，因为不管在任何情况下，你曾经的同学都会诚心地去帮助你。

刘南之所以在创业的道路上走得一帆风顺，主要就在于其很好地利用起了他的同学关系。

刘南毕业两年后，在北京中关村开始了他的创业之路，刚开始，他是一种新型电子产品的代理商。而他的同学也都在搞电子产品，刚开始打开产品的销路是难点，刘南就充分地利用同学关系，逐个去拜访他们，终于与同学做成了几十单生意，后来连续几单生意也是在同学的帮助下做成的，这为自己的事业打下了稳固的基础。

124

刘南在同学的帮助下，为自己的事业奠定了坚实的基础，这绝非是特例。赫赫有名的中国富豪南存辉与胡成中就是小学和中学时的同学，他们一个是班长，一个是体育委员，在学校的时候，他们两个人就志同道合，后来毕业后两个人就合伙创业，就有了正泰集团与德力西集团。

> 同学之间的互帮互助，能为你的工作和事业带来一种强大的力量，好好珍惜同学之间的情谊，在彼此需要的时候助上一臂之力。

同学关系是一个极好的社会资源。当然，在学生时代，也许我们意识不到同学关系对以后发展的重要性，没有刻意去结交朋友，走入社会后难免就与同学疏远了许多。那么，我们走入社会后如何去加深与同学之间的感情、拓展自己的同学资源呢？

多参加同学会，拓展"同学圈"

当今社会，已经有越来越多的人开始充分意识到同学之间关系的重要性，为了重新联络那些当时曾经被自己忽略掉的同学，为了大家经常能够保持联络、加深合作，在许多地方，"同学会"已经成为一种时髦的、加深同学感情和友谊的重要方式。

人大、北大、清华等名牌大学在北京、上海、广州、深圳等地都设有自己的同学会或校友分会。仅仅北京大学，各种各样的同学会就不下几十个。海中欧工商管理学院是中国最好的工商管理学院之一，它除了在上海本部有一个学友俱乐部之外，在北京还开设了一个学友俱乐部的分部。这些同学会大都是一年一小会，五年一中会，十年一大会，同学们的关系愈聚愈坚，彼此间都会互相照应，"一方有难，八方支援"，这就是现代社会所特有的社交圈子。它们不受时间与空间的限制，说明了"同学圈"已经成为一个人社会力量中极为重要的一部分力量。

如今，带着商业或功利的目的走进同学会，已经成为一种趋势，也成为拓展"商脉圈"的一种有效的方式，同学关系确实是值得自己珍惜的一种最为重要的有利资源。

贾波有一本自己的同学录，上面记录了所有能联系到的中小学同学、大学同学、MBA 班的同学，甚至将校友的联系方式也专门做成了一本校友录，对于每年各种各样的同学会，他都铁定会去参加。

贾波说："每次参加同学会，看到许多昔日熟悉的面孔都会感到格外的亲切。哪怕见到当年自己在学校曾经不大认识或不大熟悉的同学，都自然会感到十分高兴。曾经有好几次，一个陌生人打电话来，说自己是哪届哪届的，聊聊彼此熟悉的人或事，很快就拉近了距离。假如对方需要帮忙或联系工作，自己就会特别地留心。"

贾波刚毕业时的第一份工作也是同学帮着自己联系到的，后来，这样的事情就越来越多，他会帮助同学留意工作机会，或是同学给他提供合作机会，甚至还有同学要办公司，在同学会上，他们会精心帮助策划，大家投资的投资，加盟的加盟，都异常热心。

从贾波的经历中我们得知，不管自己本身所处的行业、领域如何，都不妨多参加同学会，运用同学会来加深同学之情，去拓展自己的关系资源，使自己的成功之路走得更为顺畅。当然，同学之间感情上的互相支持也是弥足珍贵的，所以，只要有聚会，那份关系，那份情谊就将会取之不尽、用之不竭。

参加培训班，拓展"同学圈"

当然，同学之间的称呼并不局限于高中或者大学，社会在高速发展，为了适应这种日新月异的变化，许多人都在工作之余忙于充电，参加各种各样的培训班，虽然时间短暂，但是彼此也是可以用"同学"来称呼的。

当走进北大、清华、人大等名牌高校的时候，其中有许多人是花了大价钱从全国各地过来进修的。当然了，学知识是他们参加培训班的一方面原因，交朋友才是他们最为注重的另一方面的原因。对于那些"成人班"，如企业家班、金融家班、国际 MBA 班等班级的学生，交朋友要比学知识更为重要，有些人参加培训班的唯一目的就是为了交朋友。一些学校也是看到了这一点，他们会在招生简章上注明：这里拥有某某学校的同学资源，在这里将为你开创一生中最为宝贵的社会财富。

参加这些培训班的人一般都是那些早已走向社会、有自己的事业、有自己职业的人，而且是一群力求上进、想成功的人。在培训班中，如果是同行，可以彼此交换工作经验，探讨本行业发展的趋势，了解更多有关的行业信息。这些信息对你作出正确的决策、制定正确的发展目标是十分有帮助的。即使不是同行，他也有可能会成为你的潜在客户。同时，他们有可能还会为你提供一些你正在苦苦寻找的东西。

让我们来看看下面这份关于企业开办 MBA 课程的报告吧，或许你会从中明白为什么同学是人生一笔巨大的财富。

诺基亚公司、索尼、爱立信等越来越多的世界级著名企业都相继开办了 MBA 学习班，将其主要目标锁定在公司高级管理阶层与政府要员。企业投入如此大的精力与金钱，不仅仅是为了让员工们获得一些先进的管理知识，更为重要的是想让员工们通过学习结交更多的朋友。

一些企业经理与负责人在接受记者采访时纷纷表示："当今社会，各行各业的竞争异常激烈，这种竞争不仅仅是指企业各种资源上的竞争，人际关系竞争也变得异常重要。"一个成功的 MBA 学习班往往能够聚集某个行业的领军人物，在生意场上彼此打交道的都是这些人，学习班为大家提供了一个非常自然，而且没有任何地位与能力歧视的交流机会，可以结识到各种各样对自己有用的朋友。

学友资源是每个人潜在的财富。一位在北京大学爱立信中国学院 MBA 班就读的王涛表示："我读 MBA 有两大目的：一是学习爱立信一流的管理经验，二是多交朋友。"王涛是从事市场推广工作的，他说，人际关系极为重要，能够过来读 MBA 国际班的都不是等闲之辈，如果能与其中的一些人搞好同学关系，就意味着明日可以得到更多的财富。

同学是一种极为重要的关系资源，与同学保持良好的关系对我们每个人的发展都是极有帮助的。所以，如果我们能多参加一些重要的培训班去拓展自己的"同学圈"，将会为自己的未来创造更多的财富。

选择合适的交往方式，深化同学关系

当你在个人发展过程中遇到困难时，或许首先想起的都是找自己的老同学帮忙。但是，如果你与同学的关系仅仅局限于老同学的分上，在用得着的时候才去利用，那么，关键时刻他未必会向你伸出援助之手。要知道，友谊之花的绽放需要你认真地去浇灌，即使是同学之间也应该如此。那么，我们应该怎样进一步去加深你与同学之间的情谊，并让这种关系能为你创造出巨大的社会财富呢？

1.选择合适的交往方式

要与同学搞好关系，首先就要选择合适的交往方式。如果你对你的同学有所求，你可以主动与他建立联系，但是需要注意的是不要仅仅将这种联系定义在较浅的层面上，不要每次都将同学之间的情谊都作为谈话的重点。有些人则是为了与那些有能力的同学交朋友，在交往中就不断地谈论同学时代的事情，很少谈及自己当前的状况。这种做法是极为不恰当的。你这样做只会让同学与你维持在曾经的同学关系上，因为没有任何一个人总会把目光留在身后。你不妨把话题放在当下，谈谈彼此的事业，聊聊彼此的抱负，只有把眼光放宽放大，你的同学才可能会认为你会为他以后的发展提供一些帮助，从而愿意与你进一步建立更为亲密的朋友关系。

2.有选择性地深化你与同学的关系

"龙生九子各不同"，你周围的同学有很多，但是并非是所有的同学都能够在关键的时候拉你一把。这个时候就需要你分清楚哪些人在以后能给予你帮助，哪些人在以后或许会给你带来麻烦。一般情况下，那些对你有帮助的同学都具有这样的品格：拥有进取心、对人对事都积极热情。所以，你可以选择与这样的同学多交流、多来往，深化你们之间的友谊。当然，这些人所从事的工作或许与你的工作不同，但这并不十分重要，重要的是这样的同学本身就是非常有实力的"潜力股"，他们的存在，会为你提供精神支持，让你的事业更为顺利。

反之，那些没有进取心，或者对什么事情都不抱任何希望的同学是不值得深交的。如果与这种同学交了朋友，无疑只会拖你自己的后腿。

3. 与同学多联系，学会关心同学

你要让同学在关键的时候对你发挥有利的作用，就要在平时多与同学联系，并学会关心同学，增进你与同学之间的情谊，这样才能使其为你发挥更大的作用。

在工作不忙的时候，要给远在异地的同学打打电话，发个电子邮件，询问一下对方近来的工作、学习状况，介绍一下自己的情况，互相交流一下，这对增进同学间的情谊是十分有必要的。特别是当遇到同学们的人生大事，在自己有空的时候最好要亲自参加，否则会失去一个联络感情的绝好契机。

当然，在同学有困难的时候，要更加去关心同学。当听到同学中有人生病或者是遇到不幸的事情时，应该马上想办法去看看，在对方需要帮忙的时候要多拉一把。平日里尽管会因工作忙，没有时间多来往，但是在朋友有难的时候鼎力相助或给予安慰，更能显出你对同学情的珍视。"患难朋友才是真朋友"，关键时刻拉人一把，同学一定会铭记在心，当你遇到困难的时候，他自然会真诚地予以相助。

5 老乡商务圈：鼎力相助的圈子

中国人都有乡土情结，老乡观念在人们的头脑中根深蒂固，所以，在涉及某些实际的利益时，很多人都会让老乡圈子中的人受益。老乡在关键时刻可以影响一个人的发展前途，为此，你可以在同乡关系中多交几个朋友，拓宽自己的发展道路。

你在外地发展，如果能通过同乡会与众多的老乡建立一定的联系，就等于拥有了一个"老乡圈"，总有一天你就会发现，这个老乡圈会对你产生极大的影响。

郑斌在早年的时候，就离开家乡到北京闯荡了。随后就在北京成家立业了，家庭生活美满幸福。但是，郑斌却一直很思念家乡，心想，能在这里找到几个老乡聊聊天也好呀。

后来，他就在网上发布找老乡的启事，在北京找到了几个老乡后，他就成立了一个同乡会，并且他还定期筹划、联络老乡，把同乡会当成了自己的"家"，他也成为"家"中的领导之一。他组织老乡定期聚会，加深了老乡间的感情。

经过两年的时间，老乡会终于发展到了具有近百人的规模，郑斌也因此与这100人都成了朋友。这些老乡就职于各行各业，贫穷富贵的都有。郑斌说："我现在办什么事情都是十分方便，只需一个电话或者打声招呼，我的老乡都会为我帮忙，而我也随时能够帮老乡的忙……"。

正是郑斌充分认识到了老乡圈的重要性，才会积极主动地与越来越多的老乡结交，才会有了这么大的一个关系网，这个关系网在后来对他产生了极大的影响。

身在陌生的环境中，如果感到拓展自己的社交圈有一定难度的话，不妨可以先从老乡关系入手，打开交友的局面。运用以下的几种方式可以帮你巧妙地建立起牢固的老乡关系。

乡音是打开老乡关系圈的契机

与陌生人见面，用家乡话打开老乡之间的情谊是一种独特的交友技巧。身在异乡，每个人都难免有恋乡之情，都难免会"爱乡及人"。这时候，如果你用家乡话与老乡对话，对方哪有不欣喜之理？

乡情是你与老乡共同的感情依托

无论是什么原因，一个人只要离开了自己的家乡，离开了生他养他的土地，刚开始不会有什么感觉，但是时间一久，或在他乡遇到不习惯的生活环境，或者是遇到什么样的挫折，就会异常地感到家乡的亲切和美好。也许在这个时候，你才能感受到，自己对家乡有割不断、忘不掉的感情寄托，那是支撑着所有游子外出闯世界的精神依托。所以，在许多游子的记忆深处，总会有一块属于家乡的领地，或许现实生活会暂时使他将这块领地掩盖起来，但是，一旦触及了这块领地，那一股思乡热潮就会源源不断地从心中涌出来，如闪电一般，充满游子的大脑，触及记忆深处的神经。为此，你要想与一个久离家乡的老乡处好关系，最为有效的技巧是：与老乡谈起家乡的话题，以此来触及他的思乡情绪，使他与你达成共鸣，使你与对方的关系更深一层。

乡产能使老乡对你"另眼看待"

要维护与老乡的关系，送点儿家乡的乡土特产无疑是极好的办法。也许有人会说，既为同乡，理应帮忙，如还送礼物予之，不显得太俗了吗？这种想法有失偏颇。

要知道，老乡与其他人的关系不同之处在于，老乡之间的关系是以地域为纽带的，有一份"圈子"内的情存在心上。

也许"乡产"只是一种很普通的东西，本身并不贵重，但在"乡产"中所包含的情意却非"外乡人"能够看得出来或者体会得出来的，它能够勾起老乡的思乡之情，然后会在这种感情的支配下，对你"另眼看待"、照顾有加。这时候，你再适时地加上句"老家的东西，尝个鲜儿"之类的客套话，会取得更好的效果。

总之，中国人对老乡都会有一种极特殊的感情，尤其在社会人口流动很大的今天，身在陌生的环境里，交朋友有一定的难度，那就不妨从老乡关系入手，扩大你的"商脉圈"。老乡关系是一笔巨大的财富，如果你能够在老乡中用正确的方式广交朋友，当你需要帮忙时，就自然会感到别样的温暖。

❻ 邻里商务圈：邻里共融能让你及时受益

俗话说："远亲不如近邻。"意思是说居家过日子，若遇到个大事小情，邻居能够更及时、便捷地帮助你，而亲戚由于离得比较远，远水难解近渴，亲戚对自己的帮助远不如邻居来得及时。尤其是住在城市中的人们，哪怕自己有再多的朋友，身边都不能少了邻居。

但是，在现实生活中，因为楼房、防盗门窗的缘故，每个人都过着自己的小日子，家家户户都互不来往，哪怕是住对门也都是互不相识，所以，与邻居之间就形成了"一墙之隔不往来，一墙之隔不理睬"的邻居关系。防盗门窗将小偷锁在了门外，同时也把自己的热情锁了起来，最终使邻居成了自己"最熟悉的陌生人"。

有些人也许会认为，我有亲情就够了，干吗还要邻里之情？的确，在每个人的心中，亲人永远都是排在首位的。而对于邻居，人们只当成是近距离的陌生人，邻里之间的感情的确不如亲情显得那么浓烈、那么无私。

但是，事实上，在某种情况下，邻里之情远比亲情更为实在，如果家中遇到火灾，邻居则能够帮助你灭火，而远方的亲人只能默默地为你祈祷；当你遇到了困难，邻居可以及时伸出援助之手，而远方的亲人却爱莫能助。所以，如果你能与邻居交上朋友，便能够及时地受到实在的益处。

徐晴一个人在北京打拼，在位于四环的一套三居室中居住。与她住对门的还有几家，但是，徐晴每天早出晚归地工作，几乎不怎么和邻居打交道，徐晴认为自己只身在外，有朋友在身边就可以了，没必要与邻居交往。

一天晚上，徐晴刚刚走进院子门口就听到了一阵哭声，仔细一看，好像是对门邻居家的小女孩。出于对孩子的同情，徐晴走了过去，才知道小女孩是在同父母逛超市的时候与他们走失了。看到小女孩异常地伤心，徐晴就把孩子先带到了自

> 每个人在外漂泊的时候，都免不了会遇到这样或那样的麻烦，如果我们都能处理好左右的邻里关系，在你遇到困难的第一时间，就会得到他们及时的帮助，正所谓"远亲不如近邻"。

己的家中。两个小时后，徐晴知道小女孩的妈妈万分焦急地回到家后，就把孩子领了出来。当小女孩的妈妈看到女儿后，两眼含着泪花地再三对徐晴表示感谢。自这件事后，邻居就对徐晴产生了好感，甚至还将她当作了朋友。

在一天周末的晚上，徐晴刚要做饭，肚子就突然疼了起来，而且疼得越来越厉害，就准备到医院去。就在她焦急万分时，突然门铃响了，对面邻居看到徐晴万分痛苦的样子，就赶紧开车将她送到医院，才知道是她的胃炎又犯了。

到医院吃了些药后，她的疼痛感就渐渐地减轻了，这时候，邻居又端了一碗粥让徐晴吃。徐晴一边喝着粥，一边看着眼前的热心人，眼泪忍不住地哗哗流了下来，心里感到了阵阵暖意。这个时候，她才明白了那句话：远亲不如近邻。

从这以后，徐晴和对门的夫妇成为了要好的朋友，每天她都会辅导小女孩复习功课。到后来，他们还给徐晴找了一份待遇相当好的工作。

从徐晴的经历我们可以体会到与邻居做朋友的好处：邻居不仅可以为你

解决生活中的困难，说不定还能帮你解决其他方面的大困难。一个人无论在哪里生活，总是离不开邻居，一个人无论能力有多强，也总是会遇到一些困难，天有不测风云，一些时候，最能及时地给予你实惠的还是邻居，而非相隔千里的亲人。为邻居提供方便，对方才能记得你的好，将你当作朋友看待。所以，让邻居成为你的朋友，是非常有必要的事情。如果你想与邻居搞好关系，让他们成为你社交圈子中的一员，就要做好以下几点。

主动给邻居帮忙

如果你想得到邻居的帮助，首先就应该在适当的时候去帮助邻居。比如关心邻居的身体状况、事业发展，等等。只有先去主动帮助邻居，才能让邻居感到自己的付出是有意义的，也才能在自己有事情的时候得到邻居的帮助。

张佩是个善良的人，她与丈夫过得很幸福。但是，他们的邻居张强却是个急性子，平时特别爱发脾气，心情不好时，会与妻子小丽吵架，甚至大打出手。张佩与丈夫决定为这对吵架的夫妻进行巧妙的劝解。

一次，张强与小丽又吵架了，张佩便安排负气出走的小丽住在自己家中。张强一开始还与小丽一直赌气，就自己给孩子做饭。天天忙里忙外，当夜里一个人独处时，他才能够想起平日里妻子的温柔和体贴。但是，他不知道到哪里去寻找妻子。张佩就派丈夫与张强说和，张强终于意识到并非是自己不爱妻子了，只是自己的脾气太暴躁了，都怪自己。当张佩的丈夫得知张强准备去向小丽道歉时，才告知他小丽就住在自己家里。在张佩夫妇的调解下，张强在张佩家里向小丽赔礼、道了歉。

温柔的张佩不断地安慰受气的小丽，使她也想到了丈夫张强平日里对自己的体贴与关怀，很快就原谅了丈夫，两人又重归于好。张强与小丽都感受到了张佩夫妇的热心肠，就与他们成为了好朋友，只要张佩家里有什么困难，张强夫妇都会主动帮忙。

在张强与小丽发生矛盾时，张佩夫妇主动来帮助他们解决矛盾，帮助他们的家庭恢复幸福与和睦的状态，才使张强夫妇与他们成为了朋友。所以，主动给邻居帮忙是获得邻居信任与好感的重要途径。

礼尚往来好人缘

当我们与周围的邻居渐渐地熟识后，要加强与邻居之间的关系，平时要多走动，有时候双方免不了要馈赠礼物。当邻居送了东西，以示自己的友好时，我们也要用礼物对他们表示友好，就是要懂得礼尚往来的道理。即便你不懂得赠送，那么最起码也要懂得回赠。只有这样，你才能在左右邻居那里获得好人缘。

张雷一个人只身在武汉工作，住在郊区的一个小区中。小区里每家都装着防盗门，平时都关得紧紧的，邻居之间即使是见面也不会打招呼，就像陌生人一样。

一个周末，张雷在家里看电视，突然听到门铃响了，张雷感到很是奇怪。打开门，才知道是楼下的王奶奶满脸笑容地对他说："这是你的衣服吧？被风吹到了楼下的地上，刚才给你捡了起来。"

"哦，是的，谢谢你！"张雷一看是自己的衣服，接过后连忙道谢。

王奶奶微笑着说："不用客气，都是邻居嘛！"

又过了几天，一次张雷上班的时候，看到上次帮他捡衣服的王奶奶正在搬东西，看起来很累的样子，就想上前帮忙，可看到那么脏的箱子，又看看自己穿的新衣服，便匆匆地从邻居面前走开了。

这件事使张雷心中出现了心结，他每次遇到邻居时，都会觉得不好意思。

张雷也只好像过去那样，冷淡地不说话。就这样，本来能与他成为朋友的好邻居，却只能成为陌生人。从此以后，再也没有邻居过来帮过他的忙。

我们可以看到，张雷得到了邻居的帮助，却不懂得去回馈，这就是一种典型的"礼尚不往来"行为，这让原本可以存在的邻居情谊化为乌有。其实，他根本没有想到，一个人独身在外，难免会遇到这样或那样的困难，身边没有亲人、没有朋友可以帮忙，邻居的爱心是显得十分重要的。

你要知道，爱都是相互的，不愿意对别人付出爱，又怎么能得到别人的帮助呢？所以，在与邻居交往时，一定要懂得礼尚往来之理。当然，礼尚往来也要注意分寸，否则你的好意将有可能会让对方产生心理负担。

新房装修好了，李建与赵鹏就成了邻居。李建为了表示出自己对邻居的友好关系，在住进新家的第一天，便给赵鹏家送了一条鱼，并说了许多热情洋溢的祝福话。

见到新邻居如此热情，赵鹏自然也十分感激。正所谓礼尚往来，于是他便送了一条更大的鱼过去，以示自己的友好。过了几天，李建又给赵鹏家送了一碗饺子，再次受到人家的恩惠，赵鹏自然也不能失礼，于是他就煮了更大的一碗饺子给李建家送了过去。李建见状，自然面露难色，那么多饺子，家里又没有多少人，要吃到什么时候呀！自那以后，他再也不敢往赵鹏家送东西了。

赵鹏的心态是可以得到理解的，毕竟他懂得邻里之间的礼尚往来。但是，像他那样的回礼法显然是有点儿夸张。所以，在平时生活中，对邻居回礼时，一定要把握住分寸，不要将好事弄出笑话来。

让邻居知道自己的困难

当你与邻居结交成为真正的朋友后，就要学会巧妙地利用邻居来为你排忧解难。想得到邻居的帮助，首先要巧妙地告诉邻居你当前的困境。

张晓与邻居王霞成了很要好的朋友，由于两个孩子都同时考上了大学，昂贵的学费使张晓家的生活顿时陷入了困境之中。张晓就想向家庭条件相对宽裕的王霞家借点儿钱，但是他并没有直接向王霞开口，而是在闲聊中告诉王霞，自孩子考上大学后，家里的日子过得十分艰难。王霞听到他生活上遇到了困难，就随即表示借给张晓钱，帮他渡过难关。

在平时，当你有困难的时候，不妨借鉴这样的经验，先告诉别人自己遇到了怎样的困难，随后再向别人提出请求，这样向别人提出帮助的请求就比较自然，也很容易让人接受。

每个人的生活与工作中，都会遇到各种各样的困难，比如资金周转不灵、找不到客户，或是自己缺乏信心、缺少经验，等等。如果你肯让邻居知道你的困难，再求助于邻居，也许你就会发现，邻居能够给你提供许多有价值、有建设性的帮助。

好事同庆

在现实生活中，如果你有什么好事情，能够与邻居同庆，是维系与促进邻里关系友好的最佳方法。

王衡与邻居李新家的友好关系一直持续了 20 年，两家不管谁家有困难，另一家准会帮忙。许多人都问他们，邻居之间的友好关系如何能维持这么长久，王衡说他们彼此都懂得"好事同庆"的道理。李新家办喜事，王衡就会登门拜访，道一声祝贺，送一份礼物过去；王衡家的孩子考上了大学，李新也会不失时机地向他们说两句祝贺的话，这样就使他们之间的关系更为亲密。

家中有喜事，或者邻居家里有喜事，如果能与邻居同庆，那么，乐融融的气氛便可以化解你与邻居之间的种种隔阂，促进彼此关系的融洽。好事如同催化剂，巧妙地起着作用，能够使邻里关系持续得更为长久。

另外，要与邻居之间维持长久的友好关系，还要做到以下两点。

1. 不说邻居的闲话

在现实生活中，许多人之所以与邻居处不好关系，还在于他们喜欢传闲话。尤其是以女性为主，她们总是很关心邻居家里的隐私，东家长、西家短地随口乱说，似乎不说些什么心里就不舒服似的，这样只会损害你与邻居之间的感情，势必会遭到邻居的反感。所以，即使是听到了什么，也不要随口乱说，保护邻居家的隐私，才能得到邻居的信任，你们之间的关系也才能维持得更长久。

2. 别扰乱邻居的正常生活

在生活中，我们不可避免地会与邻居打交道，但是，千万不要打扰邻居的正常生活。例如，不要在楼道里喧哗、在邻居家休息的时候不要随便去打扰家人休息，等等，否则，邻居就会对你产生反感，你们的关系也不能长久地维持下去。

总之，"邻居圈"是能够使你及时受益的圈子，是值得你付出的圈子，你一定要与邻为善，努力让邻居随时能够为你排忧解难。

7 网友商务圈：能迅速壮大你的商脉网

在过去通信不发达的情况下，要想多认识一个朋友是极困难的事情，但是自从有了网络、电子邮件、即时通信软件、网络电话等，人与人之间的交流就变得极为快捷了。即使是一个极其内向的、极不善于社交的人，有了网络后，也不用害怕交不到朋友了。

当我们在现实之中找不到谈得来的朋友时，可以尝试去网上寻找自己的朋友。在网络上你与所有的网友都打破了时空的限制，让你从无尽的压力与种种束缚中解脱出来，展示自己最真实的一面，让我们在网络中找到自己的知己，不管相隔多远，这些网友会不时地带给我们惊喜。

小惠与赵强就是在网友中得到了一些意外的惊喜。

小惠是位"准妈妈"，平时生活很单调，最近她在网上加入了一个"准妈妈群"，与一群互不相识的准妈妈们交流怀孕的心得与遇到的问题，一起来分享即将为人母的快乐，使小惠从中学到了不少护胎、养胎的知识，同时也找到了无比的快乐。

赵强参加工作几年，在公司积累了一些经验后，就想着要创业。但是，自己又没有什么创业经验，就在网上参加了一个创业论谈，所有的网友都帮他出主意，从策划到管理，给他提供了诸多的经验和建议，最终使赵强抓住了有利的创业时机，根据实际借鉴网友们一些有用的创业规划，最终获得了成功。

在网络信息技术日益发达的今天，我们都要利用好网络给我们带来的便利，通过各种途径来壮大我们的关系网，从而为自己创造一些惊喜。

随着社会的发展，网络上有各种各样的网群、博客、论谈，你可以根据自己的实际需求加入它们，有什么困难向它们求救，借助众多人的力量，你可以获得最新的、丰富的信息资源和智慧，说不定你就会得到意外的惊喜。

另外，网络为一些精明的生意人带来巨大与方便快捷的信息的同时，也为他们带来了巨大的商机。无数的网络公司在此刻应运而生，到如今更是成就了如阿里巴巴、百度、新浪、搜狐等世界知名的大企业。

网络中蕴藏的商机是无限的，而这些商机正是附着于网络上的不同人所提供的丰富资源，所以在网络上打造自己的强势"商脉圈"是极为重要的。关于网络有这样一个极好的说法：网络好比是一只八脚章鱼，它每时每刻都在不停地集合并交错着。而当这只"八脚章鱼"不停地集合、交错着的时候，大量的资讯与各式各样的网友就会聚集于此，一个懂得网络的生意人应该做的就是要将这些有利的资源采集下来，以备自己不时之需。

那么，如何才能在网上搭建起自己的"商脉圈"呢，并能使商脉圈中的朋友为自己服务呢？

以下几个简单的手段可以使你迅速地在网上建立起自己的"商脉圈"。

利用简单的即时通信工具结识朋友

QQ、MSN 等都是人们极为熟悉的，也是极为简单实用的即时通信工具，大多数网民几乎都有自己类似的通信工具。特别是该类工具中的查询功能，极大地方便了人们，生意人将之称为做生意的"聊天室"，比如你想认识做经济贸易的人，你就可以通过 QQ 分类查询，查找"金融→公司→贸易"，随后，成千上百的做经济贸易的朋友便出现在你的眼前，你可以与其中的任意一个人聊天，了解经济贸易的相关情况，向他们收集一些有用的经济情报，从而寻找到更多的商机。

在这样的一个方便、快捷的网络时代，如果你不善交际，或者在现实人际交往中存在着一定的障碍与不便，可以充分地利用起这种网络聊天工具，就会起到事半功倍的效果，在短期内可能会收到意想不到的结果。

频发电子邮件，增进友情

电子邮件是一种利用电子手段提供信息交换的通信方式，随着网络的应用及普及，人类的通信方式也发生了极大的变化，人们不再通过用笔写信的方式去与别人进行交流了，运用电子邮件与他人沟通已成为一种新的交流时尚。

用电子邮件与他人进行交流是一种极为廉价也极为快速的交流方式，仅需几秒钟的时间就可以将你的信息传送给在世界任何一个角落中的用户。所以，在你极其忙碌、无暇顾及与你的网友进行联系时，不妨抽出几分钟的时间发几封电子邮件，加深你与他们之间的友谊和情谊。等到用得到这些朋友的时候，也不致因疏于联系而不好向他们提出请求。不时地向他们发送邮件，会使你得到不一样的惊喜！

在论坛、博客、网站里"呼朋唤友"

论坛是指一种高规格、有长期的主办单位，而且多次召开的研讨会议。但是随着现代网络的普及，网上的论坛也悄然兴起。网上论坛主要就是指我们平时随口就说的BBS。在BBS中高手如云、卧虎藏龙，久处一些对你有用的论坛会使你学到令你惊喜的知识。BBS使那些来自五湖四海的志同道合的朋友们找到了一个方便快捷的学习方式。

博客也是当下十分流行的一种网络交流方式，你可以在网上建立起自己的博客，并汇集大量志同道合的朋友，可以更为容易地在网络这个大群体中找到对自己有用的人、对自己有益的信息与对自己有利的机会。物以类聚，人以群分，博客里聚集的大都是些与自己志同道合的朋友，在博客中，你能够发现它其实就是现实生活中一个巨大的"商脉圈"。

网站也是当下一种极为方便的交流场所。有人将网站比喻为"虚拟的聚会厅"，这是一种极为贴切的说法。网站主要是指个人或者团体因某种兴趣、拥有某种专项技术、提供某种服务或者把自己的作品、商品展示销售而制作的一种具有独立空间域名的网络空间。在网站中，你可以购买自己需要的商品，出售自己的产品，与客户或者朋友交谈以达到赢利，达到会聚朋友的特殊目的。

QQ、MSN、电子邮件、博客、论坛、个人网站等几种交流方式，打破了人们正常的交往方式，大大地缩短了人与人之间的距离，也通过一些有效的交流扩大了自己的"商脉圈"，为你提供了一些有利的商机，使你得到了一些智慧。网络就是这样一个极为奇妙的东西，如果你能够好好利用，就可以带给你无尽的惊喜，使你财源滚滚，使你的一生都受益无穷。

下 篇

六度商脉永续经营的黄金法则

要想将商脉进行永续的经营，就需要遵循一定的法则，按照商脉圈发展的特性来行事。当然，这就离不开自信、沟通、守信等，只有对你的商脉进行妥善、有序的管理，才能使其增值，并能够发挥其应有的价值。

第五章 | 自信：开启六度商脉的密码

　　自信是拓展商脉的前提。自信与否通常在与人交往时表现得非常明显，而交往过程也常常会影响一个人的自信。自信的人才能主动与人交往，自然而不矫情。缺乏信心的人则往往看不起自己，也瞧不起别人，与人交往和相处，往往易被人拒绝。而这种挫折与失败，又会反过来打击和影响自信程度。只有积极乐观，不盲目自大，平等自信地与人相处，才能在交往中得到自我肯定，获得接受与认同。要获得成功，就要抱有足够的信心，它会让你在人际交往的过程中无往而不利。

面对天生的"不自然"，要勇敢挑战

　　商脉网的搭建总是会受到诸多因素的影响，关键还是在于你怎么样去对待。天生的因素或许不是那么容易改变的，但事在人为，只要你肯努力，就没有跨不过去的坎儿。若是你不敢与陌生人打交道，那就不妨站到人潮拥挤的火车站去引吭高歌，没有什么是锻炼不出来的，只要你肯向自己的"不自然"挑战，那么胜利最终一定会属于你，你的身边自然会拥有你所想象不到的巨大的商脉网络。

　　每个人可能都会遇到过这样的人：他们天生胆小、怯懦、害羞，对自己

没有信心，觉得说多错多，所以这样的人总是不知道如何与别人交往，如何才能建立自己的商脉网络。这种天生的"不自然"不但给他们自己带来了极大的困扰，并还会给他们的人生道路上无端地增添许多屏障，由于性格上的问题，他们无法找到称心如意的工作，无法组建和谐幸福的家庭，有些人甚至还会出现自暴自弃、一蹶不振的现象。

在前面我们曾经提到过一位世界一流的商脉专家，没错就是哈维·麦凯了，现在让我们来看看他的一个朋友的经历，希望能够带给你一点小小的启发。

弗雷德是哈维·麦凯从小学四年级一直到大学的同学。弗雷德是个生性孤僻的人，他十分内向并且害羞，同别人握手时，总是软绵绵的，不论与任何人说话，都总是结结巴巴、有气无力的，尤其是眼睛从来不敢直视对方。

在哈维·麦凯和弗雷德高中毕业的时候，其他的同学都在校园里到处找其他同学在毕业纪念册上签名留念。当时所有的人都在暗暗比拼，看谁得到的留言及签名最多，来证明谁的朋友最多，商脉最广，但只有弗雷德除外。因为他实在是太胆小、太害羞了。让他走向一个同学，请别人在自己的纪念册上签个名，对弗雷德来说是非常困难的事情。

随后，哈维·麦凯与弗雷德都考进了同一所大学。让哈维·麦凯感到吃惊的是，弗雷德居然主动地加入了一个兄弟会组织。这个组织使得弗雷德到大学四年级的时候，已经成为非常受欢迎的一个人物了，并且此时的他交游广泛，朋友甚多。这与高中时代的那个弗雷德简直判若两人了。哈维·麦凯问及弗雷德是如何做到的时候，弗雷德的回答自然也就说明了一切。原来，弗雷德不愿意向自己的这种与生俱来的害羞性格低头，他很清楚一个人若是没有自己的朋友，没有自己的商脉网会是一件多么可怕的事情。于是，他在高中只要你先主动接近别人，那么你在两个月内结交的朋友，绝对比两年内主动接近你的人还多。这也就是说，结交朋友的不二法门，就是让自己先成为别人的朋友。

的时候，虽然不敢过多地与他人接触沟通，但是也并没有浪费掉那段时间，他一个人关在房间里听音乐的时候，他对摇滚乐和爵士乐便有了更深层次的欣赏，而且他还学会了跳舞，这些都是使他能够在兄弟会和其他社交场合游刃有余的资本，自信也就慢慢地建立起来了。

大学毕业后，弗雷德和几个兄弟会的朋友共同投资开了一家汽车行，并且经营得相当成功。

商脉圈的确能够改变一个人的命运，但是这个存折的密码是由我们每个人自己掌控的。不得不承认，像弗雷德这样性格的人并不少见，并且其中有很多人根本不知道如何摆脱掉这种性格缺陷，有些人想改变却找不到方向。那些天生内向害羞的人其实只是需要一个循序渐进的过程，那就是首先不要畏惧错误，即便这种错误是令人痛苦与害怕的，然后尝试着一步步地慢慢去改善，直到最后出现一些突破，一旦有了这样的突破，那么自信心自然就会喷涌而出、无法阻挡了。尝试着走出第一步，不妨试试下面的方法。

学会"角色扮演"

柏拉图说过这样一句话，那就是所有事物都有一个完美的形式。当然，这只是一个理想主义的形式。几乎所有的人与事都不可能达到尽善尽美的境地。但是，你要时刻按照理想境界的要求，尽可能将每件事情做到最好。所以，当你想要拓展自己的商脉网却因为性格的原因无从下手时，先问问你自己："一个最优秀的网络建立者在这种情况下会如何做？"然后将自己想象成那个人以后就马上着手去做，通过这样的角色扮演，久而久之，你也就会真正地变成一个成功者了。

选择一个真实的榜样

角色扮演的诀窍在于，你所想象的那个人一定是要真实存在的。因为你并不是在想象一个完美的人会如何做，而是要将自己与一位真正成功的网络建立者联系在一起，这样才能够真正地去研究他身上的技巧，而不是凭空想象出来的。

积极参与社交活动

社交活动包罗万千，只要有机会拓展你的商脉网并有助于你克服性格缺陷的团体不妨都去试一下：舞蹈、合唱、骑马、绘画、戏剧、古董、读书会、品酒，没有什么是不能尝试的，关键就在于你自己是否去做了。

抓住一切磨炼的机会

在现实生活中，你一定会遇到很多可以磨炼意志与胆量的机会，你如果能够抓住这样的机会，肯定能够更有效地帮助你克服性格上的弱点，弥补社交经验的不足之处。比如说，如果有一个万众瞩目的演讲机会摆在你面前的话，逃避绝对不该是你的选择，相反，你要尽力地去做好充足的准备，努力地去完成，一场精彩的演讲足以让你成为他人心目中有价值的人际资源，同时你也就获得了更多的自信了。

不停地学习

从大学校园里毕业后，并不代表着你的学习生涯已经结束了，其实这正是你走入社会的一个新课程的起点。人生中值得你去学习的东西还有很多，只有懂得不停地给自己充电的人，才会有足够的能力去面对困难和挑战，那么想要战胜你性格上那一点点缺憾就更不在话下了。

天生的"不自然"绝对不能成为你拒绝为商脉圈开户的借口。卡耐基说得好："只要你先主动接近别人，那么你在两个月内结交的朋友，绝对比两年内主动接近你的人还多。这也就是说，结交朋友的不二法门，就是让自己先成为别人的朋友。"努力地去走出第一步，相信在不久的将来，你也会获得同弗雷德一样的成果！

❷ 给人良好的"第一印象"

良好的第一印象，既是一张最好的社交名片，又是一张最有权威的介绍信。积蓄商脉圈的范围不仅仅是局限在熟悉的环境里，我们每天都可能在乘车、聚会或是旅游等活动中与陌生的人结识交往。那么，珍惜并注意给他人留下一个良好的第一印象，对于建立一个好商脉就起着至关重要的作用了。

所谓第一印象，就是指两个素不相识的人第一次见面所形成的印象。第一印象往往总是对一个人形象的形成起到先入为主的作用，而这种表现一般都是视觉上的，如表情、姿态、身材、仪表等方面。所以，一个善于交际的人都很重视自己给别人的第一印象。

有一位社会心理学家曾经做过这样一个实验，他将同一个人的性格特点分别告诉了两组参加测试的人。头一组人听到的特点是"聪明、刻苦、冲动、自以为是、忌妒心强"。而另一组听到的特点刚好是以上述性格的反方向呈现的。结果先接受了肯定信息的一组，对被评价者的印象远远优于接受否定信息的第二组测试者。

如果你在社会交往中给他人树立了一个良好的第一印象，那么就会有更多的人乐于与你交往，自然你也会倍增对自己的信心了。那么我们应该如何去做呢？

注意自己的穿着

穿着是决定第一印象好坏的最直接的外在表现，如果你穿着拖鞋、挽着袖口去参加一场会议或是婚礼的话，显然这是不合适的。去什么样的场合一定要选择合适环境的着装打扮，并且千万不能忽视了服装的细节。出门前，最好先留意几个小问题，你的鞋是否擦干净了？衬衫上的扣子是否扣好了？头发是否梳理整齐了？胡须是否剃过了？其实，这些小细节如果做到位的话，那么你想给别人留下一个良好的印象就是很容易的事情了。

注意自己的穿着，最重要的就是要穿得干净、整齐、得体，至于衣服的新旧和质料，大可不必过于在意。当然，如果经济条件允许的话，准备几套高档次的服装以备出席某些重要的场合也是很有必要的。

展现自己的风度

风度是一个人的性格和气质的外在表现，主要是从一个人的言谈举止上体现出来。从风度的好坏上，不仅能够看出一个人的文明程度，而且还可以部分地看出一个人心灵的美与丑。一个人的言谈举止、待人接物都应该表现出文明的风度。若是一个刚与你见面的人两句话不到就跷起了二郎腿，满嘴的脏话连篇，那么对于这种举止轻浮、言谈粗鄙的人，你也一定不会想继续与之交往了。同理，你就一定要做个有风度的人。

一般来说，风度是一个人在长期的社会实践中所形成的良好的性格、气质的自然流露。有的人性格豪爽，气质粗犷，风度则豪放雄壮；

想要给人留下一个良好的第一印象，平时就要注意提升自己各方面的素质。不可"人前一套，背后一套"，否则平日里养成的不良作风就极有可能成为第一印象的杀手，在不知不觉中抹杀掉他人对你的好感。

有的人性格开朗，气质聪慧，风度则潇洒大方；有的人性格温柔，气质恬静，风度则秀丽端庄；有的人性格沉静，气质高雅，风度则温文尔雅。不过，就如同世界上没有同样的两个鸡蛋一样，人的风度也不可能完全相同，所以不能强求一律。但是，无论是性格、气质的多样性，还是风度的多样性，都应当体现出人美的本质。所以拥有一个美好的心灵，就自然能够流露出美的风度了。

放松自己的心情

与人第一次见面，特别是在一些比较重要的场合中，放松心情就显得尤为重要了。如果你想让别人可以轻松自在地与自己交往，那么你自己就必须先表现得轻松自在。不要总是神色严肃、惴惴不安或是做出一副闷闷不乐的样子。将笑容挂在嘴角，适当地来点幽默，会给人一种亲切并容易接近的感觉，自然你就能获得更多的朋友了。不过这里有一点需要注意的是，放松心情的同时要懂得保持自我本色。若是你性格豪放粗犷，那就完全没必要装成一副"淑女"状，否则一旦稍不留神，就会搬起石头砸自己的脚了，只有懂得保持真我的人才能够时时保持最佳的状态，从而也会赢得更多人的喜爱和赞赏。

善于使用眼神

一个善意、诚恳的眼神绝对会为你带来无穷的价值。记住，无论你是跟一个人还是十个人说话，眼睛都要始终望着对方。微笑地用眼神照顾到所有的人，对人是一种最基本的尊重，同时也会给人留下一个自信满满的好印象的。

提高自身的修养

想要打造一个良好的第一印象并且让其持续发展的话，就不得不提到修养的重要性了。或许你与对方初次见面的时候，衣着整洁、言谈得体、心情舒畅，已经给他们留下了很好的印象，但是并不代表这种印象就是永久的了。所以，你一定要不断地提升自己的修养，充实自身的各个方面，才不会让人对你做出东施效颦、装模作样的评价，才能够真正地起到增强你的自信心的效果。

想要给人留下一个良好的第一印象，与平时就注意提升自己各方面的素质紧密相连。切记不可"人前一套，背后一套"，否则平日里养成的不良作风就极有可能成为第一印象的杀手，在不知不觉中抹杀掉他人对你的好感，到时就真成了"哑巴吃黄连，有苦说不出了"。

❸ 要敢于同名人平起平坐

名人并不是那么高不可攀的，只要你给自己多点自信，你就可以将他们收入到你的财富存折中。在与他们交往的过程中，把握好心态，并且做出一定的恰当的努力，那么他们也能和普通人一样成为你商脉网络中的一员，而且是占据独特地位的一员。快去放胆与名人"并驾齐驱"吧，那足以为你铺就一条辉煌的成功大道！

在你的名片盒里，是否有几张你所一直青睐的名人的联系方式呢？如果没有的话，那么你现在就该开始努力了。大多数人其实都有一个看起来不太容易实现的梦想，那就是与自己的偶像建立真正的友谊。而这之所以被称为梦想，最根本的原因就是大多数人都不相信自己能有这样的机会罢了。其实，结交名人并没有人们想象得那样困难，让我们来看看美国一个小女孩是如何与自己的偶像结交的。

10 年前，当蒂娜还在读高中的时候，她就开始与他的偶像杰克逊互通信件了。同学们都为之十分惊讶，怎么也想象不到如此一个平凡的女孩子是如何把杰克逊这种世界级的明星囊括在自己的商脉网络中的。其实原因很简单，蒂娜并不像所有的追星族一样只会在杰克逊的演唱会上大喊大叫，她用了三年的时间坚持关注着杰克逊生活中的兴趣爱好，同时多方地去了解杰克逊很多不为他人而知的坎坷与心酸，这就使得蒂娜有足够的信心相信可以在写给杰克逊的第一封信中便深深地打动这个在漂亮光环环绕下的一个平凡的心灵。而这其中，最关键的一点就是，蒂娜有着足够的信心相信自己能够从无数的追星族中"脱颖而出"，真正走进杰克逊的生活，成为他真正的朋友。

试想一下，如果不是在这种坚定信心的促进下，或许蒂娜在没有通信前就已经放弃了努力，那么她也只能是洋洋洒洒的追星族中的一员了。如今，蒂娜已经通过杰克逊的引荐，顺利地进入了她梦寐以求的影视行业，成为新一代影视大潮中的主力军了。

不过在这里，有一点需要提醒人们（特别是年轻朋友）注意的是，能够将名人收进自己的商脉圈，绝对是一件好事情，但是一定要注意方式方法，有时候自信、执着用错了地方，反而可能会导致毁灭性的恶果。

事实上，如果你的通讯录中没有几位知名人士的话，那么你拓展商脉网络的能力相对也就会弱很多。名人对商脉网络的影响作用是巨大的，所以在这里，我们还需要了解一下如何正确地与名人建立商脉网络。

树立基本的信任感

人与人之间的交往离不开信任，对于结交知名人物就更是如此了。你一定要让他们相信你是谨慎的，相信你不是别有用心。若是你能够让他们相信你会把他们当成一般人，而不是明星看待，他们自然会认为你是一位值得认识的朋友。

只要你能够拥有自己也能够成为明星的自信，这种超乎常人的自信，就会想办法与一些比自己更有成就、更睿智的名人共度时光，那么你的名片盒里就不再会因没有名人而寂寞难耐了。

给予他们足够的尊重

名人一般都有一个致命的缺憾——那就是根本没有隐私可言。这样往往使得他们的自尊心更容易受到伤害，因此他们渴望得到理解和尊重的心态会比普通大众更要强烈得多。名人的圈子里充满了谄媚与奉承，他们每天都要在公众形象与私底下中间寻求到某种平衡。所以，当你与他们接触的时候，一定要给予他们足够的尊重，千万别探寻他们某方面的隐私，你最好能够把他们当成普通人来看待，与他们交流一些共同感兴趣的话题，从而增强彼此间的生活感，拉近彼此的距离，这样被他们接受的概率也就大大增加了。

多参加一些座谈会

不妨多去找机会参加一些行业性的座谈会，尤其是当你有某些特殊的想法想要表达时，就可以成为演讲的主角了，在聚集了名人名流的大环境中，你这样做得到的效果就是名人可能会主动找你攀谈了，这种良性的"守株待兔"的成果极有可能会让你获得大丰收的。当然在参加座谈会前你还是需要多做一些准备。比如你有哪方面的专长或热衷的嗜好，可以先调查出哪些名人和你有共同的兴趣，参加他们可能加入的座谈会。

运动场里打开结交的大门

健身房和一些运动项目的练习场是认识名人的绝佳场所，在球场、健身房或跑道上，名气起不到任何的作用，每个人都是平等地展露着自己的运动才华，此时，你需要做的就是在这里与名人们平等地融洽在一起。

高尔夫球场绝对是大多数知名人士最喜欢聚集的运动场所了，现在仍然有许多知名的 CEO 和高层管理人士，会为了加入某些私人高尔夫球俱乐部而拼命到处托人游说，原因就在于他们可以在打球的过程中与一些对公司或工作有帮助的人建立关系与友谊。

除了高尔夫运动外，其实你还有很多种方法可以加入各种户外运动。如产业协会、慈善机构以及其他一些组织固定或不定期主办的运动会或锦标赛等，一般都会吸引到众多知名人士的参加。趁这样的机会结交名人的确是个不错的选择。

名人身上的闪光点不仅仅是因为他们的名气，更多是他们身上所历经的努力、常人看不到的艰辛以及渴望成功的坚定信念。所以，如果你也有这样的决心和勇气的话，那么就想办法与一些比自己更有成就、更睿智的名人共度时光。并且你要确信自己也能够成为一位当之无愧的明星，只要你能够拥有这种超乎常人的自信，那么你的名片盒里就不再会因没有名人而寂寞难耐了。

第六章 | 沟通：有资本才会有利息

沟通是人们进行思想交流、增进了解、取得信任的交际活动。沟通是一门学问，也是一门艺术，更是你的商脉圈的"本金"。沟通能力的优劣几乎可以决定一个人的命运。掌握沟通的要领和技巧，你才能游刃有余地开创美好快乐的人生。"一分耕耘一分收获"、"一分本金一分利息"，停止那些无谓的抱怨，现在就开始往你的存折里存入本金——沟通能力吧！

有效沟通，让你的财富不断增值

尽管社会上流行着"认钱不认人"的说法，但生意上的"人情往来"从未间断过。因为人是性情灵物，终难逃脱一个"情"字，正所谓"生意不成人情在"。所以说，良好的沟通也是一种"感情投资"，这种"感情投资"就是在交往之外多了一层相知，在人情世故上多了一份关心和相助。良好的沟通与交流需要真情流露，这是建立在真诚表达、无欲无求的基础之上的。只有这样的"感情投资"才能真正为你带来不菲的回报。

为什么要把沟通能力放进钱包呢？其实这跟鸡生蛋、蛋生鸡是一样的道理。用良好的沟通能力来充实你的商脉圈，在商脉网络的扩展过程中，你的沟通能力也会随之有大步的提升，如此良性循环，可以使得你在任何情况下都能够随环境的改变而轻松周旋于各种场合，为自己的商脉圈积累资本。

良好的沟通能力让一个原本业绩平平的车险推销员打通了一条通往成功之路的捷径，同样，也使得他将别人的商脉资源从容地纳入了自己的商脉圈中。

布鲁斯是一位年轻的车险推销员，他工作十分地努力，每天都早出晚归，但总是达不到一个很好的效果。因为他出生于一个不太富裕的工薪家庭，平时身边的朋友并不多，所以找他买保险的人少得可怜。面对陌生的客户，布鲁斯不知道到底如何才能让他们接受并认可自己所卖的保险。为了改变这个现状，他报名参加了一个拓展人际关系的课程，这才发现原来自己最大的问题就是根本不知道该如何去与他人沟通。于是，他暗暗地以全公司业绩最好的波尔为榜样，并且开始有意识地去与波尔进行沟通，与他建立了很好的私人关系。布鲁斯不但从波尔的身上学到了很多与人沟通的技巧，并且还将波尔的商脉网络存储进了自己的商脉圈，3个月下来，他成为了波尔最有竞争力的车险销售高手了。

不论从事什么职业，都离不开最基本的一个大环境——商脉。俗语说得好，朋友多了路好走。那么如何能才让他人成为自己的朋友呢？这就离不开人与人之间的交往和沟通了。沟通所起到的作用是显而易见的：

拓展商脉的第一件事情，就是要学会与人沟通。有了良好的沟通能力，你才可以踏实地为自己的商脉开户储蓄。

凝聚作用

沟通能够起到融洽感情、消除误会、避免冲突、促进合作的作用，有效的沟通可以使人与人之间的交往更加和谐，使团队更具有凝聚力。

协调作用

沟通能够有效地协调个体与群体之间的关系，比如某广告公司要按照客户的要求来准备创意，在这个过程中若是双方不能及时沟通的话，那么可能最后的广告策划就不能达到让客户满意的效果。

讯息作用

21 世纪无疑是一个讯息高度膨胀的时代。良好的沟通，能够帮助人们及时掌握不同的讯息，从而为工作和生活带来方便和快捷。

防错作用

在日常工作和生活中，每个人都难免会出现一些失误或意外事故，及时而迅速地与他人进行沟通交流，对于减少这些情况的发生是十分有帮助的。比如若是没有听清楚或看清楚支票上的金额，将汇给客户的支票后面多写了一个零，那么麻烦就大了，这对于公司来说，可能是几百万甚至几千万的损失，所以一定要进行有效的沟通，避免不必要的损失。

集知作用

一个人的力量总是有限的，那么集合多方面的想法和意见，自然就离不开沟通了。多方面的沟通，能够使人开拓思路、吸收有益资讯、修正已定计划。

了解了沟通的作用，那么如何才能进行有效的沟通呢？

注意沟通时的态度

态度对于沟通的效果产生着直接的影响。试想，如果一个人总是盛气凌人，摆着死板的面孔，那么谁也不会愿意与他接触，就更谈不上感情的交流和意见的沟通了；反之，如果是笑口常开、热情大方，别人自然愿意与之亲近，沟通也就在无拘无束的气氛里完成了。

善于接受不同的意见

生活中不难看到这样的情景：在某场会议中，要么就是全场鸦雀无声、沉默不语；要么就是歌功颂德、奉承不已。其实这两种现象都没有起到很好的沟通效果。良好的沟通，应该善于接受不同的意见，不可一意孤行，也不可只喜欢听好话，要让他人有发表支持或反对意见的机会，这样才能使沟通正常地进行，否则，就只能是形式主义了。

扩大沟通的范围

现如今，很多人都生活在自己习惯的一个狭小的圈子里面。由于身上背负着各种工作和生活上的压力，使得多数人感到十分疲惫。每天上班下班，吃饭睡觉便成了固定的生活模式。这类人很少与陌生人接触，沟通范围相对来说就比较窄。因此，要得到更多的讯息，就要突破固有的生活模式，尽量扩大沟通范围，如定期去参加一些社交活动就是不错的选择。

拓展商脉的第一件事情，就是要学会与人沟通。因为只要生活在这个社会上，所有的活动都需要建立在交往的基础上，只有学会与人沟通，才能有与人进一步交往的机会，才有机会把陌生人变为朋友，把一般朋友发展成莫逆之交，把生意场上的对手变成伙伴。有了良好的沟通能力，你才可以踏实地为自己的商脉开户储蓄。

❷ 沟通是一门艺术

沟通艺术是一个人生存于社会的重要工具。沟通可以传达对友人的关切，抑可穿越心灵的屏障，给予融融的亲情之爱。沟通几乎在所有的领域被广泛应用，然而谁又能想到沟通也可以谓之"艺术"呢？"善人同处，则日闻嘉训；恶人从游，则日生邪情。"可见，沟通的艺术是雅中之王，令人赞叹，不可以有任何不切于善的东西沾染它的纯澈。

讲究分寸是一种很重要的沟通艺术。说话是否有分寸，对于我们能否与人有效沟通，甚至办事成败有着很大的关系。注意分寸，说白了就是注意自己说出的话千万不能伤及别人的情绪。不管自己有意还是无意，如果说话的分寸把握不当，就会得罪对方，影响沟通的效果，影响你的商脉关系。在我国历史上，曾经有这样一个年轻人，因前后说话的分寸不同，取得了不同的效果，让我们来看看引人深思的故事吧。

从前，有一个年轻人骑着马进京赶考，连续赶了几天的路，他感觉很疲惫，于是准备找家客店休息一下再继续赶路。此时，刚巧身边路过一位老汉，于是他在马上高喊着对老汉说："喂！老头儿，离这里最近的客店还有多远啊？"老汉瞭了年轻人一眼："五里。"年轻人听后挥起马鞭，匆忙赶路去了，他希望早点能够躺在客店的床上休息一番。可是眼见着十里有余了，年轻人还是连半片砖瓦都没有看到。他气愤极了，觉得是被老头给骗了，便打算掉头回去教训他一下。五里，五里，都两个五里了还没有见到客店，年轻人心里嘀咕着。他猛地一惊：五里，不正是"无礼"的谐音吗？原来那个老头根本不是告诉我距离，而是在呵斥我无礼啊！想到这里，年轻人觉得惭愧极了。他沿路回去找到了老汉，下马诚恳地对老汉说："对不起，老大爷，是我无礼了。我特意回来向您道歉，请您别与我计较。"老汉的脸上露出了笑容："年轻人，这方圆百里都没有客店，若是不嫌弃的话，可到敝舍休息片刻再上路。"

年轻人开始的时候没有把握好说话的分寸，以至于老汉不高兴，自己也无谓地多赶了十里路。当他意识到自己问题的时候，诚恳地换了与老汉沟通的方法，两个人自然也就冰释前嫌了。可见，把握好沟通的分寸在人际交往中起着至关重要的作用。

那么如何才能让沟通成为令人赞叹的艺术呢？这就需要我们把握好几个分寸。

与人初次见面时说话的分寸

与陌生人初次见面，掌握好说话的分寸对于给他人留下良好的第一印象是非常有帮助的。一般来说，初次见面的人首先要作自我介绍。在这里，自我介绍的分寸应该随着办事的目的、要求的不同而有所区别。普通的见面，只需讲清楚姓名、身份、目的、要求便可以了，力求简单明了，不要过于繁复冗长。如果在一些较为特殊的情况下，如求职时，自我介绍就不仅要讲清姓名、身份、目的、要求，还需要将自己的学历、性格、专长、经验、能力、兴趣等方面叙述清楚。但是一定要做到适度，不可只拣

沟通作为一门艺术，不仅要求我们在沟通中学会倾听别人和表达自己，更要求我们要学会察言观色，洞察内心。

优点说，更不可过分地强调个人优势，这样容易给别人带来一种无形的压力，不利于日后的交往和沟通。

托人办事时说话的分寸

托人办事的时候，说话的口气不能过于生硬，因为你是有求于人，所以即使是与你关系十分密切的人，也要向对方详细地讲明自己要做此事的目的，把事情的原因、想法告诉对方，这样才能够得到满意的效果。另外，一定要注意说话的时候不要支支吾吾，否则对方会认为你不是很相信他有能力帮你办好事情，容易引起对方的不满。

应答别人时说话的分寸

若是他人求于你的话，应答的分寸也十分重要。如果对方请你帮忙的事，你认为是对的，那么就要明确地回答一声"很好"；认为不对的，就委婉地回答他"这个问题不是很好说"。对于能够办到的事情要谦虚地回答："我尽量去试试，但能否成功现在还不能给你肯定的答复。"若是你能力所不及无法办到的事，那么一定要毫不含糊地回答："抱歉，这件事的确十分难办，以我的能力和关系恐怕不会有太大的希望。"不能办到绝对不能拖泥带水，以免给人造成不良的印象。

催问别人时说话的分寸

有些事情可能需要你去催问他人，比如何时结款、何时签订合同等。此时，要注意语气、平和，即便是遭到了冷遇或是对方不耐烦地发了火，你也一定要沉住气，千万不可用责问或命令的语气，如"你怎么回事啊，到底什么时候解决？""下个月底必须给我个答复"等。这样只能会让别人产生反感，不但影响了事情的进展，而且对于日后的人际关系也会产生不良影响。若是换成询问的语气，如"请问您什么时候能够给我一个明确的答复？"效果自然会好得多。

回答私人问题时的分寸

碰到有些喜欢打听私人问题的人，除非是十分亲密的人，否则你没有义务将自己的私事透露给他。如刚来的新同事问你："你一个月挣多少钱啊？"一般来说，有关于钱的问题可能是你所忌讳的，那么你完全可以这样说："如果您不介意的话，请不要谈这个话题可以吗？"别人也就会知趣地闭嘴了。但是不可以这样说："这跟你有关系吗？"这样的语气和态度会让人下不了台，从而影响到你们之间的交往。在回答私人问题的时候，要抑制住自己的不满情绪，尽量用婉转的口气引导对方改变话题，这样不但能够避免自己的尴尬，也显示出了自己的大度。

回避交谈的分寸

回避交谈也需要技巧，如果你不想没完没了地听对方夸耀自己有多么优秀或是他的儿子有多么出色，那么此时，你可以礼貌地加入自己的评论并尽量尝试去转换话题。若是你实在没法改变他的谈话方向，那么找个借口离开也是不错的选择。

若是一个人在你面前诋毁他人、朋友，或是一个集体的话，你不妨诚恳地告诉他，你不想听到这样的话，然后开始另一个话题。对于这种诋毁的谈话，不管是说者真心地诋毁还是在开玩笑，你都必须要表明你的正确立场，否则别人会认为你同他有一样的想法，你就会为此而付出代价，要知道，一个总是诋毁他人的人，也可能会在人后诋毁你。

沟通作为一门艺术，不仅要求我们在沟通中学会倾听别人和表达自己，更要求我们要学会察言观色，洞察内心。而事实上，所有沟通的根基都在于：得到别人的认同，搞懂别人的真实意图——无论你采用什么方法。

❸ 聆听他人内心的声音

人的内心世界是很难让他人走进的，走进他人内心的捷径就是与他多说话。无论是交流想法，还是说服别人，都需要首先清楚对方内心的真实想法。只有掌握了洞察别人内心世界的独特视角和实用方法，才能更好地了解对方，理解对方，从而掌握影响别人的技巧，为建立良好的商脉打下坚实的根基。

与人沟通，自然离不开与陌生人打交道，初次交往彼此都会存有一定的戒心，这便形成了双方沟通的一个最大的障碍。那么如何能够打破这种障碍，就成了交往能否顺利进行下去的一个决定性因素了。一般来说，初次见面的寒暄可以算做是交往的一种基本礼貌。那么你就不妨试试在寒暄中有意无意地插入一些能够吸引对方的话题，走进他人的内心世界，障碍也就在无形中消除了。

想做到这点其实不难，学学琪琪的做法，你也就会很容易走进别人的内心世界了。

在一个凛冽的寒风肆虐的傍晚，琪琪一个人走在回家的路上。路边的灯光有些昏暗，这使得她心里产生了一丝恐惧感。当她走到一个十字路口时，看到了一个与她穿着同样校服的男孩子。于是她希望自己能够与他结伴而行，便快走几步来到了男孩子的面前。

琪琪："呵呵，今天的天气好冷啊，你也是二中的吗？"

男孩子看了看琪琪："嗯，你是？"

琪琪："我是高二 A 班的，这么晚了，路上有些暗，我能同你结伴一起走吗？"

男孩子："不好意思，我还有点事情，恐怕……"

琪琪："没关系，哦，对了，你知道过几天咱们校级运动会的事情吗？听说篮球赛的争夺很激烈呢！"

一丝骄傲的眼神闪过了男孩的眼睛："怎么会不知道呢？我是我们班的篮球队队长，这次最有希望夺冠的除了高三 C 班以外，就属我们班了。"

琪琪："那你们平时的训练一定很辛苦吧？"

男孩子："是的，为了这次大赛，我下了不少功夫，现在正要去一个同学家里跟他讲一些打球的技巧。对了，你往哪个方向走？我看看我们是否顺路。"

琪琪指了指前行的方向，两个人会心地微笑了一下，便同路而行了。

如果琪琪没有提起篮球的事情，那么即使男孩子与他顺路，恐怕也不会那么容易接受她想与他同行的请求。其实，与陌生人的沟通重要的就是要打破对方的戒心。可以这样说，琪琪在那晚不但有了一个同行的伙伴，而且还拥有了一个在赛场上为之摇旗呐喊的好朋友，因此，在沟通的过程中，设法走进他人的内心世界是能够为你的商脉圈存入本金的一个行之有效的办法。

有一点需要注意的是，当你引出了对方话头的时候，最好不要去打断它，否则会伤害到他人的自尊。此时你需要做的仅仅是保持沉默，耐心地听对方讲下去。当然，有爱说的人自然就有不善言辞的人，对于这样的人，你就最好能从对方容易回答的事实或经验一类的话题开始与之沟通了。

或许你会说这样的道理我也懂，但是就是不知道怎么入手啊，没关系，只要你肯留心，那么就没有什么是不可能的，仔细想一下，在你的周围是不是也有如同小亮一样的人，如果有的话，那么你就幸运了，在他们身上，你一定能够学到很多顺利地走入他人内心世界的方法。

有一天小亮在等公交车的时候，注意到一位戴着眼镜的中年男子正在看弗洛伊德的《精神分析引论》，小亮非常感兴趣，但是他想，对于这些不爱说话的学者，如果我走过去直接问他对于这本书的看法，他一定不会理睬我或可能敷衍几句，那么想与他继续交往下去就不太容易了。于是他慢慢地走到那位学者的身边，开口说道："您好！请问您一下，我想去西单应该坐几路车？"那男子指了指站牌："这里好像只有一趟车可以到，你自己去看一下，上面应该写着的。"小亮微微一笑："谢谢您了，您这是准备去哪儿啊？"男子合上书："我正准备去参加一个会议。"小亮继续问道："是有关于心理学方面的吗？"男子点了点头："你怎么知道的？"小亮指了指他手上的书："恕我冒昧，我是一个心理学爱好者，看到您手上的书使我十分希望能够与您结识。"男子笑了笑："那么你对这本书是如何看待的呢？""是这样的，……"两个人聊得很投机，临别的时候互相留下了联系方式，以便于日后的交往。

有些时候，你需要了解的可能是一些比较抽象的东西，这就可能使得你不知如何下手去与他人沟通。在这种情况下，不妨先找一些与你的想法没有直接关系的问题谈起。尤其是对于一些不善言辞或不喜言辞的人，这种逐步诱导的方式是非常有必要的。在这里，你只需记住一个原则，那就是：你需要了解的问题越抽象，你提出的问题就要越具体。

在沟通的过程中，想要走进他人的内心世界，也需要一些小技巧。

要成为一流的沟通者，就必须学会理解对方心里的真实想法，用对方的语速、语调和他沟通，这也是对他人尊重和重视的一种表现。

模仿对方的音调和语速

与人交谈的时候，模仿对方的音调和语速有利于建立亲和力，更加容易被他人所接受。对不同的人需要采用不同的方式，如对方说话速度快，那么你就跟他一样快，对方说话声调高，你得跟他一样高，这样对方才容易听得真切。若是你飞快地跟一个慢性子的人讲出来一件事情，对方根本都没听清楚，那么你说得再多再好恐怕都是没有用的。

模仿对方的肢体动作

模仿对方的肢体动作、脸部表情，或是呼吸的方式，都是容易与他人建立亲切感的有效方式。比如当你在与他人进行沟通时，模仿他的站姿或坐姿，随着他的呼吸节奏一同呼吸，就更加容易取得对方的好感。有些人可能还会惯用某些手势，如喜欢在说话的时候耸肩，那么你也随着耸耸肩。这样，他们会自动地将注意力集中在你的身上，并且会产生一见如故的感觉，但是，一定要注意不能去模仿他人的缺陷，否则一定会适得其反。

适时地引导对方

随着你对他人的模仿进入了他人的内心世界并建立亲和力后，你便可以适时地改变自己的语气和动作，从而引导对方的行为，当你可以引导对方的时候，你便具备了潜意识的说服能力，这时在沟通的过程中，对方就会比较容易认可和接受你的想法或意见了。

要成为一流的沟通者，就必须学会理解对方心里的真实想法，用对方的语速、语调和他沟通，这也是对他人的尊重和重视的一种表现。只有用这种方法和他人沟通，你才有可能发挥自己的影响力去影响他人，并获得对方的接受。如果不能做到这一点，那么，你就只能受那些具有沟通能力的人的影响，成为他们语言和思想的跟随者。你当然不愿意做那种人，是吧？

◀4▶　不要吝惜你的赞美

沟通是一种互动，赞美使人愿意沟通。但是，赞美也需要技巧、需要真情投入，适当的赞美应建立在观察与鉴赏之上。赞美要发自真心，由衷的赞美使人如沐春风，虚伪的赞美使人无所适从。赞美对方也要恰到好处，要避开对方的短处，赞美对方的长处。赞美还要适度，稍稍的赞美，有时反而使人觉得非常舒心，过于夸张的赞美却可能会适得其反。千万不要吝啬赞美之词，赞美是价廉而高效的投入，可以获得更多的沟通机会和成功机会。

美国著名心理学家威廉·詹姆斯说过："人类本性上最深的企图之一是期望被赞美、钦佩、尊重。"由此可见，渴望被赞美是每个人内心的一个基本愿望。在商脉圈存储本金的过程中，学会如何赞美别人便成为了讨得对方欢心的最有效的方式。所谓"良言一句三冬暖"，适当的赞美，既温暖了他人的心，同时也缩短了你们之间的距离。

不一定非要等对方做了大事或是不平常的事才去赞美。

早上门口小吃店里的豆浆好喝吗？赞美一下做早点的人，明早你就有可能喝上更为醇美的豆浆；昨天刚刚跟你闹过矛盾的朋友今天穿了一身漂亮的新衣服，不妨为她的美丽说几句好话，你们一定会尽释前嫌；你的儿子学习成绩总是上不来，批评的言语对他来说已经是无济于事了，那么你不妨趁他某天心血来潮温习功课的时候大大地赞美并鼓励他一番，相信下次考试他也能够高兴地将成绩单摆在你面前……

　　在与人交往沟通的过程中，遇到任何一件值得赞扬的事，都不要吝惜赞美的语言，真诚的赞美，对他人来说，他们身上的优点和长处会因你的赞美而显得更加熠熠生辉，而你自己也会在赞美他人的同时反思自身的不足，这也是一个不断进步的良好开端。

　　适当的赞美会让你的商脉圈涌进大量的闪光财富，那么能否掌握和运用好赞美的语言，自然就成为了一个人交际水平高低的标志之一。赞美绝对是一件好事，但可不是想象中那样简单的。不要以为只要是赞美的语言别人就会"照单全收"，倘若你不懂得审时度势，不掌握一定的技巧，那么就很有可能将好事变成坏事了。

　　杜娜的同事就是在还没有了解清楚的情况下大肆赞美，结果反而让人感到不高兴了。

　　2002年世界杯的时候，几乎是所有球迷为之疯狂的时刻，杜娜这个狂热的足球爱好者自然也不例外。平日文文静静的她一到了夜里看比赛的时候简直就像变了一个人似的。好在她的老公也是个铁杆球迷，否则非把她赶出家门不可。有一天上班的时候，坐在杜娜对面的孙晶看到她的眼睛简直跟熊猫一样，便笑着对她说："娜娜，昨晚是哪两个队的比赛啊，值得你不眠不休的？"一提起足球，杜娜眼里就放光了："昨晚黑马韩国队对战前世界冠军法国队，太精彩了，我很喜欢韩国队那个安贞焕，韩国队要是没有他恐怕连八强都进不了呢！"孙晶听后接着杜娜的话说下去："是吗？那韩国队太棒了，最后的战果如何？一定是他们获胜了吧！改天我陪你一起给韩国队呐喊助威，怎么样？"孙晶本以为她对韩国队的赞美会让杜娜喜笑颜开，可是却见杜娜顿时没有了继续谈下去的兴趣，埋头开始工作，理也不理她了。事后，孙晶才从别人的口中得知杜娜原来是法国队的支持者，而当晚的确是韩国队获胜了。

孙晶本是一番好意，想通过对韩国队的赞美拉近她与杜娜的距离，但是却弄巧成拙，这样的例子在生活中是数不胜数的，由此可见，赞美的确需要掌握一定的技巧。

赞美要契合对方的兴趣爱好

常言说志趣相投的人更加容易亲近，这是因为每个人都会有自己的兴趣爱好，也会有自己擅长的事物，当你想要赞美一个人的时候，最重要的是要了解对方热衷于什么，否则再多的赞美话都有可能是事倍功半的。比如一个人非常擅长画画，你却对他的画不以为然，反而称赞他唱歌唱得好，那就肯定起不到一个好的效果了。

赞美的语言要真诚

这点十分重要。不真诚的赞美只会让人觉得你是个虚伪的人，有时候还可能招人厌恶。比如你在街上遇到一个几年未见的老朋友，你可能会说："好久不见了，你的样子没怎么变啊，还是像原来那样年轻漂亮。"这样的话她听后心里会很舒服，但是如果你说成："好久不见了，你的样子变化真大啊，完全可以与西施媲美了。"那她听后心里就会觉得很别扭，这种不真诚的赞美还是少说为妙。

赞美的语言要实事求是

赞美的话要立足于事实基础，不能过分浮夸。否则对方听后不会相信，旁人听到了也会不以为然的。比如你想要称赞自己的孩子，那么你可以说："你真是个既聪明又好学的好孩子，作为你的母亲，我感到很欣慰。"这种话就很得体，孩子听后也会高兴。但是如果你说："你简直就是个天才儿童啊，其他的小孩都比不上你，妈妈以你为荣。"这样的话过于夸张，孩子听后虽然会很高兴，但是却容易将他引入歧途，认为任何人都比不上他，从此狂妄自大，造成负面的影响。

赞美的语言要具体

具体的赞美往往能够给人留下深刻的印象，远比抽象的赞美起到的作用大得多。比如说作为公司的领导你想要赞美手下一位出色的员工，你的赞美就要指到最具体的某方面："小夏的做事态度十分值得大家学习，他的客户的订单无论多少，只要他答应接下来，那就绝对不会延期发货。"具体的赞美既肯定了对方的成绩和优点，同时也为他人树立了具体的榜样，这就远比只是赞美员工做事态度认真这种抽象的语言要好得多了。

用第三者的口吻说出赞美的语言

在一般人的观念中，有时候对于人或事物的看法，"第三者"是站在比较公正、实在的立场上的。那么你就不妨借用一下这个心里，容易收到事半功倍的效果。比如你到一位朋友家去拜访，见到他的妻子很漂亮，想要称赞一番，那么就可以这样说："嘿，我总听小李说你老婆既漂亮又温柔，今天一见，还真是名不虚传啊！"这样的话既避免了自己直接称赞可能造成的尴尬，而且还会让所有人的心里都如同裹了一层蜜般甜美，又何乐而不为呢？

透过他人的口传达赞美的语言

用这种方式传达的赞美，会让人非常确信你的真诚度。比如你在和一个朋友聊天的时候，提到了他人，那么你完全可以赞赏一番，这样被赞美的人一旦收到这样的信息，一定会备感开心，你们之间的距离也就更进一步了。但需要注意的是，这种赞美的语言更加要注意具体，否则容易被人遗忘，也就无法起到传达的效果了。

赞美是一种引起对方好感的方式。适当地说些恭维话，能够在沟通中起到催化剂的作用，从而活动我们的商脉网。但是，在实际中，我们一定要注意的是：赞美要真诚，倘若不真诚，还不如不说；赞美行为本身，而不赞扬人，因为这样可以避免难堪、混淆、偏袒，并鼓励更多的同类型行为；赞美要自然、具体。你可以养成每天赞扬三个不同的人的习惯。如果你能做到，你就会觉察到自己是多么开心！

第七章 | 守信：透支什么别透支信用

你是否曾经四处许下你不能兑现的诺言？你是否曾经欺骗过你的亲朋好友？那么，请小心了！你正在透支你的商脉，你的商脉圈也有可能因此而被冻结。获得了别人的信任，也就获得了自我发展的空间，所以，你的商脉圈的财富才会与日俱增；抛弃了诚信，丢掉了与人沟通的筹码，所以，你的存折里的本金才会日益递减。因为诚信是人一生中最重要的资本。糟蹋自己的信用，无异于在拿自己的人格做买卖，卖得越多，留下的也就越少。所以，只有事事以"信"为重，才会有"信"满天下的一天，也才会有商脉满天下的一天。

诚信是搭建商脉的基石

提倡诚信实际上就是在积累财富。享受诚信所带来的财富，就是享受舒适、美好的生活。没有诚信的个人必是孤家寡人，没有诚信的家庭必无亲朋好友，不讲诚信的行为就是摧毁财富的魔鬼。因此，诚信虽不是财富，但它可以带来更多的财富。从这种意义上说，商脉圈的细水长流更离不开诚信。

在每年的 3·15 期间，都会有很多虚假广告被曝光出来，可这些广告总是如雨后春笋般层出不穷，屡禁不止。这种欺人的勾当，虽然一时能够欺骗得逞，但却不可能持久，因为缺少最为重要的信誉做后盾。因此，你的商脉圈一定不要成为这些广告的"复制品"，只有做到诚实守信，才有可能让你的商脉圈细水长流地积蓄资本，为己所用。

就拿百事可乐的公司总裁卡尔·威勒欧普来说，他的守信就为他赢得了一个重要客户的信赖。百事可乐公司的总裁卡尔·威勒欧普是一个非常看重信誉的人。在他女儿过生日的那天，他接到了市长邀请他参加晚宴的电话，他毫不犹豫地便谢绝了市长的美意："抱歉，市长，昨天我已经答应我的女儿今晚陪她过生日。我不想做一个失约的父亲。"

他整理好手上的工作后，便去为女儿买好了生日礼物，然后驱车奔往市中心新开业的游乐园，他的妻子和女儿已经在那里等候了。卡尔的女儿见到他以后，开心地蹦到他怀里，满脸洋溢着幸福的笑容。

为了不破坏这样温馨的气氛，卡尔和妻子都关闭了手机，全身心地陪伴着女儿，让她开心地度过这个只属于她的愉快的生日。

正当卡尔兴致勃勃地望着旋转木马上的女儿时，他的助理急匆匆地来到他身边，小声地汇报说有一个非常重要的客户，希望能够在今晚与他见一面。

卡尔面露难色，对助理说："你知道，我已经答应了女儿，今天整个晚上都会陪在她的身边。"助理委婉地说道："这个客户确实没有提前预约，他今天刚刚到达，在此地也只是做短暂的停留，因此他临时决定想要拜见您。"卡尔想了想后对助理说："你去接待一下这位客户，并替我转达真诚的歉意，告诉他我已经与我的女儿约定好今天陪她过生日，我不能做一个失约的父亲，然后你跟他约好时间，届时我会亲自登门拜访。"

助理有些焦急地说："卡尔先生，您是不是考虑先去接待一下呢？这个客户对于公司来说太重要了，如果因为这次的事情得罪了他，恐怕以后就不会再有合作的机会了!"

卡尔的女儿此时已经站到了他的身旁,她用她稚嫩的小手拉了拉卡尔的衣角,懂事地说:"爸爸,您若是有事情的话就先去忙吧,这里还有妈妈陪着我,我一样很快乐。"

"乖女儿,我已经答应你的事情就一定不会失约,对于爸爸来说,今天晚上的市长宴请和现在这个客户的约见,确实都十分重要,但更重要的是我昨天已经向你许下了承诺,谁都不能改变我作出的承诺。"卡尔坚定的表情,让助理打消了继续劝说的念头。

第二天,卡尔上班后做的第一件事,就是亲自打电话向那位重要客户道歉,客户非但没有生气,反而由衷地赞叹道:"卡尔先生,其实我要感谢您,是您用行动让我真切地感受到了什么叫作一诺千金,我明白百事可乐公司为何能够做得如此优秀了,我十分荣幸能够成为您的合作伙伴。"

> 诚信就是资本,而且是每一个人都可以拥有的资本,是最基本的文化价值观,商业发展离开了诚信,永远都是个泡沫。

卡尔的拒绝并没有失去客户,反而他们竟成了非常亲密的合作伙伴,这种强烈的信任感使得百事公司在遭遇最大困难的时候,那位客户也没有弃他而去。

在处理人际关系的时候,诚实守信才能避免让你的商脉圈透支,那么,如何成为一个有信义的人呢?

增加责任感

缺乏责任感的人往往不会对自己说过的话负责,那么就不会设身处地地为他人着想,导致说出的话很随便。比如本来周末的时候与朋友约好一起去郊游,结果因为懒得起床就打电话推脱了,根本没有考虑朋友那边为了郊游而做的准备有多辛苦,甚至还认为这周不去下周去也没关系,这样的人就很难与朋友维持良好的关系，自然商脉圈渐渐便会出现透支的现象了。因此，你一定要成为一个有责任感的人，做事要"言必信，行必果"，只有这样，才能避免商脉圈透支现象的发生，拥有一个良好的商脉网络。

不轻易许诺

有很多事情，并不是主观的努力就可以做得到的，因为在某些特定的客观条件影响下，有可能会导致事情的失败。所以对于他人有求于你的事情，千万不能轻易地许诺，若是你拍着胸脯说"没问题""包在我身上"这样斩钉截铁的话，那么一旦受到客观因素的影响而无法实现时，便会给他人造成恶劣的影响。不妨在许诺的时候委婉一些，对于能够做得到的事情也要说"我尽力去帮忙""我会尽心地去解决，但是不一定会有非常好的结果"，这样的话语，更加能够让他人所接受。若是实在是你力所不及的事情，那么要及时诚恳地向对方说明实际情况，相信大多数人还是会给予谅解的。对于那些把承诺视作儿戏，对朋友的不负责的许诺就是一定要不得的了，否则迟早会被他人所"抛弃"。

避免功利诱惑

狡诈、欺骗他人是不讲信义的一个十分重要的原因，而受功利的诱惑则是导致人产生狡诈、欺骗行为的最主要原因。因此，若是想要做个诚实守信的人，那么就要注意自己的行为不受功利的诱惑，不要因蝇头小利去算计他人，不要只看到自己鼻子下的一点事，眼光要看得长远，这样才能变得诚实，才能谈得上信义两字。就拿最简单的例子来说，若是你在马路上捡到一个装满现钞的钱包，里面刚巧有失主的联系名片，那么你是选择还给失主还是自己偷偷地揣进口袋呢？看看你选择的答案，再想想若是你也丢失了一个这样的钱包的话，你希望他人如何做？其实你在人际交往的过程中，学会换位思考一下，自然也就不会被功利所诱惑了。

别忽略小事上的诚信

人最容易犯的错误就是忽略小节，而这种忽略有时却是很多人逐渐失去朋友的导火索。比如你向朋友借了一笔钱，定好一个月以后归还，可是你到了日子不但没有露面，而且连个电话都没有给朋友打，那么即使在第二天你带着钱送到朋友家里，你曾经的好印象也会在朋友心里大打折扣的。也许你会觉得反正我已经还了，不就是晚了一天嘛，有什么大不了的。但是，这种在你眼里不起眼的小事，却有可能让你的人品和信用在他人心里大为受损。因此，一定要注意从小事做起，从一点一滴做起，才能成为一个守信用、讲信义的人。

有一位银行家说得很明白："我宁可借钱给那些诚实的贫困的人，也不愿借钱给不诚实的富有的人，虽然这些富有的人有很强的偿还能力。"这表明，精明的商人都非常重视商业诚信。诚信就是资本，而且是每一个人都可以拥有的资本，是最基本的文化价值观，商业发展离开了诚信，永远都是个泡沫。商人不以"诚信至上"来要求自己，事业就会埋下阻碍正常发展的祸根。

❷ 在诚信面前，人人都得睁大眼睛

人的品行中最重要的就是诚信二字。孔子说："人而无信，不知其可也。"换句话说，诚信就是人们交往中的规则，就是对人要诚实，交往要讲信用。所以，诚信之道，当从日常小事做起，在小事上做好，让诚信成为你的生活习惯和日常准则。同时，诚信之道也要讲原则，辨真伪，为自己留有安全的距离。

诚实是一个人的品格，反映了一个人的素质；而守信则正体现着一个人对社会及他人的一种承诺。俗话说"一言既出，驷马难追"，这在为你的商脉圈进行储蓄的过程中是十分重要的。但凡成功者，无不是守信之人，若你也想成为他们中的一员，那么希望下面这个带有神话色彩的故事能够给予你一点启迪。

张源任清远县令已经很多年了，这一年，皇上突然下旨要将他调回京城委以重任，朝中不少大臣便纷纷进言，认为一个县令直接晋升为二品官员似乎有违于先皇定下的规矩，于是皇上便给众大臣们讲述了一件发生在张源身上的事情。

有一次，张源带着家人去庐山拜神庙，张源女儿的随身婢女头一次出远门，兴奋地东跑跑、西看看，于是张源的女儿说："这个小妮子，片刻也不让人清闲，等明儿个回府就找个人家把你许配了去，看你还敢这样不安分？"随身婢女了解小姐的脾气，知道她说的是玩笑话，于是她指着一个张牙舞爪的河神像对小姐说："那今儿个就把你许配给这个神仙吧！"

两个如花似玉的姑娘互望了一眼，便笑着跟在张源的身后继续拜神了，谁也没有拿刚才的话当一回事。

可是到了晚上，张源的妻子却真的梦见了庐山河神，而且还抱着一大堆的聘礼对她道："今天你家的婢女说要将你的女儿许配给我的儿子，承蒙你们看得起他。这是我为你家准备的聘礼，虽然略显菲薄，但还敬请笑纳！"

张源的妻子一下子就吓醒了，她赶忙叫醒身边熟睡的张源，对他说了梦中的事。全家人商量了一下，担心事情变成真的，于是便决定连夜坐船赶回清远。可是船走了十几里后，就再也不动了。张源让家人将船上的东西全部扔到河里去，仍然无济于事，船停在河中央纹丝不动。于是张源无奈地说："看来婢女是闯了祸了，既然已经许诺，那么恐怕我们不将小姐许配给河神的儿子，便是无法脱身的了。"婢女哭着说："我那是跟小姐开的玩笑啊，哪会知道神仙还当真了！要不把我许配了吧，都是我的错！"张源的女儿道："恐怕把你送给人家，人家还不要呢！"

此时见没有办法，张源便让妻子将自己的女儿放进河里，他不忍心看到那样的场面，回到船篷里去了。张源的妻子哪里会舍得将女儿就这样扔下河呢？于是她与婢女商量让她跳进河里，婢女知道这是自己惹出的祸端，二话没说就跳下去了，船马上便顺着河流的方向驶去。

张源感到了船的移动，忍着伤心出来看看情况，结果发现自己的女儿竟然还在船上。他对妻子说道："知道为什么这些年来我能够把清远县治理得井井有条吗？那是因为我从来不会背信。一个人最重要的品质就是守信用，今天，我既然答应了河神将女儿许配给他的儿子，那么绝对不能让婢女来替代！若是如此言而无信，那我以后如何面对世人？"

说完，张源让管家将女儿扔进了冰冷的河水里。

张源的妻子对着河面号啕大哭，张源安慰她说："不要哭了，没准她这一去，倒还是她的福气呢！"

第二天早上，张源和其他的家人到了清远码头。让所有人都没有想到的是，码头上竟站着两个熟悉的女孩子。张源的妻子睁大了哭肿的眼睛，半天也不敢相信那两个女孩子就是她的女儿和随身婢女。这时站在女孩身旁的一个貌似官员模样的人对张源说："我是庐山河神的主簿。我们大人昨夜阻拦，是因为想看看你是否真的守信用。大人说人和神本就是不同世界的人，难以通婚，见你这么讲义气守信用，所以命我今日在此等候，将你的女儿还给你。"

众大臣听罢，都默不作声了，在朝野之中，再也没有听见反对的声音。自然，张源坐上了二品官员的位置后，因他的诚实守信也深得百姓们的爱戴。

假如张源没有守信用，那么他也不可能得到河神的尊重，更加不会有机会从一个小县令一跃而成为国家的栋梁之才。这就告诉我们，在与人交往的过程中，遵守诺言是每个人都应该做到的，但有时候，人们如果因为自身的原因失信了，那么这种失信自然就会成为商脉圈透支的根本原因了。

有一点需要注意的是，当你在倡导着诚信重要性的同时，别忘记要注意把握诚信的对象。若是你恪守纯正诚恳的待人之道，对伪善奸诈的小人说出的话也信以为真，那么就会使自己付出不必要的代价。在非洲，就发生过这样一件令人惋惜的事情。

登山是非洲男孩十分喜欢的活动，这天，卡鲁独自带好干粮，想要挑战一座还未曾攀登过的高峰！

经过艰难的攀登，他抵达了向往已久的峰顶。就在他举目四望、情不自禁地欢呼的时候，忽然听到自己的脚边传来一阵"吱吱"的声响。男孩定睛一瞧，原来脚下出现了一条响尾蛇！

这可把他吓了一大跳，他以为响尾蛇想要攻击他，于是他向后退了几步。

哪知道响尾蛇却开口说道："请不要抛下我！这个山顶上没有食物，我现在又饿又冷，求你行行

在现实生活中，只有给别人一颗真诚的心，才能从别人那里换得一颗真诚的心。在交往中判断对方是否真诚，除了看其当时的行为举止外，特别是看其对许诺是否能恪守信用。

好，让我躲进你的衬衫里取取暖，然后带着我一起下山，可以吗?"

"坚决不行!"男孩想也没想便一口回绝："你是一条响尾蛇!如果我让你躲入我的衬衫，你一定会趁机咬死我!"

"我发誓我不会那样做的!求你带我到一个温暖、有食物的地方去，你的大恩大德我会感激不尽的，怎么还会咬死你呢?"响尾蛇继续哀求着男孩。

心地善良的非洲男孩不忍再拒绝这只可怜的响尾蛇，于是将它放在自己的衬衫里，带着它下山去了。

可是，当男孩刚刚将响尾蛇放在地面上的时候，响尾蛇竟猛然回头攻击了男孩，在他的右手手腕上狠狠地咬了一口!

男孩倒在了地上，气若游丝地问道："为什么?你发誓说不咬我的，可是你却违背了誓言!"

响尾蛇回答说："我怎么可能不咬人呢?怪就怪你太傻了，你明知道我是一条响尾蛇，还救我下山，这可怪不得我了!"

说完，响尾蛇撇下男孩独自寻觅温暖、有食物的地方去了。

俗话说，害人之心不可有，防人之心不可无。一味地讲究诚信，却不分真伪，那么就是愚蠢的行为了。时刻为自己留有一定的安全距离，并不违背诚信之道，要知道，小人是永远不会为自己的话负责的。

诚信是处理人际关系的基本原则。诚，即真实诚恳，是对人对己实事求是的态度，不说假话、空话，是一种传统美德，是良好人际关系借以形成的基础，《中庸》中曾写："君子诚之为贵。"在现实生活中，只有给别人一颗真诚的心，才能从别人那里换得一颗真诚的心。在交往中判断对方是否真诚，除了看其当时的行为举止外，特别是看其对许诺是否能恪守信用。孔子曾言："人而无信，不知其可也。"意即人没有了信用，则无从做人。

❸ 适时说"假话"也未尝不可

在积累商脉资源的过程中，假话几乎是不可缺少的。宣布自己从来不说假话的人，本身就在说假话。当获悉朋友遭难，得悉亲戚病重，我们就会时常说一些与实际不完全相符的假话。从这个意义上说，世界上没有不说假话的人。许多假话虽与人际间真诚相处不相一致，但在本质上却吻合于人的心理特征。因为人都不希望被否定，都希望猜测中的坏消息最终被证实是假的。

若是你不想让你的商脉圈一塌糊涂的话，那么诚实守信的确是一条不可动摇的原则。一般来说，人们都讨厌说谎的人。但是有一些不可避免的假话却是非说不可，并且这样的假话反而会比真话更能促进人与人之间的情感传递。

很多医生可能都经历过这样的事情，那就是在癌症病人面前，绝对不能透露真实的病情，这当然就是一种说假话的表现，但这种假话带去的却是更多的温暖和祝福。

周林是一位肾脏外科专家，他在学术界以及临床经验上都享有着极高的美誉。平日里他的作风十分严谨，对待事情也都是言而有信，因此他身边的朋友十分多。但是，他却在一件事情上始终说着假话。这是因为一般到他所在医院来求医的患者，多数都已经是肾病重症晚期了。每次，当他的患者所剩时间不多的时候，他都会提醒其亲属千万不要对患者说实话，以便会给患者带来更大的心理负担，他希望这些人能够平静且尽量开心地走完最后一程。在患者的面前，他永远都是一副慈祥的微笑，并且每天说的最多得一句话就是："你的病情有明显的好转，一定要对自己有信心啊，一切都会好起来的。"

这就是"善意的谎话"。善意的谎话在很多时候都是善良、美好的"衍生品"，人们为了某种美好的愿望而不说出实情，这也是让假话得以存在的重要前提。

一个坚持在与人交往的过程中"从不说假话"的人，是不可能获得美好的友情和爱情的，刘欣便是这种信念支持下的"牺牲者"。

刘欣从小受到的家庭教育就是做人要诚实，这简直成为她为人处世的座右铭了，所以从她上学的时候开始就没有人愿意与她做朋友，大家都害怕自己的某些缺点或错误被她当众说给老师听。她上班后，同事也对她避而不及，四处碰壁的她还是觉得自己没有错，继续着她那"耿直"的性格，而后与他相恋了三年的男朋友也终于因为受不了她的性格而跟他分手了。直到刘欣发现自己竟然找不到一个可以交谈的人的时候，她才痛苦地明白，原来绝对的诚实和绝对的欺骗一样都是犯了过犹不及的错误。

刘欣的经历将人们长期以来羞于启齿的隐秘诠释了出来：很多时候，人与人之间的交往并不需要绝对的真实。但这并不代表人们可以随意地说假话。我们所要说的假话应该是建立在美好的基础上的，当人们许多合理的心愿不想被毁灭时，假话就开始发挥它的作用了。一般来说，当你在说假话的时候需要考虑到以下几点。

只要心存善意，将假话作为交际的一种策略，那么这种美丽的谎言也定会给人带来无限魅力。

是否处于无法表达真实意图的时候

当你在无法表露自己的真实意图时，完全可以选择一种模糊不清的语言来表述。比如你的男朋友刚刚理了一个新发型，跑到你面前问你怎么样的时候，虽然你心里认为很难看，可是若是你这样说出口，一定会让他很难堪。那么你就可以对他说："还行。"还行，代表了一个模糊的概念，可以理解为不太好或是一般，这不但不会伤害到他，而且也比你违心而说的"太帅了"的谄媚要好得多。

能否给人善意的引导

这点体现在合情合理的前提下，就如同上面所说的医生周林一样，谁也不会觉得他所说的假话是恶意的，而这种假话带给人的是善意的引导，从而也会被他人所接受。

是否是出于礼仪的需要

在很多社交场合下，说假话是一种基本的礼貌。比如你应邀去参加某个同学的婚礼，但是在这之前你刚刚被你的女朋友给甩掉了，此时同学询问你与她的关系如何，那么你总不好在这样的场合下大发牢骚吧，礼貌地说句"还好"，既适应了场合，也不会让他人的情绪受到干扰。

"善良的假话"同丑恶的假话是有着本质的区别的。只要心存善意，将假话作为交际的一种策略，那么这种美丽的谎言也定会给人带来无限魅力。只有那些为达到不可告人的目的而编造假话的人，才终会尝到搬起石头砸自己脚的滋味。

❹ "人情账"应该怎么做

初入社交圈中的人常犯这样一个错误："好事一次做尽"，以为这样关系就会融洽、密切。事实上并非如此。因为一个人如果一味接受别人的付出，心理会感到不平衡。或者被帮助的一方对此却不以为然，长久下去，势必影响彼此关系，把一本本来清晰的"人情账"弄得一塌糊涂。在这一点上，对别人如此，反之亦然。

常言说：滴水之恩，当涌泉相报。在处理人际关系的时候，也是同样的道理。在你身边的朋友给予你帮助的时候，可能并没有想过要寻求什么回报，但是你一定要记住，别人不想并不代表着你就可以不做了。而且当你随口对朋友说"谢谢啊，改天请你吃饭"的时候，一定要信守这个承诺，否则你的商脉圈就会处在透支的边缘了。

再好的关系也不能无视对方的心理感受，对于自己的承诺，万不可轻易允诺且不当回事，不然的话，一定就得到如同钱小程一样的教训。

王新与钱小程自小就是在同一条胡同长大的，关系十分亲密。长大以后，虽然为了各自的事业在奔波着，但是也从来没断了联系。自从王新当上了市里的教育部部处长以后，钱小程也跟着沾了不少的光。通过王新的关系，钱小程如愿以偿地走上了讲台，成为了一名伟大的灵魂工程师——教育工作者。可以这样说，如果没有王新的帮助，钱小程是很难实现自己的愿望的，因为他在大学里所学的专业与教师这行是大相径庭的。所以，他从心里很感激王新。

　　这天，刚刚下了课的钱小程刚好碰到王新到学校来视察工作，两人便相约忙完后一起去咖啡馆坐坐。看着王新拖着略显疲惫的身体走进咖啡馆的时候，钱小程心里有说不出的滋味。他开口说："王哥，最近的工作很忙很辛苦吧，看把你给累的，可要多注意身体啊！"王新笑了笑："没办法，每天的日程都安排得很紧凑，想停也停不下来啊，我在这个位置一天，就要做好一天，辛苦点也是应该的。"钱小程喝了口咖啡："王哥，上次的事情还没有来得及好好谢谢你，要不是你，我也不可能当上老师，你说我该怎么谢你呢？"王新听后哈哈大笑："得了吧，你这小子，就会拿我开心，跟我还谢来谢去的，你要是没有能力我也不可能推举你的。"钱小程接过王新的话："王哥，如果没有你这个伯乐，我这个千里马恐怕就要被淹没在其他的行业里了，不管怎么说都得让我谢谢你，这样吧，改天抽空去我家吃顿饭吧，我亲手为你下厨。""好的啊，我也很久没吃你做的饭了，还真有点馋了呢！哈哈！"王新脸上的皱纹都笑出来了。当他们走出咖啡馆的时候，夜幕已经降临了。

　　王新很开心，他很久没有这么放松地与朋友相处在一起了，他还真对钱小程说的那顿饭抱着很大的期待呢！

　　可是，一周过去了，一个月过去了，钱小程却没有再次发出邀请。当再次遇到钱小程的时候，王新半开玩笑地对他说："老弟，你答应我的那顿饭什么时候兑现啊？"钱小程的回答却令王新的心一下子凉了半截："王哥，你还真想着呢啊，我就是顺嘴那么一说罢了，你这天天饭局不断的干部，还能在乎这家常便饭？要不明天我请你去饭店吃吧。"王新拍了拍小程的肩膀："老弟，算了，明天我还有事，我先走了，改天见。"

　　人情未必就是债，世上毕竟真情多，如果你能正确地看待人情，不要把"礼尚往来"与"等价交易"画上等号，你就能放下面子，感受人情的真切可贵。

此后的日子里，王新不再主动与钱小程联系了，两人的关系也似乎越走越远了。

其实在王新的眼里，一顿饭根本不算什么，但是钱小程的不以为然和言而无信却令王新很伤心，即使是再好的朋友，也不能不考虑对方的感受。如果把"人情账"做得一塌糊涂，那么再深的友谊也可能在无意间被扼杀了。

做好"人情账"是防止商脉圈透支的有效手段。那么要做好"人情账"，就不得不注意以下几点。

懂得享受付出的幸福

人与人之间的情感是金钱无法买来的，更不是商品类型的"等价交换"，因此，想要整理好商脉圈，就要学会享受付出带来的幸福。这种亏己式的"倾斜"，其实就是要多为朋友作贡献，而不希望对方回报。做好"人情账"，你需要把握这样的尺度：你欠别人的人情账一定要记清楚，并且守信地及时偿还；对于别人欠自己的人情账不妨糊涂一点，大方一些送对方一个人情，如此才能赢得持久的商脉网络。

"做账"的时机要把握好

要做个有心人，在"做账"的时候把握时机很重要，如果你有心还对方一个人情，那就不要拖得太久，时间一长，一定会影响到彼此之间的关系。但是也不能走向另一个极端，如果你把"人情账"做得太勤，朋友会觉得你过于斤斤计较，同样也会带来负面效果。

财物交往上的"人情账"不能糊涂

在很多情况下，朋友之间的"人情账"会与财物交往纠缠在一起，一般来说，商脉圈中的资本对于财物往来上的某些不平衡有一定的承受能力，但是，若出现过分的倾斜，超过了他人所能承受的极限程度时，就容易引起双方之间的矛盾了。因此，一定要弄清"人情账"及财物往来的状况，使得双方在"量"上保持大致平衡，才能够做好"人情账"。在这里主要包括以下三方面情况：

★当你遇到困难的时候，朋友伸出援助之手在财物上给予你一定的支援，那么你要在承诺的期限内归还，不拖延时间。因为有时候可能仅仅是因为你晚了几天，就会给人造成不守信用的负面影响。而你为帮助朋友解难而借出去的钱物，也同样马虎不得，因为若是你自己都没有原则的话，那就别指望他人也有原则了。

★当你在与朋友合伙做生意时，财物上的账目一定要算清楚，不能认为关系好就没必要那么细致地做账了，古话不是还说亲兄弟也要明算账的嘛，这是有一定的道理的。在"人情账"与财物上发生交叉的时候，若是不能处理好财务方面的事情，那么就容易引起纠纷，导致商脉圈也会随之而发生透支的现象。

★过生日的时候朋友送了你一个可心的小礼物，这其实也是一种"人情账"，这种朋友之间的财物馈赠，通常是以表达心意为宗旨，以礼物的形式出现的交换。在做这类"人情账"的时候，不需要计算出一个确切的金额，但是绝不能有来而无往。

人们常说："金钱如粪土，情义值千斤。"正常的人情往来是一种相互尊重的社会交往行为，有利于增进友情、密切关系。但是，在市场经济的大潮中，这种"礼尚往来"之间蕴含的朴素的情感和友谊的因素已逐渐弱化，取而代之的是一种"面子消费"，一种无形的攀比之风。人情未必就是债，世上毕竟真情多，如果你能正确地看待人情，不要把"礼尚往来"与"等价交易"画上等号，你就能放下面子，感受人情的真切可贵。

第八章 价值：利用价值决定价格

没有人喜欢自己被别人忽视，也没有人愿意永远甘当附庸。那么，你就要寻求恰当机会表现自我并提升自我。因为你不去找机会，机会绝不会主动去找你。想得到贵人帮助，就要找机会或创造机会展示自己的优点，把自己推销给别人。万事有因必有果，投入总会有回报。充分展示自我，影响外界，其实也是打造你的人气和品牌。只有这样，朋友、猎头甚至不相识的人才有可能成为你人生中的"贵人"。

做一个别人需要的人

没有一个人愿意与一无是处的人成为朋友，若是你对于他人来说没有任何的利用价值，那么你的商脉圈早晚有一天会入不敷出。因此，当每天太阳从东方升起的时候，你要做的第一件事就是，对着家中那面落地镜，问问自己：我如何成为被人需要的人？只有一个被需要的人，才能为商脉圈增加份额，拥有更广阔的商脉网络。

在建立商脉网络的过程中，你可能是一个很讨人喜欢的人，但是若是你能够被人需要，那么就是再好不过的了。美国一所州立大学的足球教练韦德，之所以能够坐上这个很多人都翘首以盼的位置，就是因为他被芝加哥地区高中球员的家长们所需要。

芝加哥可以说是运动天才的宝库，人们对于足球的狂热经久而不衰，在这样一所人才聚集的城市里，几乎每支主要球队，都会派一名专门负责招募芝加哥地区球员的人。这些人全部都拥有着广泛的商脉网络，因而竞争就变得相当残酷了。

在大多数人利用自己的商脉网络去搜寻可能成为优秀球员的天才时，韦德当然也不例外。他每年都会飞往芝加哥与那里的高中足球队教练见面不下20次，这样做就有可能借助教练的帮助招募到他所需要的球员。但是他深知只做这些是远远不够的，必须让别人能够需要他，他才会更加顺利地得到自己想要的效果。韦德做了一件其他招募人员都没有想到的事情：

他每隔一段时间就会与芝加哥球员的家长们通电话，详细地告诉他们的父母关于球员在学业、运动以及生活方面的各种表现。若是出现了什么问题，韦德也会在第一时间告诉他们。这让球员们的父母觉得很安心，同时韦德便成为了被他们所需要的人物。

韦德的做法让他从众多的招募人员中脱颖而出，而他最后的成功归根结底就在于他不仅被人所喜欢，而且还被人所需要。

每个人的身上可能都会有某些东西是被他人所需要的，那么如何将这一面展现出来，就需要掌握一些表现自己的技巧了。

在小事上表现自己

人往往都有从一点一滴的小事上评价一个人的习惯，若是你不将小事放在眼里，认为自己的能力根本不屑于发挥在小事上，那么一旦别人遇到比较棘手的问题时，第一时间是绝对不会想到你的，因为你对小事的满不在乎让人望而却步了。

在谈话中表现自己

谈话可以体现出一个人的修养和学识，若是你的言谈举止能够做到有条不紊、幽默诙谐的话，那么一定会给他人留下良好的印象，有了这样的好印象，当他人需要某方面帮助的时候，就自然不会找那些言语莽撞、说话没有条理的人了。

在关键时刻表现自己就是考验，而大多数人关键时刻却总会犯下在掉链子的错误。要记住，在某些重要的场合下，你一定要比平时表现得更出色，比如面对一场激烈的学术辩论会时，知识渊博的你更要发挥出平日积累的学识和言语上的特长，这样你就会很容易脱颖而出，成为被他人所需要的对象了。

在了解对方的情况下表现自己

想要被他人所需要，那么所做的事情就要能够满足他人的需求，当你了解了对方的喜好、特长、交往、习惯的时候，就更加容易让对方接受你，你便能够成为他人眼中善解人意且富有魅力的人了。

在对方看不到的情况下表现自己

或许你所做的事情对方当时是无法看到的，此时也别忘记要表现自己。比如在工作中，尽管顶头上司没有坐在办公室里，你也要一如既往甚至比往常更卖力地工作，这种表现一定会通过其他途径让上司得知的，当你的上司需要有一个踏实肯干的副手时，那么第一个想到的就会是你了。

美国作家柯达曾说过："人际网络非一日所成，它是数十年来累积的成果。你如果到了40岁还没有建立起应有的人际关系，麻烦可就大了。"

在突发性事件上表现自己

面对某些突发性事件，很多人可能会怕冒风险、怕担责任而不愿意理会，而你若是能在这样的时刻表现出自己化险为夷的能力，就一定会受到他人的肯定，成为被需要的对象了。

美国作家柯达曾说过："人际网络非一日所成，它是数十年来累积的成果。你如果到了40岁还没有建立起应有的人际关系，麻烦可就大了。"因此，时刻不要忘记在任何可以表现自己的地方充分地展现出你的才能，即便你有登天的本事，却如同茶壶煮饺子一般倒不出来，那么自然就没有了任何的利用价值了。你不想成为一个到了40岁还没有被利用价值的人吧！那么，现在就行动起来吧！

❷ 打造完美的自我推销力

人类本质中最深远的驱策力，便是希望自己能够在社会中具有重要性。而在向他人展现出被利用的价值时，往往是那些懂得自我推销的人能占充分的优势。这类人身上所表现出来的状态大多是：他们找工作容易，升迁也较为迅速，甚至他们可以不费周章地轻易拓展自己的商脉网络，别人也会以与他交往为荣。所以，学会做个自我推销的高手，才能稳稳地让你的商脉圈增加份额。

你本身或许是一个非常有能力的人，但是你若是不懂得推销自己，那么就不可能让所有人知道并了解你的能力所在，当他人不清楚你究竟有多棒的时候，那么无论你可以将问题处理得有多好，恐怕也不会有人到你这里来寻求帮助。其实，想要将自己推销出去一点都不难，若你能够从不动产成交大王唐纳·川普的做法中领悟到一些东西的话，那么这个世界上不清楚你能力的人就可能寥寥无几了。

唐纳·川普是不动产行业内的佼佼者，起初，川普企业在这个行业中并不是很有名气，唐纳·川普便借助各种各样的手段推销着自己，他发表在当地最具影响力的一份报纸的文章中将自己誉为不动产成交大王，这个出奇的称呼立刻引起了强烈的反响，人们都想要一探究竟，到底是什么样的人敢将这大王的帽子扣在自己的头上。当人们开始认识唐纳·川普为何许人物的时候，他又趁热打铁地推出了一本名为《交易的艺术》的图书，这下，大王这个招牌让他彻底地火了起来。新盖的大楼只要挂上他的名字，便会立刻升值，而当川普企业遇到困境濒临破产的时候，银行都愿意贷款给他缓冲的机会，这不只是因为大家知道他能力强，也因为光凭他的名字就能帮他从挫败中再度卷土重来。

也许你会说，这样招摇的做法不是有悖于谦虚的美德吗？那么你就大错特错了，要知道，如果你隐藏个人成就的话，你自己也会消失于无形。若你不懂得自我推销，那么就没有人会帮你推销。所以，你必须让更多的人了解自己，那么，现在就着手去推销自己吧！

只有掌握好自我推销的度，那么你的商脉圈必然会因此而增加份额，给你带来丰厚的回报。

增加曝光率

自我推销，其实可以当成是公关活动来经营，那么在公关推广的过程中，最关键的就是要想办法增加曝光率，你可以将你现有的商脉网络作为源头来发展，你要让认识你的人了解你的能力在哪里，以及你能够给他们提供什么样的服务和帮助。在得到了现有人群的肯定后，便可以通过他们的关系与他人建立良好的商脉网络，这样逐渐地积累，自然就会被更多的人所需要了。

制造话题

所谓制造话题，就是可以通过宣传炒作的手段来达到被人熟知的目的。留心观察生活的人不难发现，但凡票房收入颇丰的电影，都会有一个共同点，那就是投入的宣传力度相当大。这用在商脉网络上也是一样的道理，你的人气越旺，被关注度越高，就会使被需要、被利用的价值更大。不妨借助媒体的力量，为自己制造一个引人注目的话题，或者是借用他人的口让更多的人认识你，这样自然能够达到你所预期的效果了。

但是这里有一点需要提醒的是，制造话题是有着美誉和恶名之分的，你不能为了吸引别人的目光，为了推销自己而不分究竟是美誉还是恶名。否则反而会给自己惹来很多不必要的形象包袱，它们将一辈子和你如影随形，浪费你的时间和精力。

趁热打铁

当努力地进行自我推销的时候，也不要忽视乘胜追击、趁热打铁的重要性。不然，就会如同流星般一闪而过，无法让人永久地记住你的存在。你可以选择向他人寄送自己的文章、随时更新自己档案资料的方式来继续吸引他人的眼球，甚至可以在 E-mail 的主题栏上写上"×××的又一篇厚脸皮的自我推荐"的文字，时常出现在他人的视线之中，会让你的自我推销更具有穿透力。

在进行自我推销的过程中，你的确需要将你全部的魅力充分展现在世人面前，但是这种方法不能太过于离谱，比如你本是某个三流大学毕业的学生，可你偏偏要说自己是名牌大学的学子，那么一旦当你遇到那所学校的校友时，尴尬的场面自然就会无法避免了，而通常在这样的情况下，你也无法自圆其说。要脚踏实地地向别人呈现你的闪光点，不可背离现实存在的因素，不然当谎言被戳穿的一天，那样的打击恐怕是你的商脉网络无法承受的。

❸　吃亏到底是福还是祸

塞翁失马，焉知非福？自古以来，不论是圣人还是愚者，都明白这样的道理。可是总有一些这样的人，他们不肯吃一点亏，觉得那就是被人利用了的表现，并且他们永远都不会将吃亏理解成好事情，就更别说如何从吃亏的过程中为自己的商脉圈增加份额了。这可的确是件可悲的事情。其实，在某些并不影响到关键原则问题的情况下，吃些亏反而更加有利于充实你的商脉网络。

被人需要能够提升你自身的价值，从而为你的商脉圈增加份额，但是不可避免地就会在一定程度上出现吃亏的现象。吃亏，不是什么好事，但吃亏之后的后果，却不一定是坏事，正所谓，吃亏是福。若是你不肯让自己吃一点亏的话，那么不妨来看看不懂得吃亏的人最后会落得个什么样的下场。

从前，有两个十分要好的朋友，决定利用暑期的空当进行一次徒步旅行，两人收拾得当便出发了。一路上，不论是风吹日晒，还是电闪雷鸣，都没有阻挡住他们的行程。他们说说笑笑地并肩走了两个多星期之后，在路上遇见了一位白发年长的老头。这个老头其实是神仙化身，见他们如此要好，便想要给他们一点小小的考验。于是老头开口说："年轻人，我是天上的神仙，今天你们有幸能够遇到我，那么我准备送给你们一个礼物，这个礼物就是你们当中的一个人先许愿，他的愿望就会马上实现；而第二个人，就可以得到那愿望的两倍！"听到这样的话，两个人心里都开始算计起来。其中一个人心想："这太棒了，我已经知道我想要许什么愿，但我不能先说，因为如果我先许愿，我就吃亏了，他就能够得到双倍的礼物！这样对我来说太不公平了，一定要等到他先讲！"而另外一个人也自忖着："我怎么可以先说出愿望，让他获得加倍的礼物，那我岂不是很吃亏？"于是，两人开始客气起来，"你先说吧！""你年纪比我大，还是你先许愿吧！""不，应该你先许愿！"两人彼此推来推去，客套地推辞一番后，就开始变得不耐烦起来，气氛也逐渐变了："你怎么回事！叫你先说你就先说啊！""为什么要我先说，我才不要呢！"

两人推让了半天，其中一人生气了，大声嚷道："喂，我说你还真是个不知好歹的人，你要是再不许愿的话，我就把你掐死！"

另外一人听到这样的话，没想到他曾经那么要好的朋友居然会变成这样，于是心想，你这么无情无意，就别怪我心狠手辣了，我无法得到的东西，你也休想得到！

于是，这个人把心一横，狠心地说道："好吧，我先说出愿望！我的愿望就是，我希望自己的一只眼睛马上瞎掉！"

他的眼睛马上瞎掉了一只，而与他同行的好朋友，两个眼睛都瞎掉了！他们不但无法再继续他们的愉快之旅，而且也失掉了最宝贵的情谊，他们都不肯让自己吃亏，结果换来的就只有黑暗和痛苦了。

聪明的人懂得吃亏，所以不管是大亏，还是小亏，对处理好人际关系都会有所帮助，在这方面有一个典型的人物，就是"红顶子"商人胡雪岩，他的发迹史实际上就是一个善于做人、善于吃亏的经历。

胡雪岩原本是江浙杭州的一个小商人，做生意对他来说可谓是得心应手的事情，他不但会经营，更加会做人，懂得"惠出实及"的道理，因此，他经常会给周围的人一些小恩小惠，大家得到了这些好处以后，都觉得胡雪岩是个好人，便更加照顾他的生意了。不过当时受到重农抑商的大环境影响，胡雪岩明白单靠纯粹经商是不太可能出人头地的。于是他想效仿大商人吕不韦由从商改为从政的做法，为自己成就一番大事业。

当时，与胡雪岩有一些交往的官员中，王有龄是与他感情最好的一位，当时的王有龄还只是一个杭州的小官员，胡雪岩为了资助王有龄进京求官，毅然决然地变卖了大部分的家产，筹集了几千两银子，送给王有龄。王有龄走后，很多人都讥笑胡雪岩是个傻子，但胡雪岩并不放在心上，努力地用剩余的资本经营着自己的生意。

几年后，当王有龄穿着巡抚的官服登门拜访胡雪岩的时候，询问胡雪岩有何要求，胡雪岩微微一笑道："王兄，祝贺你福星高照，官运亨通，目前我并没有困难，多谢您还惦念着我。"

王有龄曾受到过胡雪岩莫大的恩惠，他是个十分讲交情的人，此后，他对胡雪岩的生意给予了相当大的帮助，而正因为如此，最后胡雪岩得到了"红顶商人"的称号。

记住，当你必须要付出的时候，就千万不要吝啬。同样地，当你必须被利用的时候，就千万不要害怕吃亏。

除了本身的经商才智，胡雪岩的成功靠他的善于制造机会和利用机会，更懂得吃亏，令朋友信赖他的宽厚和真诚。古人早就说过"投之以木瓜，报之以琼琚"，胡雪岩就是以吃亏来交友，以吃亏来得利的。

但是这并不代表所有的亏都应该吃，那种"哑巴吃黄连，有苦说不出的亏"最好还是少吃为妙。否则不但达不到预期的效果，反而还会如同孙权一样，落得个赔了夫人又折兵的下场。亏，一定要吃在明处，只有这样才能让你的亏吃得值得，才能够为你的商脉圈增添份额，春秋时期的季礼就将亏吃在了所有人注视的目光下，从而他也得到了更多的朋友。

季礼是春秋时期吴国人，有一次，他出使的途中路过徐国，便到老朋友徐君的家中拜访。季礼佩戴着一把十分精美的剑，这是吴国国君为他出使而特意准备的。他看出来徐君十分喜爱这把佩剑，但又不好开口要，就准备等到出使回来后，将这把剑送给徐君，可是当季礼回来的时候，徐君却因突发疾病而辞世了。季礼异常悲伤，他将那把精美的佩剑放在徐君的墓前，他的随从感到奇怪，问道："徐君已死，你为何还要白白地浪费一把剑呢？"季礼说："徐君在世时就十分喜爱此剑，我当时想回来的时候就送给他，虽然他去世了，我也一定要把剑送给他。"这件事慢慢传开去了，大家都认为季礼是个重情谊的人，于是很多人不辞千里，来和他交朋友。

徐君人已经死了，季礼完全可以不牺牲那把剑，但是他还是把剑送给了徐君。这种看起来的吃亏，却让季礼得到了许多贤能的朋友。

记住，当你必须要付出的时候，就千万不要吝啬。因为，只要方法得当，你的付出一定会给你带来回报，而当你在吃亏的过程中，必然会让他人对你欠下一大笔人情债，而且最重要的就是，这笔人情债早晚能够有归还和升值的一天。

❹ 勿忽视小节，它直接影响着你的价值

爱默生曾经说过："美好的行为比美好的外表更有力量，美好的行为，比形象和外貌更能带给人快乐。这是一种精美的人生艺术。"美好行为的一个必备要素就是——教养，而良好的教养本身就是最大的财富，当你学会运用这笔财富的时候，所有的大门就都向你敞开，所有的人也都欢迎你了。那么教养要靠什么来提升？这就不得不说说注重小节的重要性了，因为忽视小节的人往往最容易让自身的价值贬值，导致商脉圈资源的不断流失，便失去了本来属于自己的财富资本。

有人总认为要成大事就要不拘小节，否则就会被小节拖累，其实这种想法是不对的。人与人之间的交往，离不开各种各样的小节，如果你是个忽视小节的人，那么你的价值便会因此而大打折扣，尤其在求职面试的过程中，就更加要注重一些细微的小节了。

有一批医学专业即将毕业的学生，成绩都十分优秀，经过导师的推荐，他们一组 12 个人来到某市的卫生部参加实习面试，经过筛选后，只有一个人能够有这样的实习机会，因此大家都很看重这次面试，为此也做足了充分的准备。

面试当天，12 位学生共同坐在会议室里等待着卫生部长的到来，天气很热，办公室的秘书便给大家逐一倒水，这些同学们没有一个人上来帮忙端一下，都是表情木然地看着她忙活，当水递到同学们的手中时，有一个人张口

就问："天太热了，我想喝绿茶？你这儿有没有啊？"秘书回答道："抱歉，刚刚用完了。"坐在一旁的许乐看出秘书心里的不高兴，于是他起身对秘书说："谢谢您为我们倒水，这么热的天，辛苦了。"秘书抬头看了许乐一眼，虽然这是一句很普通的客气话，但却是她今天唯一听到的一句，这让秘书对这个小男孩产生了一丝好感。

等了十多分钟后，卫生部长走进来的第一句话就说："很抱歉，刚才有个会议耽误了点时间，让大家久等了。"同学们没有一点回应，这让部长感到有些难堪。部长心想，可能是这些学生有些紧张吧，随即也就在心里原谅了大家。于是他坐到同学们的面前与他们闲聊了起来。所有的同学都以为面试的时候应该很严肃，部长也应该是不苟言笑的人，问一些专业上的知识也就面试结束了，哪里想到部长却与他们天南地北地说一些与医学不相关的东西，这让大家紧憋着的一口气一下子放松了下来。开始的时候他们都能够认真地听部长在讲些什么，也有人顺带着回复一些话语，可十分钟下来，就什么样的状态都有了，有的人跷起了二郎腿，有的人拿着手机发起了短信，甚至还有人被外面的小鸟吸引去了视线。只有许乐一直正视着部长的眼睛，听部长滔滔不绝地讲着，尽管有些时候他根本不知道部长到底在说些什么，但是他还是礼貌地点头回应着。

部长在谈了30分钟后，拍醒了一个眯着眼睛快要睡着的同学说："好了，今天就到这里吧，改天我会通知你们的导师最后确定的实习名额是哪位同学。"同学们都觉得十分奇怪，就问部长："可是您还没有给我们进行正式的面试啊？"部长笑了笑说："不用了，我心中已经有数了，大家请回吧，对了，我这里有一些卫生部专印的纪念本，送给大家当作留念。"同学们听到部长这么一说，便坐着随手接起部长递过来的纪念本放进背包里了。当部长递到许乐面前的时候，许乐礼貌地站起来，身体微倾，双手握住了纪念本，恭敬地说："谢谢您!"部长微微一笑,拍了拍他的肩膀:"这位同学,你叫什么名字?"许乐照实作答,部长便没有再说什么了。

两天后,导师将12位学生叫到了办公室,对他们说,卫生部最后的决定人选是许乐。有几位颇感不满的同学就问:"为什么啊?他的学习成绩在我们这些人当众最多算是中等,凭什么选他而没选我们?"导师看了看这几张尚属稚嫩的脸,笑道:"其实你们的机会是完全一样的,你们的成绩甚至比他还要好,但是除了学习之外,你们需要学的东西太多了。"

其实,许乐的成功并不在于他的学识有多高,但是他能看到别人忽视掉的小节,也正是因为这样,才能让他在众人当中犹如鹤立鸡群般地被显现出来。

很多时候,在与人交往的过程中,有些人因为不了解小节上需要注意些什么,所以才会经常碰壁,成为他人冷落的对象,那么,现在就让我们来看看需要注意的一些要点。

忌不合时宜的着装打扮

着装可以算是人际交往中的第一要素,在不同场合下,你的着装应该与身份相符,千万别穿着低腰露背装去参加公司会议,也不要在郊游的时候穿着平日喜欢的白领西装,这都是不合时宜的。当然,某些不修边幅或过分修饰的着装也会使对方产生误解,让人感觉你这个人未免过于浮华轻薄、华而不实。

在做任何一件事情前,都不妨先考虑一下,你的做法会不会妨碍到别人,是不是会让人觉得不够尊重,如果你能够做到"有备而无患"的话,那么许多小节的问题就更加容易被你注意到了。

忌轻浮的言谈举止

与人谈话的过程中，彬彬有礼的言谈最容易让人接受，若是动辄就脏话连篇，恐怕就没人喜欢与你交往了。而当他人在说话时，要认真地倾听，不能任意打断对方说话。

忌背后论人是非

若你总是喜欢在谈话的过程中提及他人，并随意攻击他人的短处，那么，你的朋友一定会躲你远远的，因为所有人都害怕你会在别人面前再来攻击自己。论人是非在人际交往中是很要命的一把匕首，快点将它扔了吧，否则它一定会给你带来极大的害处。

忌花言巧语，虚伪客套

这点其实无须多说，花言巧语和虚伪客套的人都是惹人讨厌的类型，所以你在与人交往的过程中，保持诚恳、实事求是的态度就可以了。

忌任意打听

在交谈中，不要贸然打听别人的秘密或难以启齿的事情，使对方受窘或下不了台。

忌乱发牢骚

人生不如意之事十之八九，每个人都会遇到一些不满的人或事，当你心情郁闷的时候，找朋友诉说的确能够缓和自己的心情，不过若是你总是喋喋不休的话，再有耐心的人恐怕也会对你拒而不见了。要知道，当快乐分享出去的时候，会变成很多人的快乐，可是痛苦却不一样了，所以别再让你的朋友分享你没完没了的牢骚了。

忌不懂装懂

每个人都会有不熟悉的领域和知识，当谈到一些自己不知道的事情时，别东拉西扯、欲盖弥彰，这样反而会引起对方的反感。

忌分等级待人

对人应一视同仁，不卑不亢，不论对方地位高低、资历深浅、条件优劣，你都要热情谦虚，既不巴结讨好，也不傲慢自居。

忌没有时间观念

你若与他人约会见面，那么就一定要准时赴约。有时候，你可能觉得迟到几分钟无所谓，但是这样的小节一定会让对方对你产生不信任感，从而降低他对你的好感度。另外，也不要过多地耽误他人的时间，当看出来对方无意再继续交谈的时候，起身礼貌地告别，会为他人对你的好感度大大加分的。

忌炫耀自己对他人的恩惠

碰到曾经受到你恩惠的朋友，千万别总是提醒人家你曾经是如何努力去帮助了他，特别是在有旁人在的时候，若是你一味地炫耀自己，轻则会让对方感到不舒服，重则会导致对方的厌恶，这样你们的关系也就岌岌可危了。

在做任何一件事情前，都不妨先考虑一下，你的做法会不会妨碍到别人，是不是会让人觉得不够尊重，如果你能够做到"有备而无患"的话，那么许多小节的问题就更加容易被你注意到了。能做到有理有节的人，才能充分展现自己的高雅趣味，得到更多人的青睐。

⑤ 放低姿态，提升他人价值感

没有一个人不渴望自己被认可，同样也没有一个人喜欢自己被低看。这已经足够说明提升他人自我价值感的重要性了吧！也许你不断地在为自己的价值进行努力着，而这份努力也为你收获了不少的宝贵财富，但是在这个过程中，你却不小心忽略了他人的感受，时刻都想要争个第一，做任何事情也非要尽善尽美不可，那么，你可能已经为自己戴上了贪慕虚荣的"帽子"了。懂得在经营商脉网络的过程中提升他人自我价值感的人，才是真正的智者。

法国哲学家罗西法曾经说过："如果你要得到仇人，就表现得比你的朋友优越吧；如果你要得到朋友，就要让你的朋友表现得比你优越。"

也就是说，当你表现得比你的朋友优越的时候，他们就容易产生一种自卑感，以至于遭到他们的羡慕、忌妒甚至厌恶。而当你放低自己的姿态，那么你的朋友自然就会觉得他们本身有一种成就感，便愿意与你交往了。因此，在商脉网络中，学会提升他人的自我价值感，才能永远受到欢迎。

有一个名叫艾伦的人对罗西法的这句话就深有体会。

艾伦是一个刚刚从斯坦福大学毕业的学生，他凭借着自己精明的头脑和干练的性格，顺利地迈入了微软公司的大门。

刚到公司的时候，艾伦面对还不太熟悉的人，显得有些拘束。当时，公司里的老员工都很看重这个毕业于名校的年轻小伙子，在工作上，大家给予了他很多的帮助。日子一久，艾伦便与他们熟识了起来。于是，他了解到曾

204

经帮他解决过一个软件错误的亨利原来不过是毕业于一所三流学校，而一位漂亮的女同事克罗娜当初是经过了四次面试才得以勉强进入微软公司。这让艾伦觉得自己一下子比他们都优越了起来。于是艾伦开始有意无意地与他们谈到名牌大学的生活是多么美好、面试时是多么顺利以及他现在存款是多么丰厚等一些让他自己值得引以为傲的事情。每次当他兴致勃勃地想让别人看到他身上的才华时，却发现原来给予他很多帮助的人都开始渐渐地远离他了。有一次，他又遇到了工作上的困难，他开口向亨利请求帮助，哪知道亨利在座位上眼皮都没抬一下地说："我们这个名牌大学毕业的高等生，哪里还用得着我这个三流学校毕业的小盲流来帮助啊？"艾伦从亨利不是很友好的话语中马上察觉到了什么，心想，难怪最近同事们都很少与我交流了，原来我太过于显露自己的才华，让他们觉得心里很不舒服啊。

于是，艾伦一改从前的做法，与同事们在一起聊天的时候，他不再吹嘘自己的能力，反而愿意找一些他人身上的闪光点作话题，让自己分享同事们身上的成就。当艾伦坐在了低调旁听者的位置上的时候，他不再如从前般遭到同事们的冷眼了，反而大家更能齐心协力地去做好分内的工作，而在工作之余，也都成为了好朋友。

生活中的你是否在与曾经的艾伦犯着相同的错误呢？如果答案是肯定的话，那么你要小心了，否则你的商脉圈就可能会对你提出抗议，导致商脉资本的流失甚至透支，这实在不是一个聪明的人该有的做法吧。难怪苏格拉底也在雅典一再地告诫他的门徒："你只知道一件事，就是你一无所知。"

那么，如何能够有效地提升他人的自我价值感呢？这就需要我们"多个心眼"，学会在不同的场合下，掌握一些小方法了。

赞扬法

不时地称赞对方一番，哪怕只是一点小小的长处，这会给你带来更好的人缘。别怕他人会觉得你虚伪，你要知道，世界上是没有人不喜欢听好话的，适当的赞美会让他人的心情舒畅，哪怕对方在某些事情上有所瑕疵，你先用赞美的语言夸奖一番，然后再指出其不完善之处，便更加容易让人所接受了。

比如你有个朋友喜欢自己写些乐谱，经常拿过来与你这个音乐人进行交流，他拿来的乐谱有些地方可能不够完善，这时你不妨先赞美他几句："你这个写得很棒！弹奏出来后一定能够取得非常好的效果，不过我有个小建议，如果把这 C 调改成 D 调你觉得如何？会不会更好一点呢？"这样的话语绝对能够让对方接受，而且你先前的赞美已经承认了他的成就，他在开心之余自然能够接受更好的建议，可想而知，你们在音乐上的交流也能够越来越融洽了。

赞扬是一颗甜蜜的蜂糖，甜了他人的心，同样你也能够获得甜蜜。

欣赏法

如果你喜欢被他人欣赏的话，那么同样地，你的朋友也需要被你所欣赏。有些时候，没有必要非要分出个品位高低来，每个人的眼光都是不一样的，你只要用一种欣赏的眼光来对待朋友的选择，那么你的商脉圈自然就不会透支了。

你的朋友刚刚结婚，约你到新家来做客。一进门，你就发现他的新房布置得很有创意，就是色调与你的眼光有些许不同之处。不要指出来，只要用欣赏的目光打量一下家具和居室的布置，并说出你对家具的式样、居室的搭配都十分欣赏

最重要的就是你一定要放低自己的姿态，恭敬谦逊的人永远都是受欢迎的，当你把别人高高捧在手心的时候，没准你自己反而能够增加被利用的价值呢，什么事情都可能发生，只要你去尝试。

就可以了。

欣赏是一杯耐人寻味的美酒，喝了如此美妙的陈酿，飘飘欲仙的感受让你们能够更加和谐地交往下去。

求教法

想要他人有种成就感，那么求教法便是不得不会的了。你的朋友擅长的任何方面，都可以成为你求教的"标签"。

比如你有一位朋友书法写得很好，那么你大可以拿着自己的书法习作找到他，并向他请教一番："嗨，上次在你家看到你的书法作品，让我觉得很是喜爱，我没事的时候便写了几幅习作，想请您给指教指教。"这种以他人特长为基础的求教，更加容易使对方感觉到他个人价值的魅力所在，那么你们日后的交往想不亲密都难了。

退让法

但凡有些能力的人，都不免会有争强好胜的心理，在遇到某些无关紧要问题的时候，若是你非要与他争个面红耳赤的话，对你来说又有什么好处呢？莫不如"退一步海阔天空"，那么你所失去的便会远远小于你所得到的了。

比如你和一个朋友都被邀请去参加市长组织的一场聚餐。在饭桌上，你们的聊天话题涉及了茶叶的收成问题。朋友坚持认为茶叶的收成会受到很多因素的影响，他所说的因素中，其实有些并不是很正确，不过当时在场的其他人却都在聚精会神地听着这个新鲜的话题。你指出了他某一个地方的纰漏，但是他很不服气，大有与你辨别一番的打算。这时最好的办法就是你一笑置之。相信等到改天，他知道了你指出的地方是正确的时候，更会感谢你没有当众非要他出丑，那么你的这种退步其实是将你们的关系又拉近了一大段距离了。

退让是一个撞了墙的皮球，是选择继续撞墙还是转角前行，就全在于皮球自己了。

转情法

或许前面所说的方法都不能达到预期的效果，那么你的朋友就真的是一个很难相处的人了，面对这样的人，那就来试试转情法吧。

转情法就需要你设身处地地去了解对方的处境，比如你的朋友就是很自卑，不爱与人交往，你大可不必非要指出他这样做不对，更不要强迫他去做什么，而是心平气和地询问他采取这种方式对待别人的原因，在这种情况下，即使你无法提升他的自我价值感，但也能在一定程度上缓和你们之间的关系，形成他对你的信任，这样，即便是一个难以相处的人，你都可以将他存储于你的商脉圈里了。

转情是一把温柔的利剑，直接插入对方的心里，让他永远铭记在心，有你这样一个值得交往的朋友。

这么多的方法没让你看得眼花缭乱吧，即使你已经晕头转向了，也没关系，在人际交往的过程中，是没有什么固定的边边框框的，你只需要随性去做就好了。最重要的就是你一定要放低自己的姿态，恭敬谦逊的人永远都是受欢迎的，当你把别人高高捧在手心的时候，没准你自己反而能够增加被利用的价值呢，什么事情都可能发生，只要你去尝试。

第九章 │ 分享：流通才能增值

分享是现代社会拓展商脉的一把利器，乐于与别人分享，你才有了解更多信息的机会。拥有着丰富的商脉资源，却从不愿与人分享，只能意味着你已经浪费掉所有商脉圈中的附加价值了。金钱、信息、工作机会，都只会留给乐于与他人分享的人。其实，商脉的最高境界又何尝不是互惠互利？乐于与人分享，别人也才会乐于与你分享。彼此分享将为你的商脉圈中添进一笔价值不菲的回报。

分享使商脉增值

有个人因为一直被心脏病与过度肥胖的问题所困扰，后来竟成了一个标准的营养顾问，她对每一种食物的卡路里、胆固醇与脂肪的含量知道得一清二楚。虽然她的正职是置业顾问，而且还做得相当出色。但是如果有个胖人向她询问起房产问题的时候，她却更乐于找机会告诉对方如何榨出体内不必要的油脂，不难想象，这也是她正职成功的辅助原因之一。

所以，在任何情况下都不要忘记与人分享的重要性。因为，当两个人交换一块钱时，每个人仍然只有一块钱；而当两个人交换彼此的商脉网络时，他们各自就可以拥有两个网络。

扩展商脉关系最有效的方法就是与别人交换商脉资源。在美国就有这样一对母子，借助分享的力量达到了成功的彼岸。

这对母子，母亲是保险推销员，儿子是汽车推销员。

有一次，儿子向一位文化界的名人成功地推销了一辆汽车。而在一个星期之后，这位名人突然接到了一个陌生的来电："××先生您好，我是××的母亲，感谢您一个星期前从我的儿子那里购买了一辆汽车，今天冒昧地打搅您，是想通知您明天能够抽时间开车到车行来进行检查。"名人一般都很忙碌，所以这位母亲想借这位名人回车行的机会请他吃饭，因为如果直接发出邀请，恐怕多半是遭到拒绝。

第二天，这位名人如约而至，检查完车况后已近中午，于是这位母亲对他说："××先生，为了感谢您对我儿子的支持，我想请您吃个便饭，同时也希望能够跟您聊一聊如何才能更好地维护您的爱车。我想您不会拒绝一个做母亲的请求吧。"这位名人见盛情难却，便接受了她的邀请。

这位母亲在诚恳地向名人讲述完保养汽车的一些细节时接着说："我相信如同您这般成功的人士，一定都非常注意生活的品质，所以我认为您一定需要一份完善的健康保障计划。您帮助了我的儿子，您也一定愿意帮助我，我身上正好有一份为您专门量身定做的保险计划书，请您花点时间看一下。"名人难以拒绝母亲的盛情，不得不接过保单。

几天内，这位母亲不断地给名人打电话，终于签下了这张保单。而她的儿子也同样以这样的方式向母亲的保险客户推销了许多辆汽车。

现在，你静下来仔细地去想一分钟：上回朋友要你推荐餐馆、牙医、贷款经纪人、花店，是什么时候的事？而上回朋友推荐给你的记者、保险经纪人又是哪一天？如果当时你没有足够重视的话，那么从现在起，多去与别人分享一些也是来得及的。

你的商脉网其实可以无限大，不要将这个网络仅仅局限于你所接触到或者认识的人。其实他们还包括你所有的亲戚、朋友、生意伙伴所接触的对象。

随时去与他人交换分享，你所得到的一定会多于你所付出的，所以不要怕别人抢走你的某些东西，你只要换一种思维方式，必然就能够理解这其中的奥妙了。

这就好像是同样面对一幅画的两种解释一样。

有一位北方的商人到南方的一个城镇去洽谈买卖，临回来的时候想到朋友的生日快到了，于是准备买个礼物带回去为他祝贺。可是他的朋友是一个很有学问的人，而他不过是一个经商者，没什么高雅的品位和欣赏能力，他觉得自己此次应该带一件有品位的礼物送给朋友，那样也能显出自己有气质了。于是商人来到这个小镇上一家很有名气的的画店里，见到了一位衣衫褴褛的老人，他找寻了半天也没有见到有其他的人在，只得无奈地问老人："请问老板在吗？"老人头也没抬地回答："请问有什么事吗？""我想买一幅最有气质、最有深度的画，送给朋友当贺礼。"商人说道。老人抬起头来端详着面前这位有着整齐且干净外表的商人，问道："请问先生觉得什么样的画才是最有深度、最有气质的呢？"商人本来就不懂画，被老人这样一问，窘在那里一时不知该如何回答，半天才说：

> 让商脉圈增值的最有效方法是让资源及时流通，而与别人分享自己的商脉资源自然就成为流通中必不可少的因素。学会分享、懂得分享绝对是令商脉圈增值的最佳手段。

"我有一位朋友过几天生日，你为我选一幅牡丹图作为礼物吧。牡丹代表着大富大贵，应该算是有深度、有气质的画了。"老人现场作了一幅牡丹图让商人带了回去。没几天，商人带着牡丹图满心欢喜地去参加了朋友的生日聚会，并且当场将之展示出来，所有人看了，无不赞叹这幅活灵活现的画作。当商人正在为自己送的贺礼得到赞赏而高兴的时候，忽听有人惊讶地说："呀！大家快看，这幅画实在是太没诚意了。牡丹本代表着富贵，可是牡丹花最上面的那朵，竟然没有画完整，这不是暗喻'富贵不全'吗?"所有的嘉宾都看到了这幅画上的瑕疵，并且都觉得那个人说得很对，牡丹花不完整，当然是富贵不全了。商人的脸一下子红到了脖子根。他在心里不停地责怪自己当初为何没有好好地检查一下这幅画，原本一番好意，却让他在众人面前出了糗，并且他担心朋友会因此而不高兴。没想到，他的朋友却站出来说了这样一番话："各位都看到了，最上面的这朵牡丹花，没有画完它该有的边缘，牡丹代表富贵，而我的富贵却是'无边'，其实他是在祝贺我'富贵无边'啊!"朋友替商人摆脱了尴尬的境地，而且自此之后，两个的关系愈发地亲密了。

这就是换个角度想问题的重要性。所以不要担心你介绍了一个律师给你的朋友，那么他们之间的良好关系就会使你失去一个法律援助的帮手，恰恰相反，当你愿意与他人分享的时候，那么你的朋友也许就会在另外一个领域中带你结识到更多的人，从而你的商脉圈也自然就会在不经意间增值了。

不过，在分享和交换彼此的商脉网络时，你需要遵循两个基本原则：

1.分享商脉网络的人必须和你拥有彼此对等的商脉交流关系。

2.你必须信任与你分享网络的对象，因为他们在与你的商脉网络互动的同时，也能够间接地反映出你的为人，所以并不是所有的人都能够与之分享的。

在与人分享的过程中，你要留心的应该是注意自己网络中有谁有兴趣去认识其他更多的人，这样，你自然就能够在存折流通的过程中获得一笔不小的利息。不过有一点必须要提醒你，那就是无论你与任何人进行分享的时候，都绝对不能让他们拥有你完整的商脉网络清单。因为如果你随随便便就把自己的全部商脉网络名单分享给对方，那么你很可能就会被无情地踢开，未免有些得不偿失了。

❷ 传递快乐=分享幸福

当你有件快乐的事情与朋友分享的时候，你有没有留意到他的脸上也同样充满了喜悦的神色呢？快乐是最容易被无限扩大的东西了，并且在这种扩大的过程中，你也会在不知不觉中收获更为丰富的商脉资源。因此，你一定要将自己的快乐传递出去，感染身边的每一个人，没有人会喜欢听他人喋喋不休地诉说满肚子的苦恼，但是不会有人不喜欢与他人分享幸福滋味的。

快乐的传递能够让人获得更多的幸福，这是毋庸置疑的，在人际交往的过程中，你将快乐传递给他人，自然就能够拥有更广阔的商脉网了。而这种商脉的快乐互动也能够带给你颇为丰厚的回报，下面这个故事中的黑人司机对于这点可谓是深有体会。

在美国有一个平凡的出租车司机，因为他是黑人，所以开始的时候他的生意并不是很好，很多美国人都从心里抵触黑色肤质的司机。但他并没有因此而放弃这份赖以谋生的职业。他虽然不富有，但依旧每天都很快乐，并且他愿意将他的快乐传递给更多的乘客。每当乘客坐上他整洁干净的出租车上时，他都愿意为他们讲一些笑话，或是哼一些最近流行的歌曲。尽管唱得不好，不够水准，甚至是唱错歌词，然而他却激情地唱。他用这样的办法使坐他车的人都快乐起来，每天都将快乐传递着。后来，有许多乘客专门留下了他的电话，别的车不坐了。

其实在生活中，只要你肯去与别人分享快乐，就一定能够收获像黑人司机一样的回报，不论你从事何种职业，这种快乐的传递都是必不可少的。因为你在温暖了他人的时候，也一定能够将自己的心融化，更加有勇气去面对生活中的磨难。对于一个与死神抗争的人都可以做到的事情，你为什么不去试着做呢？

在某家医院的一间双人病房里，躺着两个重病卧床的人。一个人的床靠着墙，另一个人的床靠着这间病房中唯一的一扇窗户边上。靠墙躺着的病人因为摔断了颈椎，因此唯一的姿势便是躺在床上，对于他来说，靠墙或是靠窗都是没有区别的。而另一个人他被胸腔的积液折磨得死去活来，他不得不在每天下午的时候，坐起来一个小时，以帮助引流他胸腔的积液。

两个痛苦的病人在每一个漫长的日子里，都只能周而复始地重复着简单的一切。吃饭、睡觉、聊天。这两个举目无亲的人只有在每天下午的时候，才能得到一点快乐，因为每逢靠窗的人坐起来的时候，他都会把窗外的一切详详细细地描述给靠墙的人听。

窗边的病人告诉他的病友，在窗外有一个美丽的湖畔，湖边栖息着天鹅和野鸭，很多天真的孩子们在湖畔边的公园中开心地跑跑跳跳，偶尔会经过一对动人的情侣，他们手挽着手在公园中漫步。偶尔遇到蒙蒙细雨的天气，还会有一位撑着粉红色小伞的姑娘沿着湖边走过。在两个人单调的白色世界中，靠墙的人一边听，一边幻想着那青翠的绿色、天边的彩虹、还有相爱的人泛舟在湖面上。

在一个阳光灿烂的午后，靠窗的人告诉靠墙的病友，窗外正有一群盛装彩车的游行队伍经过。靠墙的人闭着眼睛，听着病友那吃力却无比生动的描述，脑海里想象着那热闹的场面。靠墙的人觉得快乐极了，他幻想着自己也是其中打鼓的一员，他更加热烈地渴望着自己能够早日站起来，在这个美妙动人的世界中尽情地享受，他与靠床的病友约定，等到他们都康复的那一天，一定要一同去那美丽的湖畔边吹风。

然而病魔的恶手并没有放过那个靠窗的人，一天夜里，靠窗的病人突然咳嗽起来，他胸腔里的积液压迫他的肺叶，令他窒息，他挣扎着摸索床头的呼叫按钮，却没有成功。墙边的人急得满头是汗，但是他却无力去帮助这个如同亲人一般的病友，因为他在那天白天不幸吃错了东西，以至于他的嗓子无法发出呼救声，而不能动的他根本就不可能按下那救命的呼叫按钮。第二天一早，护士发现了靠窗的病人的尸体，不久，那张床就空了，换上了干净的床单。

靠墙的人无法从悲痛中走出来，护士的劝说对于他根本就是无济于事的，他还在幻想着某一天两个人并肩走在湖畔上的情形，于是，在病友离开后的两个星期时，他请求护士能够为他再描述一下窗外的湖畔，那个他最爱的湖畔。护士奇怪地来到窗边，只说了一句话："对不起，我无法帮到你，这个窗户外面只有一面灰色的墙。"

快乐的传递能够让人获得更多的幸福，这是毋庸置疑的，在人际交往的过程中，你将快乐传递给他人，自然就能够拥有更广阔的商脉网了。

靠墙的人眼泪无法止住，他这才明

白，靠窗的病友是以什么样的信念坚持着让自己变得更快乐。

不论你的位置是靠墙还是靠窗，都要记住，时刻将快乐传递给别人，那么你的商脉圈就一定会收获流通带来的幸福，成功也就不再会离你那么遥远了。知道成功人士的共有特点是什么吗？先不用急于回答，让我们来看看台湾的益登科技的总经理曾禹旂的经历，你就能够找到答案了。

台湾的益登科技的总经理曾禹旂，从前他并没有特别优越的外在条件，起初他的公司充其量也只能算是商场大潮中的一朵小浪花而已，但是，他却利用丰富的商脉网络，迅速跻身成为中国第二大集成电路代理商。这得益于他代理了全球绘图芯片龙头厂商 NVIDIA 的产品，因而在短短的六年里，便使得他的公司从默默无闻的小卒，一跃而成为市值逾新台币 80 亿元的大公司了。

他的老朋友吴宪长在评价他的成功之路时说："在同业或同辈中，论聪明、论能力，曾禹旂都不能算顶尖，但是，他能遇到这个好运，八成以上的因素在于他的商脉。因为他很愿意与别人分享，大家才会愿意与他进行利益共享，机会之神也才会眷顾他，而不是别人。"

事实永远是胜于雄辩的，怪不得《行销致富》的作者乔治亚州立大学的史坦利教授会这样说："这个问题的答案就是一本厚厚的名片簿，然而更重要的是他们广结人际网络的能力，这便是他们成功的原因。"成功人士们不仅很清楚地知道有哪些资源蕴藏在他们厚厚的名片簿里，而且更重要的是，他们愿意把这些资源与其他人分享。在分享这些资源的同时，他们同时也是传递着快乐，获得了幸福，不是吗？

传递快乐等于分享幸福。不要试图去推翻这个不是真理却胜似真理的对等式，你要做的只是将你的快乐散发出去就够了，最好让全世界的人都听得到，那么你就拥有了全世界的商脉资源，再没有什么是比这个结果更加让人值得庆祝的了！

❸ 要学会同朋友分享小秘密

每个人都会在心底隐藏一些小秘密，比如小时候尿床、磨牙、吮大拇指，或者是现在面临着秃顶的危机，腿上长了个小肉瘤等等。其实这些小秘密完全是能够跟别人分享的。不要害怕这些丑事会惹人笑话，相反这对于拉近你与别人的距离是很有帮助的。

据某个研究调查显示，如果某人的身份地位比你高，他透露一些自己身上的小弱点，那么你会更加容易与他接近。比如美国总统候选人史蒂文森的裤底破了一个洞，这个小秘密风靡了全国；而布什总统承认自己不敢吃花椒菜，也曾经让全美国的人津津乐道。这并没有损害他们的形象，反而更加容易给人平易近人的感觉。若是死守秘密不放，不论对于你，还是对于你的朋友，都会是一件痛苦的事情，有这样一个国王就是因为怕自己的小秘密泄露出去，而被折磨得痛苦不堪。

从前有这样一个国王，他本来每天都很快乐，也深得百姓们的爱戴。可是忽然有一天他脸上一下子失去了笑容，从此闷闷不乐。有一些百姓以为国王生病了，都为此担忧了起来。他们找到了宫廷大夫，得到的答案却是国王像水牛一般强壮。另一些老百姓又琢磨着是不是由于国库的税收不够，而让国王很忧郁。但宫廷司库却告诉他们，国王拥有的财宝和粮食比其他国家都多得多。于是，举国上下开始议论纷纷，所有人都希望能够找到真正的原因，让国王重新快乐起来。

只有一个人知道国王的这个小秘密，那就是他的理发师。理发师为国王服务了有许多年了，他们远远超于君臣的关系了。有一天，他对国王说："陛下，臣明白你为什么不高兴，但是，您为什么一定要死守着这个秘密呢？难道只是怕丢人吗？可是看你这样不开心，臣心里实在很难受。"

国王无奈地叹了口气说："没办法，我不希望任何人知道，你一定不要对任何人说。"

理发师知道自己无法劝说国王，也不敢违背皇命，于是，他死守着这个秘密，甚至连他的老婆追问他时，他都坚决地回答："请原谅我，这是个和国王的秘密，我答应过他不能泄露出去的。"

当百姓们探听到他知道国王的秘密时，他们都不约而同地拥进他的家，无论他走到哪里，都会有人希望能从他口中得知一点消息。因此，他成了全国注目的中心人物。有一次，理发师带着妻子在湖上划船，立刻有许多小船围拢过来，险些将他的船撞翻。他到寺庙烧香拜佛，也被熙熙攘攘的香客围得水泄不通。理发师被弄得不得安宁，痛苦极了。他心里虽然很明白大家都是为了国王好，希望能够得知原因后帮助国王重新获得欢乐，但是国王的脾气他很清楚，若是他说出去了，恐怕自己也就将不久于人世了。

理发师被百姓们搅得全无宁日，终于有一天，他实在忍不住了，便飞快地跑出家，冲进国王的御花园。他钻进一个树洞里，不顾一切地、撕裂着嗓门大声喊道：

"陛下的头顶全秃啦！陛下变成秃顶啦！"

> 如果说商脉圈的流通需要一个催化剂的话，那就非小秘密莫属了。

由于压抑得太久了，他的声音都在颤抖，御花园中的士兵没有人听清楚他嚷了些什么。理发师喊完后，他感到如释重负，轻松多了。他长长地吁出一口气，钻出树洞往家里走去。沿路上，他觉得空气变得格外清新，心情特别舒畅。

事也凑巧，就在那天，皇家乐师用御花园的那棵大树为国王造了一个大鼓。国王十分喜爱打鼓，而且有精湛的打鼓技艺。为了缓解他最近过于抑郁的心情，国王决定在下一个盛大节日里，在宫内表演一番。节日到了，数百名文武官员和百姓前来听鼓。国王举槌猛击大鼓。大家聚精会神地聆听："咚——咚——咚。"鼓声响完后，突然传来了一个巨大的声音："陛下的头顶全秃啦！陛下变成秃顶啦！"

所有的人一下子都知道了国王的秘密，国王愣了半天，还没有从大树的声音中回过神来。过来半刻钟，他将理发师传召到殿上。他问理发师为何要将秘密泄露给大树，于是理发师将事情前前后后的经过通通照直对国王说了一遍。

百姓们面面相觑，不知国王接下来会做些什么，气氛显得异常紧张。

这时，国王突然打破了寂静，哈哈大笑地对众人说道："我终于可以不用再让这个秘密折磨我了，看来我还要多谢这棵会说人话的大树啊！哈哈哈！我的头顶是秃了，我担心你们会笑话我，所以我的心情也随之而跌入了谷底。但是今天，我畅快了，不用被这个秘密所累了！我现在再为大家打击一段鼓乐！"国王脸上露出了许久不曾见到的笑容，每个人的心里也为了他的快乐而开心着。

分享一些小秘密，其实更容易让他人与你亲近，又何必羞于启齿呢？当你说出去的时候，你会发现，自己的心情也舒畅了许多。事实上，很多时候，越是功成名就的人，就越喜欢向别人说起他小时候的趣事。这些小秘密即使在当时是不太光彩或是不太雅观的，他都会觉得很有意义。在你想与人亲近的时候，也不妨学学小雪的做法吧。

小雪是个十分聪慧的女孩子，她是做业务工作的，总是能够将自己的客户变成自己的朋友，那么她的秘诀在哪里呢？其实就是她总是善于搜集客户的趣事，并通过这些拉近她与他们之间的距离。有一次他通过朋友的介绍，认识了一位 IT 公司的老总，这个老总是个很难接近的家伙。小雪知道如果想要从他身上打开缺口，就必须能够跟他做成朋友。于是她向介绍她认识这位老总的朋友打听老总小时候的事。小雪从他的口中得知这位老总小时候家境比较贫寒，家里总是没有足够的大米吃，全家每天就吃一些蒸红薯，于是这位老总就经常和其他小朋友们跑到别人的地里去偷玉米吃，要不就是爬到别人家的树上打几颗大枣。知道了老总这样的小秘密，小雪便从这里入手与老总交谈起来。最后的两人的关系如何自然也就可想而知了。

不过你如果也想通过这样的方法与人亲近的时候，需要注意以下几个要点：

★你在与人交谈时所提及的小秘密，一定要是无伤大雅的小事。

★这些小秘密都是无心的错误或者是与生俱来的。

★最重要的是这些小秘密一定不要伤及对方的自尊，或对其事业、声誉有所影响。

只要你把握好这几个原则，那么就去放开怀抱与他人交朋友吧，小秘密的分享会让你的商脉圈流通得更加顺利，相信我，没错的。

如果说商脉圈的流通需要一个催化剂的话，那就非小秘密莫属了。别看它并不起眼，但是它所起到的作用却是有目共睹的。懂得运用一些小秘密去笼络人心的人，是聪明的，懂得运用一些小秘密去拉近与他人之间距离的人，同样也是聪明的，你想要做哪种聪明人呢？不妨两样都去尝试一下吧，说不定你还会得到意外的惊喜呢！

4 说话要有保留，不能口无遮拦

任何事情都是过犹不及，与人分享自然也不例外。偶尔学会闭口，给自己多一些保留，这无疑是对自己负责任的一种态度和做法。千万别口无遮拦、没心没肺地将所有的话都说给别人听，甚至恨不得将心掏出来给别人看，这样做不但对你的商脉网络没有好处，而且还容易让自己受到伤害，正所谓"害人之心不可有，防人之心不可无"，因此，话到嘴边留半句才是最稳妥的做法。

分享的确在你的商脉流通中起着不可或缺的作用，但这并不代表着什么事情都能去与别人分享，有时候，过分地相信他人是走极端的行为，在这个社会上，有些事情是不能与别人分享的，一旦过度，就会给自己招来麻烦。人心隔肚皮，不要以为你自己光明磊落、心里坦荡，别人就都会与你一样。偶尔学会闭口，对自己也是一种保护，否则，你的某些不必要的分享就会成为自己成功的绊脚石，就容易犯下与安娜一样的错误。

安娜在大学期间攻读的是广告专业，她是个很有想法和创意的人，作品经常会受到老师和同学们的称赞。而且她从来不炫耀自己的能力，也不会因此而低看别人，因此她的人缘非常好。

临近毕业的时候，她通过老师的帮助，来到当地一家颇有名气的广告公司实习。刚刚走出大学校门的安娜一如学生时期的作风，默默无闻，努力工作，来了不到一个月就赢得了良好的口碑。

实习的试用期是三个月。在这三个月期间，若是她表现良好，就能够获聘为正式员工。在这样一个大公司里能够谋得一份职业，对于一个刚刚毕业的大学生来说是非常有前途的，因此，安娜更加积极努力地去完成工作，小心翼翼地与同事们相处，希望能够在这里为了自己的理想而奋斗。

她的勤奋肯干，使得她在几次策划创意中都受到了老板的好评，这着实让她心里很高兴。她不但获得了事业上的一个起步，而且还与一位年长她5岁的广告部经理成为了好朋友。当安娜在工作中遇到某些困难的时候，这位经理总是友好地帮助她、关心她，于是安娜将她当成了无话不谈的知己好友。

三个月的时间很快就过去了，如果她被聘用为正式员工的话，那么第一点要解决清楚的就是薪酬问题了。因为广告行业是属于靠创意吃饭的工作，酬劳通常是依据表现而定，对于安娜来说，她没有过这样的谈判经验，于是她找到了广告部经理，想让对方给自己出些主意。

经理说："若是老板想要留下你，你一定要先弄清楚自己的价值，他一定会问你要求年薪多少，到时候你尽管说出来你的想法，不要害怕。"

"那么您说我要求多少合适呢？"

"在我看来，你的价值不应该低于年薪10万。你值这个价码。"

"好的，我知道，谢谢您，经理。"

由于安娜在试用期的良好表现，她被正式录用了。当她走出老板办公室的时简直可以用欣喜若狂来形容，她迫不及待地跑到经理身旁对她说："我真的很高兴，老板决定正式录用我了！你知道我是多么希望能够留下来的！"

222

"太好了！真为你高兴，你们谈的薪水是多少？"

"你绝对不会相信的，老板承诺给我 15 万的年薪，比我的预期还要多啊！这也是令人兴奋的事情！"

安娜只顾着自己沉浸在喜悦之中，并没有注意到经理的脸上已经没有了笑容。

经理心中自己在念叨："15 万，都跟我的薪水差不多了，我已经来了两年了才有这样的待遇！"

第二天老板找到安娜，对她说："抱歉，你不能来公司上班了，我们只是个小公司，一开始就是大家合资办的。虽然你跟大家相处得很和睦，但是你却将我们私下谈好的薪水告诉了比尔。现在他们都要造反了，没有人愿意再与你共事，实在很遗憾。"

安娜没有想到会是这样的结果，但这却是个事实，她失业了。

有些事只是关乎于你个人的，所以实在没有必要透露给他人知道，比如薪水、年龄、病历史，等等。别跟任何人谈论这些事，连提也别提，否则就会成为他人攻击你的把柄了。还有，对于别人透露给你的一些事情，也不要到处去散播，乱传话的毛病一定会害了你，在这方面，有着一个发人深省的故事。

有一位罗马牧师在 16 世纪深受爱戴，不论是生活条件极好的人还是生活困窘的人，或者是贵族还是平民，都喜欢追随着他，因为他的善解人意，任何人都喜欢到他这里来倾诉烦恼。

这一天，牧师在路上遇到了一个年轻的女孩子。

女孩子对牧师说："亲爱的牧师，我现在觉得很苦恼，不知道为什么，我所有的朋友都不喜欢与我在一起了，可是我以前的确是拥有了很多的朋友啊，他们都喜欢与我谈心，与我玩耍。"

不管他人如何好奇你所知道的某个人的秘密，都不要泄露出去半个字，否则你就是个天大的笨蛋和傻瓜了！

牧师向她询问了一些问题，即找到了原因所在。其实这个女孩子的心地很善良，但是最致命的一点就是她经常拿朋友的事情说三道四，而这些闲话传出去后，一定会给别人造成许多伤害，虽然这个女孩子本意并不是如此。

于是牧师对她说："你如果想解除现在的烦恼，那么现在就去市场上买一只母鸡，沿着城镇的小路一直走，并且在走路的过程中，你要不停地拔下鸡毛并四处散布，直到鸡毛被拔完为止。然后，你回到这里来找我。"

女孩虽然不明白牧师叫她这样做的原因是什么，但是为了消除自己的烦恼，她没有任何异议。她买了鸡，走出城镇，并遵照吩咐拔下鸡毛。然后她回去找到牧师，告诉他自己按照他说的做了一切。

牧师接着说："那么现在你要做的就是，回到你来的路上，捡起刚刚被你拔下来的所有鸡毛。"

女孩有些为难地说："怎么可能捡回所有的鸡毛呢？刚刚在我扔掉的时候，风已经把它们吹得到处都是了。也许我能够捡回一部分，但是我不可能捡回所有的鸡毛。"

"没错，孩子。你无法捡回所有的鸡毛，就如同你无法收回你曾经脱口而出的愚蠢话语一样啊！当你到处对别人散播着一些有关于你朋友身上的事情时，这些话不也是如同鸡毛一样散落路途，口耳相传到各处吗？那么你是否可能跟在它们的后面，在你想收回的时候就收回呢？"

女孩说："我知道朋友离开我的原因了，谢谢您，尊敬的牧师。"

当你的朋友乐于与你分享的时候，那是出于对你的信任。尽管有些事情可能无伤大雅，但是也要学会闭嘴，千万不要主观地认为一些小事情说出去对朋友是没有伤害的，等到你无法再从朋友那里得到只言片语的时候，就一切都来不及了。毁掉一段感情很容易，但是想要再挽回却可能比登天还要难啊！

还有一点需要注意的是，千万别将朋友对你的信任毁于一旦。不管他人如何好奇你所知道的某个人的秘密，都不要泄露出去半个字，否则你就是个天大的笨蛋和傻瓜了！特别是一些有关与他人隐私的问题，就更加要守口如瓶了。只有这种保留，才能换来朋友更多的信赖与支持，才能够让你的商脉圈处于良性的流通管道中，发挥它应有的作用。

第十章 │ 曝光：学会散发个人影响力

人贵有自知之明。正确地认识自己的确不是一件容易的事。在商脉交往中对你妨碍最大的，莫过于对自己的知识、能力、才华等作出不恰当的估价。固执己见，妄自尊大，或者妄自菲薄，自怜自伤，都会陷入无以自拔的境地。要吸取应有的商脉网络，就要适时地曝光自己，在最合适的时间和地点让别人知道你的存在。要做到这点，你就需要正视自己的不足，抛弃妄自尊大的固疾，用自己的良好表现占领属于自己的商脉领地。

▶ 周末时间，千万别宅在家里

著名的心理学家詹姆斯·欧康尼尔曾经说过，试着与任何人说话，即使对方可能不是你心里所想的人。这样做的用意实在是太明显了，因为即使是在街上偶遇的陌生人，都会有可能成为你商脉圈中的宝贵资源。你希望自己的商脉圈快速膨胀吗？空想可是没有用的，任何事情都需要自己去争取。因此，在周末的时候，不妨约个朋友去 HAPPY 吧，用这样的方法去增加你的曝光渠道是最好不过的了。

周末的晚上，你还是一个人躺在舒服的沙发上看着电视吗？还是对着电脑尽情地在网络游戏中找寻快感吗？也许这的确能够让你心情舒畅，但是它对你的商脉圈可是没有一点的好处。

因此，下班后别总是急着回家，多出门去参加一些社交活动。不管什么活动，只要加入并参与就够了。你可以和朋友去 FB 一番，还可以去参加同事的聚会，甚至去与一些从不认识的陌生人打交道。

或许有人会这样说："我有很多的朋友，我们平时都能够相处得很愉快，但是我就是不喜欢很多人都聚集的社交场合，我讨厌大家围坐在桌上互相吹嘘，我也讨厌与一些不认识的人打交道"。天啊，听听这样的语言有多么地可怕！这可是在慢慢地耗损着自己的商脉圈啊！

你必须正视这一点，你的心是与你的思想连接在一起的，如果你总是看到社交场合上的黑暗之处，那么你就永远无法得到光明，你选择看到什么，那么你就真的能够看到什么，不信的话，就让我们来看看一对兄弟眼中的同一个世界有多大的区别好了。

在中世纪的欧洲，一座繁华城市的城门外，总是站着一位富有智慧的老人，他喜欢在这里接待来自远方的客人，与他们聊天，帮他们解决问题。

来往的行人经过城门的时候，常常会停下来向老人打听这所城市的某些事情，老人也饶有耐心地回复着每一个陌生的脸孔。

这一天，一个年轻人在他面前停住，问道："大爷，请问你们城里的人都是什么样子的？"

老人微微一笑，反问道："那么，你来的那个城市，人们又是什么样子的？"

年轻人皱起眉头说："简直是糟透了。他们所有的人都是卑鄙无耻、贪得无厌，而且毫无信用可言。"

老人点了点头说："别怪我没有提醒你，这座城市里的人也是一样的。"

年轻人听后，转头就离开了这里。

大约过了半个小时左右，又来了另一位年轻人。他的衣着和长相，都与刚才走掉的那个人极为相似，于是老人判断出这两个人应该是兄弟关系。

如果你真的对建立商脉十分重视，那么你便能够随时随地找寻机会，而不是只在某些特定情况或是紧急的时候才想到。

老人先开了口："年轻人，刚才经过了一个和你很像的人，他是你的兄弟吗？"

年轻人笑道："您想的没错，他是我的哥哥。"

接着他走过来，友好地握着老人的手问道："老人家，我有一个问题需要向您请教，若你愿意解答我的问题，我将感激不尽。从您的年岁来看，一定认识这个城市里的不少人吧！依您看来，他们都是些什么样的人呢？"

老人依旧反问年轻人："你来的那个城市，人们又是什么样子的？"

年轻人愉快地答道："在我看来，再没有比他们更好的人了。人们都诚实守信、勤劳善良，而且宽厚大方。我真的不想离开那里，但可惜那只是座小城市，发展的机会太少，我还是要出来找寻新的天地。"

老人的脸上泛起了微笑："我们这儿的人跟你们城里的人完全一样，并且这座城市的繁华一定能够为你带来更多的机会，年轻人，欢迎你来到这里！"

你有些感触了吗？这就对了，要记住，在任何的社交场合中，你都要怀有一颗明亮的心，那么你所看到的就会更加美好，而在这个过程中，你不仅收获了朋友，还有可能增长见识、学习知识、提高能力，这种一举多得的好事，聪明的人是不会让它从指缝中溜走的。

从现在开始，去增加你的曝光渠道吧！这将是你拓展商脉网络的有效渠道，当每个人都知道你的存在的时候，那时的你一定会很幸福。若是你想体验这种幸福，就行动起来吧！

你完全可以这样做：

★如果你喜欢喝茶的话，那么就周末不妨用上 15 分钟，找一家不错的茶馆坐坐，这可不是让你去品味新到的茉莉花有多醇美，而是要你用来结识更多的新朋友。

★哪里有培训会和研讨会？什么时间会举办座谈会？对于这些工作以外的活动，你要从现在开始留心起来，因为在这些地方，你很有可能找到更多志同道合的人，将他们纳入你的商脉网。

★即便你不是运动健将，也不妨邀请你的朋友去健身房痛快淋漓地出一身汗；即便你不是游泳高手，在炎热的夏季提议与朋友们去海边吹风应该也不会遭到拒绝。只要是你们都感兴趣的活动，那就去参加吧，在任何活动中，你都有结识新面孔的可能性，不是吗？

★对于你都没有参加过的某些特别的体验，比如野外拓展训练等，何不问问你的朋友是否愿意一同前往呢？新奇的事情总是充满着强烈的诱惑力。没有你找不到的场所，除非是你没有想到。

★在你的家中举办一场聚会，这绝对要比正式的场合有亲和力多了，自然就会比正式场合见到的陌生面孔更多，比如你朋友的老公，或是你同学的老乡，只要他们喜欢这种方式，你的商脉网就会一直膨胀下去。

如果你真的对建立商脉十分重视，那么你便能够随时随地找寻机会，而不是只在某些特定情况或是紧急的时候才想到。因此，当你有效地与他人建立了联系后，你就更应该及时地让对方了解你的最新状况，并且取得对方最新的信息，这样才能让你的商脉之树常青。

❷ 乘飞机时，不要做一个沉默的人

千里马如果没有遇到伯乐，那么也只能是在悲伤和不被重视的环境中了此余生。千里马自然不会懂得如何才能让自己出现在伯乐的视线中，但是人却完全能够轻而易举地做到这一点。如果你本身就是一匹千里马的话，你难道甘心让自己的才能淹没在众人平凡的眼光中吗？任何一个正常人恐怕都不会点头说 Yes 吧。所以，从现在开始，只要肯努力地寻找并抓住得以展现出你才能的机会，那么你必然会有遇到伯乐的一天。

若是你的经济能力许可的话，那么在搭乘飞机时，不要再成为普通舱中默默的一员了，这对于你来说，可不是什么好事情。当然，搭乘头等舱并不是因为那里更舒适或是能够享受到更多的服务，这样做的最终目的只有一个：增加你的曝光率，以便于建立更高层次、更高品质、更高价值的商脉网。

通常，搭乘头等舱的乘客大都是政界人物、企业总裁以及社会名流。在他们身上可能会存在许多潜在的机会。也许你乘坐一次头等舱，就足以改变你的人生。曾经就有这样一个默默无闻的作家因为乘坐的是头等舱而得到了甜头。

有一位作家经常需要坐飞机往返于北京与上海两地，因为他时常要与出版商进行有效的沟通，以便能够顺利地将自己的作品出版面世。但是他的名字还不为人所知，尽管他一再退步，出版商也不想为他的作品承担风险。因为无法预知出版后的成效如何，双方一直处于僵持不下的状态。

这天，作家又要飞往上海了，他必须要参加出版商组织的一个研讨会。可是他无论如何也无法预定到机票，当时正值旅游的旺季，只有一趟航班还有一个头等舱的机票。他摸了摸自己的口袋，狠下心来将这最后的一张机票买到了手。对于他来说，头等舱与普通舱是没有什么区别的，却要花费掉更多的金钱，所以这也让他觉得十分不舍。

但是当他坐上飞机的那刻，他才发现自己的决定为自己带来了幸运。因为他邻座的女士刚巧便是某电台著名的主持人，他掩盖了自己激动的心情，与这位主持人攀谈起来。

当主持人得知他是一名作者的时候，希望能够看一下他的作品。恰恰是这段几个小时的经历，使他再也不用低声下气地去与出版商协调出版的问题了，因为主持人给了他一个很好的建议：将他的作品交给电台的导演，作品中的故事情节就由他来改编成一部电影，这简直让作者觉得欣喜若狂了。

他，不再是默默无名的作者了，因为电影的播出立即引起了强烈的反响，而他，也成为了有名的编剧。

或许你会说这位作家的经历中有过多的幸运成分，但是若他搭乘的不是头等舱，恐怕还会继续过曾经那种生活。由此可见，一个良好的曝光机会能够给人带来多大的转机啊，所以不要再去斤斤计较你的付出，机会有时候也是需要自己去争取的。

生活中，总是会存在着各种各样的机会，只要你肯走出去，那么就等于是成功了一半了。

从今天起，想办法去增加你的曝光渠道吧，不妨先从搭乘头等舱开始。

其实这样的曝光方法在生活中是随处可见的，比如你可以去参加某个重要人物的演讲会，并且适时地发表出自己的看法；或是去聆听一场国际性的音乐会，没准你身边的人就是发现了你音乐天赋的人呢！生活中，总是会存在着各种各样的机会，只要你肯走出去，那么就等于是成功了一半了。

❸ 友情是需要投资的

在西方，有些行为学专家曾经提出过这样的理念，他们认为，每个人的一生之中，大概能够与两百多位朋友进行交往，而最核心的基本会有 50 位左右。有些人看上去朋友甚多，但真正能够称得上交情深厚的却乏善可陈，比如经常活跃在各种应酬场合的人士，看起来商脉资源丰富，但到最后愿意为其两肋插刀、雪中送炭的却都不是这些看起来热情却只是点头之交的人。因此，在你通过各种应酬为自己的曝光率奠定了一个良好基础的同时，一定要时常地去对你商脉网络中的朋友进行感情投资，让他们成为核心人物。

曝光渠道一旦被打开，那么你就需要具备一些"投资理念"了。只知其一，不知其二是很可怕的事情。在茫茫人海中，既然你能够与人相逢，那么绝对是缘分不浅。虽然相处的时间不长，但你们之间的关系却是值得珍惜、值得持续下去的。当与对方分开后，仍然需要保持一种相互联系、历久弥坚的关系，否则你就别指望着在某次聚会中认识的一位经纪人，在日后给予你一些可靠的内幕消息。可是生活中偏偏总是有这样的人，他们生来就很贪婪，对于自己所得到的不知满足，总希望能够得到更多，而到最后，也就只能是落得个如同下面故事的主人公的钱袋一样的下场。

在一间十分破旧的屋子里，住着一个生活窘迫的人，他只剩下一个能够勉强下咽的窝窝头了。

他躺在破烂的被褥上，想着今天被人从大门赶出来的遭遇，自言自语地说："我快要饿死了，可他们却连一口米饭都不肯给我，我真的好想发财，如果我发了财，一定不会做个吝啬鬼。"

这时候，上帝突然出现在他面前，说道："你的愿望我可以帮你实现，现在就让你发财，我会给你一个有魔力的钱袋。"

"这个钱袋里永远都会有一块金币，是拿不完的。但是，我只有一点要求，就是当你觉得够了时，要把钱袋扔掉才可以开始花钱。"上帝又说。

说完，上帝就不见了。在他的身边，果真有了一个钱袋，里面装着一块金币，他把那块金币拿出来后，里面便又有了一块。于是，他不断地往外拿金币。他拿了整整一个晚上，金币已经有了一大堆了。他想，天啊，这些钱足够我用一辈子了。

到了第二天，他感到很饿，想去外面买些吃的回来。但是，他不舍得将这个钱袋扔掉，于是，他又开始从钱袋里往外拿钱。

日子一天天地过去了，他现在完全有能力去买吃的、买房子、买最豪华的车子。但是他默默地对自己说："还是等钱再多一些的时候再说吧。"

他不停地拿，金币已经快堆满整个屋子了。可是，他的身体却变得越来越虚弱，头发全白了，脸色蜡黄。他虚弱地对自己说："我不能扔掉钱袋，金币还在源源不断地出来啊！"

终于，他倒在长凳上，死了。

贪得无厌的人，到最后只能是一文无得。同理，你的商脉网络也是这样的。也许你已经学会了如何去增加你的曝光渠道，而且也将这个方法运用得很好。但是，你总是希望自己能够认识更多的人，就如同钱袋中的金子一样，源源不断地将他们从口袋中掏出来，可是这又有什么用呢？金子没有帮助故事中的主人公买到吃的、穿的、住的，这些宝贵的资源完全被浪费掉了，这难道不是一件让人惋惜的事情吗？

因此，如何让你本身所拥有的财富发挥出最大的价值，就是我们所说的投资理念了。这个理念不难理解，用一句话便足以概括，那便是"常用的钥匙最有光泽。"想要将这把钥匙擦亮很简单，你只需要做到下面这两点就可以了。

时常联络感情

平时注意和周围的人培养、联络感情是投资的最好方式。

朋友之情若是久不联络，那么一定会疏远，当彼此变得陌生的时候，你再去托他办事时，恐怕会很难成功，除非是某些关系到他个人利益的事情。因此，不要忘记时常与朋友联系的重要性，你不想投资，是不可能获得回报的。众所周知的刘备在这一点上就做得很好，才为他捡回了一条命。

当年刘备在读私塾的时候，十分聪明，又讲义气，因而他的同学与他都有很深的交往。后来大家分开后，刘备还不忘与这些同学们时常保持联系。其中有一个名叫石全的人，家中很贫苦，但是刘备一点都没有介意他的家庭条件，常常邀请石全到自己家来做客，与他畅谈天下局势。

后来，刘备在一次战役中兵败，到处受到敌人的追杀，此时，朋友石全冒着生命危险将刘备藏了起来，救了刘备一命。

别相信酒桌上的朋友兴起时候说的"上刀山，下火海""为朋友两肋插刀"之类的话，人与人之间的情感是需要维护的，若你不懂得时常与他们联络感情，那么再好的朋友也会渐渐地与你陌生。所以，你一定要真诚地维持分开之后的朋友关系，那才能使你们的友谊之树长青。

别犯这样的过失

在日常生活中，不难发现有些人会犯这样的过失：一旦与对方建立了很好的朋友关系，就不再觉得自己有责任去保护它了，这样就容易忽略双方关系中的一些细节问题。一个叫美玲的人就做过这样的傻事。

> 通常情况下，在危机时刻建立的友情不仅极为有用，而且还能换得很好的口碑，为你吸取到更多的商脉。

美玲在一次公司举行的宴会上认识了江涛，江涛是某公司的负责人，平时工作十分忙碌，很难得有时间参加这样的宴会。席间，美玲与他越聊越投机，大有一见如故之感。而后的日子里，两人的联系也比较频繁，他们对双方都十分有好感，没过多久，便成为了无话不谈的好友。

但是有段时间，江涛有一项重要的企划案需要亲自负责，这就使得两个人见面的机会少了很多。美玲开始不满足于仅仅是通电话的联络了。有一天，美玲没有事先通知江涛，便直接跑去了他所在的公司。江涛的秘书示意美玲稍等片刻，由她先去通报一声。但是美玲心想：我和江涛的关系那么好，还用得着事先通报吗？于是便直接推开了办公室的门。

尴尬的一幕发生了，所有的人都齐刷刷地将眼光转到了美玲身上。原来，江涛正在为部门负责企划案的人员开会。美玲的贸然闯入，不但打扰到他们的工作，而且也让江涛感到十分没面子,江涛很生气地对她说："你出去等会，我这忙着呢。"美玲只得低头关上了门。

可想而知，这一个小细节，对双方关系的影响会有多深刻。

因此，千万别因为你与朋友的关系良好，就不顾及他人的感受了，很多时候，往往是因为不注意这样的小节，才会导致朋友的流失。不要贸然地打搅他人，在需要解释的时候别认为对方能够理解，不要随意说一些可能伤害到朋友自尊的话，这些全都是你该注意的。

如果你的朋友在你生病的时候会为你流泪，在你痛苦的时候会借你肩膀，在你失意的时候会给你鼓励，那么你的投资就可以算是成功的了。告诉你一个最简单的投资办法，也是最受用的，那就是在朋友健康平安的时候与他们交好，而在他们落难艰难的时候伸出你最热情的双手。通常情况下，在危机时刻建立的友情不仅极为有用，而且还能换得很好的口碑，为你吸取到更多的商脉。

◆ 4 利用好身边的资源

众所周知，美国前总统克林顿在竞选的过程中，拥有着极高的支持率。是什么样的原因使得他如此受到欢迎呢？原来，他的绝大多数支持者都是他曾经拥有的商脉资源，其中包括了克林顿小时候在热泉市的玩伴，还有曾一起在乔治城大学与耶鲁法学院就读的老同学，以及在他当学者的时候所认识的旧识等。恰恰是这些现有的商脉资源，为他的成功起到了推动的作用。可见，在你努力地去增加自己的曝光渠道的同时，千万也不要忽视了你目前所拥有的商脉资源，要好好地珍惜并保管它们，这也是为你的商脉圈增加份额的一个有效手段。

任何的交情都是需要经过时间的酝酿而累积的，这就是为什么现有的资源更加容易被利用的原因。

在增加自己曝光渠道的同时，千万别浪费了你现有的资源，如若不然，你可能就要走不少弯路了，何不借助现有资源的力量来扩大你的商脉网呢？很多时候，这些资源都能成为你接近成功或走向成功的桥梁与阶梯，尤其是那些德高望重的名人，他们的力量更能帮你寻到走向成功的捷径。古往今来，借助于名人之力成功的事例真是数不胜数，汉高祖刘邦立太子的故事就是其中一个典范。

汉高祖刘邦一共有8个皇子，他们的生母各有其人，于是为了争夺太子之位，子与子、母与母之间的明争暗斗就是不可避免的了。当时刘邦想立戚夫人之子如意为太子，但是吕后一心想让子的儿子盈争上太子之位，她苦于方法不得当，便找张良寻求帮助。

张良为吕后献上一计："皇上一直希望得到4个在野贤人的辅助，但是他们始终不想参与到纷繁复杂的朝政中。如果让盈将他们迎为宾客，常请4人赴宴谈心，必然会被皇上看见，这样容易取得皇上的信任和宠爱。"果然不出张良所料，高祖看到盈能请来不肯为自己出山的四贤人，便认为盈的恭敬仁孝能让天下名人慕名而来，必然是能成大器之人。于是高祖决定立盈为太子。

盈的成功便是利用了四大贤人的盛名，张良懂得利用现有的资源帮助盈成为太子的不二人选，不得不说是建立商脉圈的一种有效手段。

当然，不一定非要利用名人的效应，只要你肯细心观察，自然会发现这种现有的资源无处不在。在复杂的社会关系之中，在各种社会关系构成的屏障面前，互相利用是人性的弱点，但它也是人类共同需要的心理倾向。俗话说得好："一个篱笆三个桩，一个好汉三个帮"。如果不懂得或不善于利用他人的力量，光靠单枪匹马闯天下，在现代社会里是很难大有作为的。

现在，就让我们来看看你可以利用的现有资源有哪些吧。

同学资源

同学是最好的商脉网络资源，因为同学之间往往接触比较密切，彼此也就十分了解，而且更重要是，同学之间很少存在实际的利益冲突。因此这种友谊比起一般社会中的交往也就更纯洁，更可靠了。

对于校友而言，相互之间提携的作用不可小视，同学在商脉网络中的地位也相当可观。在我国法律界有一个著名的"西政现象"，便恰如其分地说明了同学这种商脉资源的作用。西南政法大学的毕业生遍布中国的司法实务界和学术界，现在的西政学生经常不经意地在闲聊时说上一句："最高法院中一半人都是从西政出来的。"正是因为同学之间的互相推荐和联系，使得多数人能够走上成功的道路。

因此，现在的人们也已经充分地认识到了同学是一种最重要的商脉资源，在校的忙着建立关系，工作的人也纷纷回归学校参与各种培训，有的学校甚至在招生简章中就直接声明经过培训，将会得到更广阔的商脉网络，来把它作为吸引生源的一种方式。

同学资源是最值得珍惜的商脉资源，如果你能够有效加以运用，那么每个同学都成为你生命中的贵人，助你走向成功之路。

办公室资源

所谓办公室资源，就是指在从事职业工作时所建立的各种商脉资源，这种通过工作关系成为朋友的情况十分常见，如生产商和原料供应商、客户和银行、病人和医生等等，都是通过职业的交往而结识为朋友的。善于利用这样的资源，也能不断丰富你的商脉圈。

充分利用工作中积累的资源来充实自己的商脉网络，已经成为了许多人创业成功的捷径和法宝。就拿昆明的"云南汽车配件之王"何新源来说，他在创办汽配公司之前，是在省供销社工作，在这个过程中，他积累了大量的办公室资源，使得他在创业的时候省去了很多寻找客户的时间，因为现有的资源已然能够成为他创业的资本了。如果你在从事的行业中是个活跃分子，那么就能非常轻松地洞察竞争对手的行动轨迹，比如，你能够通过商脉网络了解到某公司为什么有许多资深员工跳槽，或是在此行业中有没有什么有用的小道消息，获知了这些宝贵的信息，无疑便能够成为你制胜的法宝。

在办公室资源中，你需要尽量地去与行业里的专家、学者、资深人员、行业的管理人员等一些能够起到帮助作用的人进行深层地交往，他们都是你在行业中切入商脉网络的最好入口。

同乡资源

现今不少人都是背井离乡地外出寻找更大的发展空间，因此同乡的人自然就成为了"拉帮结派"的最好资源。

同乡商脉资源所起到的作用自古至今都有所体现，比如曾国藩用兵只喜欢用湖南人，成立的军队也谓之为湘军；而李鸿章训练的部队则称作淮军；张作霖号称东北王，他所用的大部分都是东北人等等，这样的例子总是不胜枚举的。

人们对于同乡的情感都是发自肺腑的，因为同乡的关系大都具有人文情感和地域情感的双重特点，一个村子的人，到了镇里就成了同乡，一个县里的人到了省里，也成了同乡，一个省的人到了外地便成为了同乡，而一个国家的人到了国外就更是同乡了。

同乡资源的亲切感是任何资源无法替代的，所以好好把握这份难得的资源吧，这必定会让你的商脉网络获益匪浅。

邻居资源

在现有的资源中，最容易被忽视的可能就是邻居资源了。

邻里关系总是被人津津乐道的，可是随着社会的发展，越来越多的高楼大厦替代了四合院，也使得本是亲密的邻居之间逐渐冷淡了起来。

事实上，只要你肯多出一点努力和细心，便容易将你的邻居纳入你的商脉网络，只要喜欢你的邻居，并愿意同他们成为好朋友，他们多半也会这样待你，你的生活也会得到改观。只要用心和你的邻居相处，就会发现你们间有许多共同关心的事情。

要想拥有良好的邻居资源，就必须有目的的选择一些好邻居。所以，在买新房子的时候千万不要冲动，最好先看看你的邻居都是些什么样的人。另外不要忘记时常去拜访一下曾经的老邻居，告诉他们自己将搬迁到何处，以便以后及时联系。

如果你从没有关心过你的邻居，那么你就像一个坐在金矿上自己却还不知道的人。

任何的交情都是需要经过时间的酝酿而累积的，这就是为什么现有的资源更加容易被利用的原因。大部分的人工作后就只会留意因事业而结识的朋友，这样做虽然能够有效地累积你的办公室资源，但是与这样的资源相比较，更加容易获益的反而是你的同学、同乡和邻居资源。因为不论是儿时的玩伴、往日同窗的同学、还是住在你对门的邻居，早就经过时间的洗礼和考验，你与他们之间存有的许多共同记忆是无法抹灭的，也就更加容易引起感情上的共鸣了。

5 要想方设法去融入陌生的圈子

不难发现这样的情景，很多人一旦抓住了某一个商脉资源时，最容易犯的错误就是紧盯着这个资源不放手，希望通过与这个人的结识来帮助自己走向成功。但是一旦这类人过于迫切地追逐某些东西时，反而更容易给对方造成压迫感，那么所得到的后果自然是得不偿失。想要为自己吸取更多的商脉，并不是通过一两个人就可以做到的，你一定要走入人群之中，多结识一些朋友，广撒网才能多捕鱼的道理还用得着别人来教你吗？

当你进入到某个陌生的圈子时，是最好的为自己曝光的手段了。这样圈子中的每个人都拥有着各自的商脉网络脉，因此，他身边的朋友便可能成为你的朋友。这就如同数学的乘方一样，如果以这样的方式来建立商脉，那么速度一定是惊人的。

假如你认识一个人，但是他从来不介绍你认识他的某个好朋友，但是他可能会邀请你去参加一些朋友众多的聚会，在这样的聚会中，你就要用尽全身解数来增加自己的曝光率，争取打入他们的圈子，为自己的商脉网络积蓄力量了。不要担心会与这样的圈子格格不入，只要你掌握好一些技巧，那么便容易与他们打成一片了。

调整好自己的心态

在结识陌生圈子里的人时，你千万不要当成是一种负担，而是要认为这样做能够给你带来乐趣，能够让你自己结识更多的人物，将他们收进你的商脉圈中。这时候，你最好做一个"亮点"人物，不论你用什么方式吸引他人的眼球都是可以的，比如优雅的言谈举止、风趣幽默的语言等，在聚会的过程中充分展示出你的优势，让人们能够记住你就可以了。

尽量接近核心人物

所谓核心人物，通常就是指圈子中的资深人士，圈子里的其他人熟悉他，信任他，他几乎认识圈子里的每个人。找出他，并让他能够接受你，这样你就更加容易地去吸引到圈子里的其他人了。

尽你所能去帮助对方

展开自己的商脉网去寻找能帮助这些核心人物的机会，一旦你满足了他们的需求，他自然会十分感激你，并更加容易将你当成他们圈子中的一员了。另外，你还可以把与他有关的文章或相关的信息收集起来，这种细心的做法会让他对你产生亲近感，在交流的时候就更加容易拉近彼此的距离了。

他帮你进入他的交际范围

当你成功地与陌生人打成一片的时候，你需要做的就是让他们充分发挥作用的时候了。这时，你绝不能说："你认不认识什么人能够从我的服务中受益？"这类的话，因为这个范围太大了，他们往往会无从选择。你应该做的是帮他从他的圈子中分离出有限的几个人，比如：他的一些能够有利于你发展的朋友。

对于朋友的选择也极为重要

你已经学会了如何通过陌生的朋友充实你的商脉圈了，但是别让一些恶性的圈子蒙蔽了双眼，浪费了时间不说，还不能对你的发展有任何帮助。

因此，在选择圈子时应该以是否有益于自我发展，尤其是以是否有利于事业发

请记住：你一定要结交一些品质优秀的朋友，因为朋友的思想、举止与个性，积极地影响你自己的这些方面，甚至包括你的智商。

展为判断的标准，并非进入越强大的圈子就越好。

在良好的社交圈子的内部，人与人之间应该是平等而真诚的。每个人都应具备正直、善良、坦诚等这些美好的品质。人们之间互相了解、互相帮助、共同成长、共同进步，对社会和个人的发展都有好处。

请记住：你一定要进入一个好圈子，因为它会使你通过你周围的人的思想、举止与个性，积极地影响你自己的这些方面，甚至包括你的智商。

想要尽快地打入别人的圈子为自己增加曝光渠道，掌握了技巧或许还远远不够。需要学习的东西实在是数不胜数，当然，这没有什么特定的模式，你只需练就一身"随机应变"的本事，以不变应万变，那么你就会有如金刚护体般游刃有余地穿梭在各种圈子之中了。在这个过程中，你要抓住一切机会让每个人都知道你的存在，当别人的眼光全部集中在你的身上时，你还会担心自己无法充实商脉圈吗？

第十一章 创意：用对方法才能做对事

商脉就像丰富的海洋，海洋有取之不尽、用之不竭的资源。你对别人好，别人对你好的比例也就自然升高。你对别人不好，又如何期盼别人对你好？所以，每个人都需要更细心广泛地去经营商脉。在商脉的经营上，最重要是人之所欲，施之于人。你交往的圈子里的人想要你用什么样的方法对待他，你就要用什么样的创意和态度跟他相处，而不应用你想要的方法来与他互动。把商脉细心努力地耕耘好，你就能得到更好的人缘，而商脉也才能够帮助你创造更多的财富。

创意与细心，缔结商脉的力量

想要缔造更好的人缘，就必定要懂得经营商脉，而在这个过程中，是离不开创意与细心的。创意和细心能够让你的商脉圈有一个良性的发展，具有更强的竞争力。留心身边的人群，了解人们互相吸引的要素，提高你的交友情商，这是为商脉圈建立良好基础的必备功课之一。

细心的人不难发现这样一个特点，那就是人与人之间的交往，大都是以互相吸引为前提的，所谓"道不同不相与谋"，这足够证明互相吸引的重要性。那么，人与人之间的吸引需要具备什么基本的要素呢？不妨让我们来看一下。

美感

最能吸引人眼球的莫过于美感了。人的美就如自然美、艺术美一样，始终具有一种不可抗拒的吸引力。因为美，所以能够让他人心理上产生愉悦的感受，令人有赏心悦目之感，因此人们才愿意与之接近。当然，这里所说的"美"是涵盖了外在美与内在美两个方面的。外在美能够引起人的注意，而随着双方接触的频繁，内在美便超过外表美，产生出强烈的、经久不衰的吸引力。

新奇感

凡是新奇的东西总是有着一股吸引人的魔力。具有新观念、新思想、广博知识的人身上充满了吸引他人的巨大力量。没有人不愿意与这样的人交往，因为这些新奇的东西能使自己变得更充实——知识上充实、精神上充实、生活上充实。

相似感

相似感大多来自彼此对某一方面的认同感，因为相似，才可能有共同的语言；因为相似，才可能产生彼此交往的美好愿望。拥有相似感的双方或多方更容易彼此亲近、交流，也更容易成为坦诚的朋友。

那么，如何才能够让自己的身上也充满着吸引他人的力量呢？这就需要你不断地提高自己的交友情商，善于运用创意与细心来经营你的商脉网络了。

懂得用创意和细心去经营商脉的人，通常总是有更多的机会与他们想要结交的人交往。

当你在与人交往的过程中，你的交友情商发挥着至关重要的作用，而这主要是由心态来决定的。有的人认识的人不少，但是他总是不能很好地与别人建立起深厚的商脉网络。这样的人或多或少地存在着心理上的障碍。那么，不妨试一下这样的"药方"：

方一：自我暴露

有些人在人际交往中总是会存在着不安和焦虑，担心自己被他人嘲笑，克服这种不良心态最好的办法就是自我暴露。只要有足够的勇气暴露自我，坦然承认或公开表达出自己的不足，就更加容易得到别人的认可，消除双方的隔膜，有利于建立良好的商脉关系。

方二：角色扮演

有些人担心自我暴露会遭致他人的嘲笑，或是让别人更加看不起自己。其实这种担心是完全没有必要的。当你不敢袒露心扉时，不妨做一个角色扮演的练习，请一个朋友来扮演你，而你扮演嘲笑的人，数落他身上的缺点。一旦你这样做了，你会越来越发现你的朋友没有什么可嘲笑的，而你作为嘲笑者则会显得很无聊。因此，你会发现自我暴露根本不会遭受别人的嘲笑。

方三：羞辱攻击

大多数人都害怕在众人面前出丑，因此，有这样想法的人总是不爱发表自己的观点，担心自己说错做错，会让自己出丑。久而久之，他们变得不再容易与别人交流，这可是很可怕的事情。想要经营好商脉圈，离开了人又如何做得到？所以有这样心态的人，不妨用羞辱攻击来打破自己的心理障碍。比如故意将常识性的问题说错，或者故意做出一些蠢事，然后接受别人的羞辱和嘲笑。这样做的结果是，你会发现周围人多数都是善意的，他们并不会拿你的错误当作笑料，显然，你以前的担心和害怕便是多余的了。

想要缔造好人缘，还有不得不注意的一点就是，千万别成为不受欢迎的人物。

"披纱型"人物

有些人总是将自己内心的想法披上厚厚的一层纱，有如金刚护体一般将内心世界封闭起来，他们对人大多都是外热内冷，处处提防，与别人相处的时候，也经常只是圆滑地应付，心口不一，这种人物自然不会受到别人的欢迎，没有人愿意与这样的人成为朋友。

"势利型"人物

这样的人与任何人相处都带有一定的目的性。对于自己用得上的人，往往呈现出热情大方的态度；但是反过来，对于自己用不到的人甚至可能连看都懒得看一眼。这种人，在无求于他人时十分冷淡；而在有求于他人时，则不惜讨好巴结且无所不用其极。因此，这种"势利型"的人会受人讨厌自然就是理所当然的了。

"变色型"人物

变色龙会根据环境的改变而改变自己身体的颜色，"变色型"人物就是吸取了这套"变身"的本领，他们见什么人就说什么话，投其所好，八面玲珑，虽然在一定时期内能够让人对他产生好感，但时间一久，当人们发现了他这套"变身"的本领后，自然就会对他不屑一顾了，因为他太善于伪装，所说的话几乎就没有真实性可言。

"哈哈型"人物

"哈哈型"人物最突出的特点就是凡事没有原则，一旦别人与他的意见不一时，就会采取"哈哈"的回避态度来求得明哲保身的效果。而且他们还容易"墙头草，随风倒"，多数人的做法就是他们的行事指南，东风来，随东风倒，西风来，随西风倒。什么良心、原则，全都不放在心上。

懂得用创意和细心去经营商脉的人，通常总是有更多的机会与他们想要结交的人交往。他们能够克服自身的障碍，更多地完善自我，并且还有最重要的一点就是，他们不会强化失败的影响力。因为在与人交往的过程中，谁也不可能担保不犯任何错误，自然就可能因此而得罪或是失去朋友。但是你要记住，即便发生了这样的事情，也一定不要受到过多的影响，否则这种失败的影响力会在你日后与人交往的过程中成倍地扩增，甚至可能让你的商脉圈遭到致命的打击。所以，过去的，不必太在意，走好现在的每一步才是最重要的，不是吗？

❷ 名片要及时整理，它能为你赚大钱

不难看到这样的情况，几乎所有的办公室人士在工作了几年后都会累积了大量的名片。这些人通常会在商务拜访、研讨会、记者会等各种场合收集到一大堆的名片，可是这种几年的收获却在关键的时刻帮不上忙。每当有事情需要找人帮忙时，才发现面对一盒一盒的名片无从下手，这时候再想重新管理名片未免有些为时已晚了，倒不如从一开始用点心思，整理好这个用名片累积起来的商脉圈。

如果你到现在还没有听说过中国台湾著名的"名片管理大师"杨舜仁的话，那你可就太粗心了。不过千万别以为他起初就是个善于管理名片的高手，他可是在尝到了甜头后，才发现名片带给他的好处的。

这要从 2001 年说起，当时他刚刚从原来的公司辞职，那时他只是出于礼貌群发出了 300 多封电子邮件，将辞职的原因告诉了他所有的亲人和朋友，同时对大家的照顾表示感谢，当然，这些电子邮件的地址都是从名片上收集到的。令他感到不可思议的是，他居然陆续收到了 300 多封回信，这其中还包括了 16 个全职和兼职的工作机会。从那天开始，他便为自己建立起一套方便而且实用的名片管理系统，现在，他能够在几秒钟的时间内找出任何一个

他需要的资料。

这样一个充满了创意和细心的管理商脉圈的方法，难道还不能让你心动吗？其实想要学会整理名片一点都不难，你只需要有一个电脑就可以了，将你的名片电子化，是最简单也最有效的一种手段。

做一个电子计划表

现在专门的电子名片软件有很多，不妨稍加利用一下。如果你想要自己动手分出更详细的条目，那自然就更好了，这样有利于你将各种类型的名片做好统计，可以用合理的方式设置字段、分好栏目，如姓名、地址、职业、职位、电话等等，这种计划表最容易使人一目了然。

进行分类整理

在做好计划表之后，你可以按照一定的标准进行分类整理，如地区、行业等。这种分类可以以资源与个人的主要关系作为主要类别，比如亲戚、朋友、同学、同事、工作资源、客户与生活信息等。如果你觉得这种分类不够细致的话，那么则可以将大类细分次类，如客户可以细分为企业客户、公司客户和个人客户三个次类。

还可以依照职业类别，重要程度等方式进行细分，主要采取什么样的方式，完全可以依照你现有的资源和排列来整理，不一定非要一个固定的模式，只要你觉得日后便于查找就可以了。

将关键字进行标识

在上述两个方面都做好后，你就可以将各名片中的关键字进行标识，这样，在一个主线的串联下，更利于日后的查找。这个过程可以需要花费稍微长一些的时间，但是这种整理却是十分有必要的。不妨试一下下面的方式：

首先，你需要清理好所有的名片，然后按照关系的重要性、互动的频率、资料是否完整三方面将你手头上的所有名片分成三类。

第一类对于你来说，显然是最重要的，那么这类名片就一定要录入到计算机中；第二类你可以根据互动频率的多寡来决定是否录入；剩下的第三类名片，就没有录入的必要了。

将整理好的名片进行录入

这个时候，你可以将手上整理好的名片进行录入了。在这里有一个原则千万不能忘记，那就是在你进行头一次录入的时候，不能落下一个字，而且要有合理的关键字进行标记，没有适当关键字的项目则暂时可以放在备注栏里。只有这样，名片才算是完全数字化了。

有些人在录入的时候，为了节省一星半点的时间，可能会将公司地址或是邮箱落下不输入，因为他们觉得这些资料暂时用不上，可是一旦有一天需要使用的时候，就要反过来将所有的名片重新翻出来查找，这可真是丢了西瓜捡芝麻的做法，反而浪费了更多的时间。

因此，录入的原则一定要把握好。

好了，通过这样详细认真的整理，你的商脉数据库已经初具规模了。在你需要用到你的商脉圈的资源时，你便可以直接在这个表格中进行查找和调用，此时，你只要键入一个关键字，所有与之相关的商脉资源就会全部展现在你眼前，再也不用一张张地去翻厚厚的名片夹了。

你已经学会了如何对名片进行有效的管理，那么，现在不妨回过头来想想，当初，在你递出和接到名片的时候，是否有做得不够得体的地方呢？

现如今，在各种场合下，交换名片已然成为了人们常用的一种自我介绍方式。名片被人们认为是一个人身份、地位的象

在你对名片进行了有效的整理后，也不能耽误了后续工作开展的时间，你的名片网络同样是需要进行"保鲜"的。

征，也是使用者要求社会认同、获得社会尊重的一种方式。

交换名片一般都是用于在与人初识时，自我介绍或经他人介绍之后互相交换以保留对方的联系方式。当你与他人互相交换名片的过程中，有些细节是不得不注意的，否则容易引起他人的反感，让你的商脉圈出现危机。

名片互换时需要注意次序

通常来说，双方交换名片时应该是男性先向女性递名片，地位较低的人先向地位高的人递名片。当然，这个次序也不是一成不变的，在某些商务活动中，女性也可主动向男性递名片，而如果相互不了解对方的身份时，也不需要斤斤计较先后之分了。

若是交往的对象不止一人时，则要注意先将名片递给职务较高或年龄较大的人，若是遇到不好区分的情况下，那么则可以依照座次递名片，给在场的人每人一张，不要让别人有厚此薄彼的感觉。如果你自己的这一方人较多，那么要等到地位高的人先向对方递送名片后你再进行互换。

还有一点需要注意的就是，千万不要用名片盒发名片，这样会让人们认为你不注重自己的内在价值，给人不好的第一印象。

互换名片时的态度要诚恳热情

当你递出名片的时候，一定要给人热情诚恳的感觉，这会使人觉得你是真心地想要与对方结识。

在递送名片时，你要面带微笑，直视对方的眼睛，将名片的正面朝着对方，恭敬地用双手的拇指和食指分别捏住名片上端的两角送到对方胸前，然后说一些"您好，这是我的名片，请多关照"之类的客气话。千万别随意地用一只手递送给对方，那是很不礼貌的表现。

如果在递送名片的时候你是坐着的，那么就应起身或欠身递送，显出你的诚意来。

另外，你递出的名片不能是残缺或褶皱的，因为那样既不尊重对方也不尊重自己。有些时候可能名片的电话会出现错误，这一类涂改过的名片也不宜互换，如果在新的名片没有印好的情况下，你应给予一定的解释和歉意，让对方觉得很受尊敬和重视，才不会影响到你留给对方的印象。

在接受名片时要态度恭敬

接受名片要与递送名片一样，起身或欠身，面带着微笑，恭敬地用双手的拇指和食指捏住名片的下方两角，并轻声说"谢谢"或"认识您很荣幸"等话语，如果对方地位较高或有一定的知名度，那么你大可用一句"久仰大名"之类的赞美之词来表现出你很荣幸认识对方的心态，赞美的话语永远都是受用的。

接过名片后不要随意摆放

当接过他人的名片时，你最好当着对方的面用上半分钟左右的时间仔细地将名片看上一遍，然后再郑重其事地将他的名片放入携带的名片盒或名片夹之中，若是没有携带名片盒的话，可以放在上衣口袋或是手袋里。千万别随意地将名片放进钱包或是裤兜里，这会被别人认为是不礼貌、不尊重的行为。

索要名片的方式要委婉

当你遇到一个陌生的面孔时，你希望能够与其进行深入的交往，这时候最好的办法就是索要他人的名片，不要唐突地说能不能给我张名片，这样的方式多数可能会遭到对方的拒绝。你不妨婉转地说："能与您结识让我受益匪浅，请问以后是否能够与您时常保持联系？"这种恭敬委婉的态度比较容易让人接受。

当他人向你索要名片的时候，若是你不想送出名片，也可以委婉地回绝："对不起，出门的时候没有带名片在身上。"

名片虽小，但它却是结识一位新朋友，打开一把心锁的钥匙。在人际交往中，恰当地运用名片，注重与名片相关的各种礼仪，将会为你进一步拓展商脉打下坚实的基础。

在你对名片进行了有效的整理后，也不能耽误了后续工作开展的时间，你的名片网络同样是需要进行"保鲜"的。发一封电子邮件对于你来说不会是难事吧，在信件的内容上写出你的名字，发给名片网络中的所有人，哪怕只是一句贴心的问候，也会让别人觉得你没有忘记他这个朋友，你必然就能够有更好的人缘了。

❸ 运用小道具，收获大功效

孙子兵法曾有云：上战场，如无利器，焉能得胜？把这句话套用在你的商脉网络中，则可以体现出这样的效果，那就是——经营商脉圈，如无小道具，焉能打动人心？小道具总是会出其不意地发挥着一种神奇的作用，因此，赶快将运用小道具的这种独特的创意收入到你的商脉圈中，让其为你缔造出更好的人缘吧！

如果你会在商脉交往的过程中运用一些小道具，那么必定能为你带来丰厚的回报。不论是与朋友、同事还是客户的交往中，小道具都在充分发挥着神奇的力量，曾经有一位汽车推销员就是用一条白手帕赢得了客户的信任，从而为他事业的成功奠定了坚实的基础。

有一位客户开着自己的破烂汽车来到了一家汽车专卖店，他今天打算多在市场上了解一下目前的汽车行情，再决定购买一辆新型的汽车。当他刚刚从自己的车子中下来的时候，一位汽车销售员就亲切地走到他的面前。这并不新奇，因为几乎每一个高档的汽车专卖店都会提供这样的服务，而他们这样做的目的无非就是想从客户的钱包中拿到汽车款而已。但是这个推销员并没有直接带领他去看汽车，而是从手中拿出一条纯白的手帕，铺在客户那台本来就想换的破烂车辆前，然后客气地说："请让我为您的爱车检查一下，以免出现了一些您没有注意到的小毛病。"说罢他就钻到了车底下。没过一会儿，推销员从车底下钻了出来，然后边拍着沾满泥土的手帕边说："您的爱车一切都很正常，不过看样子确实是时间太久了一点，您今天是打算购买一辆新车吗？"客户看到那条被弄得肮脏不堪的手帕时，心里不禁十分感动，同时也对这位营业员的细心体贴而感激不已。本来他并不打算马上换车，但是他看到这位推销员有这么好的服务精神和态度，有这么好的付出心态，于是便觉得如果跟他买车绝对不会有错，便当下就决定换购了一辆新车。

这名推销员常常运用这种技巧，用一条小手帕作为赢得顾客对他的感激之情的小道具来推销汽车，这使得他成为了该行数一数二的汽车推销员。

看到了吧，小道具的力量可是不容忽视的。想要运用这样的小道具一点都不难，只要你细心留意，便会发现小道具是随处都有的。比如带一份家乡的土特产给公司的同事、为客户送上一杯暖暖的热茶、为朋友送上一本他所感兴趣的图书……不管是哪一种小道具，都会使人感觉到"这个人非常重视我"，特别是对于一些平时不太善于交际的人来说，小道具就更容易成为连接你们关系的桥梁了，张玲玲就是这样将胡晴纳入自己的商脉圈中的。

小道具的魅力就在于礼轻情意重，而在这样不断的情意累积下，加深彼此的商脉关系自然就是指日可待的了。

胡晴是个十分内向的人，平时在公司里很少引人注目，每天只知道按部就班地上班下班，虽然她工作十分踏实勤奋，但是她不爱与人说话的毛病成为了事业上最大的障碍，因为很多时候一个团体是需要有合作的，那么就不得不进行沟通和交流。公司领导找她谈过几次话，效果都不是很好，好在公司不想缺少这样一个能干的人，才没有将她辞退。胡晴的顶头上司就是张玲玲，她也曾经找胡晴聊过天，依旧是收效甚微。于是张玲玲便想，我到底如何才能够真正走入胡晴的心里，让她将我当成朋友而不是领导呢？

有一次，张玲玲因公事出差，在闲暇的时候游览了泰山。在她登上泰山顶峰的时候，她突然有一种想要将心里激动的心情与胡晴分享的感受。于是，她将泰山的照片寄给了胡晴，并在后面写了一行小字：希望美丽的风景会带给你美丽的心情，要好好努力喔！"胡晴因此而感动异常。从第二天开始，她便以开朗的心情上班了。渐渐地，她和周围的同事都打成一片了，她也因此与张玲玲成了好朋友。

小道具的魅力就在于礼轻情意重，而在这样不断的情意累积下，加深彼此的商脉关系自然就是指日可待的了。

或许你现在正在细心并且兴高采烈地为他人准备小道具作为礼物，因为你实在太想通过这样的"小手段"来扩充自己的商脉资源了。可是，在这里，不得不先将一盆冷水泼在你的头上，因为有一点是不能不提醒你的：不要用过于贵重的东西当作小道具来使用，因为这反而容易让接受的一方感到无所适从，不知该如何"回报"，那么，就很容易加重对方的心理负担，起到适得其反的效果。

4 入乡随俗的人最受欢迎

《礼记·曲礼上》曾说："入境而问禁，入国而问俗，入乡而问讳。"其实就是指每到一个地方，都要先了解那里的禁忌，尊重那里的风俗。在人际交往的过程中也同样是如此，如若不然，你就可能因为不了解对方的习俗和禁忌而做出蠢事，那么就容易引起对方的反感，甚至导致双方关系的恶化。

举个简单的例子来说，去参加他人的寿宴时，千万不能送钟表。因为"钟"与"终"谐音，这会让人觉得很不吉利。若是你到了一个陌生的地方，想要与那里的人沟通交流，那么也必须要了解并尊重那里的风俗，否则，就可能得到下面所说的这个兄弟的教训。中国自古就是一个倡导礼义廉耻的国度，在这种氛围的影响和熏陶下，每个人都默默地遵守着一些不成文的规矩。

有这样一对兄弟，是做生意发家的，随着生意的逐渐扩大，他们所在小村庄的经济环境已经不能令这两个兄弟满足了。于是，他们准备到外面的世界中去寻找更多的商机。

这天，他们路过了一个国家，令两兄弟感到惊讶的是，这个国度中，所有的人都不穿衣服，不论男女老少都是光着身子跑来跑去。

弟弟是个比较容易变通的人，于是他对哥哥说："哥哥！看来不穿衣服是这个国家的风俗，如果我们想与他们谈生意的话，恐怕也需要脱光衣服，才能被他们所接受。我们只要表现得谦虚一点，不要议论他们这里的风俗，相信也不难与他们打成一片。"

可是哥哥却严肃刻板地看了弟弟一眼，说道："绝对不行！不穿衣服那可是伤风败俗的行为！我们绝不能光着身子和他们往来，无论在任何情况下，我都不忘记礼义廉耻！"

弟弟说："这里的人不穿衣服，只不过是与我们的风俗不同罢了，这哪能和礼义廉耻扯上关系呢？更何况我们古代就有许多圣贤，外形上虽都有着很大的区别，但他们的行为不也一样正直吗？"

哥哥仍旧坚持着自己的想法，自己找了一间客栈进去休息，弟弟见无从规劝，于是就独自脱光了衣服外出与人谈生意去了。哥哥躲在客栈连大门也不出，他害怕看到那些不穿衣服的人，会将自己的身心污染。

一连十几天，弟弟都没有回过客栈，这让哥哥十分地着急和气恼。于是他出门去打听弟弟的消息。

走到大街上的时候，哥哥恨不得能马上从这个国家离开，他实在看不惯所有的人。

但是为了打听弟弟的行踪，他不得不低声向路过的人询问。有一个人告诉他弟弟此时正在与这里的一个贵族谈生意。哥哥问那个人他的弟弟是否也一样脱光了衣服，那个人高兴地回答说："是啊，他让人感觉很亲切，我们都很喜欢他，从他那里买了很多货物呢！"

哥哥听了非常生气，骂道："这个畜生！来了没几天，就被这里的畜生同化了！我绝不能像他这样做！"

哥哥越骂越难听，忘记了与他说话的这个也没穿衣服，那个人气愤地走了。

这天晚上，刚好是节日庆祝的时候。哥哥看到弟弟在人群中与大家一起唱歌跳舞，他冲进去大骂弟弟不知廉耻，完全没有顾及到其他人的感受，并且想把弟弟强行押上车带他离开。

哥哥的行为激起了人们的愤怒，大家一起将哥哥围住，狠狠地揍了他一顿，并且要他永远离开这里不许再回来。

哥哥狼狈地逃出了这个国家，一路上还大骂着："畜生！真是畜生！"

哥哥的固执让他最终成为了不受欢迎的人，这就在于他不能尊重和接受当地的风俗，所以，这样的蠢事我们可千万不要做。在不同地域、不同民族都存在着不同的风俗禁忌。如今，随着人们活动与交往范围的扩大，入国问禁、入乡随俗应成为我们拓展商脉、构筑好商脉的一项重要原则。在跨行业、跨地区、跨国际的人际交往中，我们要尊重各民族的风俗习惯，尽量避免触及他国、他地、他人的种种禁忌。

那么，我们需要注意些什么呢？

避免不雅的言谈

在人际交往中当众说出某些"不雅"的词是非常愚蠢的做法。在现代社交的过程中，言谈举止一定要得体，同时还需要了解某些地方对于某些词语的忌讳，这样才能更快地融入到一个大环境里，为自己缔造更好的人缘。

避免探问他人的隐私

不论到任何一个地方，都不要尝试着去探听他人的隐私。即使有些已经成为众所周知的事情，你若是莽撞地询问，也会被认为犯了忌讳，引人反感。比如在久婚没生育的夫妻面前，千万别冒昧地问："你们怎么还没生孩子？"

别触碰他人的痛处

若是你在一个胖子的面前询问最好的瘦身中心在哪里，或是在情人面前大赞其他的帅哥美女，那么这种愚蠢的揭人伤疤的做法实在是不可取。同样地，也是犯了入乡不随俗的错误，你说是不是？

尽量了解他人的禁忌

最重要的一点就在于要尽量去了解他人的禁忌了。每个人、每个地区、每个国家都会有自己的禁忌，对于这些禁忌，实在是无法尽述。不过，我们可以通过一些最有效的手段来概括，这也许也会对你有些借鉴意义：

★不要笑，当别人都哭的时候；

★不要哭，当别人都笑的时候；

★不要坐着，当别人都站着的时候；

★不要站着，当别人都坐着的时候；

★不要赤裸着身体，当别人都穿上衣服的时候；

★不要穿衣服，当别人都赤裸着身体的时候。

入乡随俗是自古以来就流行至今的一种习俗，就如同圆周定律无法打破一样，你别妄想着去挑战它的权威，如若不然，那就等着自食恶果吧！当你进入到一个陌生的地方的时候，你所能够做的就是适应当地的风俗，因为环境是不会随着人而改变的，能够改变的只有你自己。也只有在你改变了自己的情况下，才可能为你的商脉圈积累更为广阔和宝贵的资源，而后为己所用。

5 名字，是世上最甜蜜的语言

"见到您真高兴，不过实在抱歉，我突然想不起您的名字了，您能再告诉我一遍吗？""好久不见了，您最近过得如何？在上次的聚会中能够与您相识实在是我的荣幸，李小姐（其实对方明明是张小姐）"……假如你遇到了这样的情况，你会作何感想？己所不欲，勿施于人，你一定记住对于别人来说最甜蜜的语言——他们的名字。

你是否遇到过这样的情况：某天，你在参加某个重要的酒会时，通过朋友的介绍结识到了一位新的面孔。你们聊得很投机，仿佛有了一见如故的感觉。可是让你感到糟糕的是，你居然忘记了这位朋友的名字，虽然在这之前，你的朋友已经告诉过你了。天啊，这样的事情有多可怕，你仅仅是因为没有记住别人的名字而让本身属于你的商脉资源从指缝中溜走了。

即使是一个再普通不过的人，都会对自己的名字异常珍视的。在任何一个人的心中，名字也就等于代表了自己本身，二者从出生那天开始便已经浑然一体了。如果你恰恰忘记了他人最为珍视的名字，那么真的会给他人带来很大的伤害的，这样的事情总是屡屡发生着。

一家大型的电子公司举行了一次庆祝活动，活动结束后可自愿选择是否留下来共同聚餐。多数人因为有事情而直接离开了，只有剩余的十几个人，不过大家也都吃得很尽兴，因为准备的食物比较多，所以到了最后组织者就让大家把没有吃掉的东西带回家去。组织者一一点名，给每个同事都分配了大致差不多数量的食物，分配完毕后，大家就各自回家了。

晓彤却被忽视了，因为组织者实在想不起这个女孩子的名字，也就没有直接点到她，这使得她闷闷不乐地回到了家里，她的妈妈看到她这样的状态觉得很纳闷，便问晓彤："今天不是公司组织了活动吗？怎么？玩得不开心吗？"

"妈妈，提起来就让我感到很郁闷，你知道我不是小心眼爱计较的人。"晓彤回答，"我并不是想要那些剩余的食物，只是觉得十分难过。为什么我们的组织者叫了所有人的名字，可就是没有问问我要

请记住：一个人的名字对他自己来说，是全部词汇中最好的词。

不要带点回家呢？你知道的，那种被人忽略的感觉真让人难受。"

　　名字永远都是最甜蜜的语言，因为所有人都会对自己的名字感兴趣，这也能让人感觉自己不是被忽略掉的。因此，记住别人的名字，而且很轻易就叫出来，就等于给予了别人一个巧妙而有效的赞美，这会让你更加容易将他人积累进你的商脉圈中的，一位推销员就是利用了记住别人的名字这个小方法，使得他最终成为了销售精英。

　　一位推销员拜访了一个名字非常难念的顾客。他叫尼古得·玛斯帕·帕都拉斯。通常情况下，别人都只叫他"尼克"。为了能够将这笔订单顺利地达成，这位推销员在拜访尼克之前，特别用心念了几遍他的名字。当这位推销员用全名称呼他："早安，尼古得·玛斯帕·帕都拉斯先生"时，他呆住了。过了几分钟，他都没有答话。最后，眼泪滚下他的双颊，他说："先生，我在这个国家15年了，从没有一个人会试着用我真正的名字来称呼我。"推销员轻而易举地达到了他这次拜访的目的，也正是因为这笔订单，他成为了销售冠军，得到了公司的褒奖。

　　细数各行各业的成功人士，他们无一不知道记住别人名字的重要性，会给自己带来多大的裨益。掌握人心并不在于掌握什么高深理论，而就在于细节——记住别人的名字，并且亲切地和他打招呼，仅此而已。
　　成功的秘诀往往就这么简单，如果你还在怀疑这个细节的重要性的话，那么就让我同你一起来看看钢铁大王安德鲁·卡内基是怎样有效地利用这个细节来笼络人心的。

钢铁大王安德鲁·卡内基是个十分细心的人，他在 10 岁的时候，就发现了人们对自己的名字看得惊人的重要。而他正是因为懂得善于利用这个小细节，才使得他的成功之路变得如此容易。

当卡内基还是小孩子的时候，贪玩的本性也不比同龄的小朋友们少。有一次他抓到了一只小兔子，那是一只母兔。当他把这只小兔子带回家饲养后，没过多久便发现了一整窝的小兔子，可是卡内基没有足够的精力去为这一整窝的兔子找吃的。于是，他想到了一个很好的办法，他对附近的那些孩子们说，如果他们找到足够的苜蓿和蒲公英，喂饱那些兔子，他就以他们的名字来替那些兔子命名。

这个方法实在是太灵验了，也因为这样，卡内基明白了名字对于每个人的重要性。

而后，当卡内基在商场上纵横驰骋的时候，他始终不会忘记为小兔子命名的那段经历，同样用这样的方法，他总是能打败竞争对手，为自己铺就一条充满鲜花的成功之路的。最典型的一次获益便是卡内基和乔治普尔门为卧车生意而互相竞争的那次。

当时，卡内基控制的中央交通公司，正在跟普尔门所控制的那家公司争生意。双方都费尽心思想要得到联合太平洋铁路公司的招标项目，以至于出现了大杀其价的情况，拼到最后简直是毫无利润可言了。

这天，卡内基和普尔门都到纽约去见联合太平洋的董事会。当他们全部抵达的时候，两个人在圣尼可斯饭店碰头了，于是卡内基走上去对普尔门打了声招呼后，说出了这样一句话："晚安，普尔门先生，难道我们现在不是在出自己的洋相吗？"

"你这句话是什么意思？"普尔门有点摸不着头脑。

卡内基将他心中的打算说给普尔门听——与其这样毫无利润地拼命竞争，倒不如将两家公司合并起来，以谋得更大的发展。他将双方合作的好处说得天花乱坠，但是普尔门显然并没有完全接受他的提议。

普尔门听完卡内基的话后，随口问道："如果合并后，那么这个新公司要叫什么呢？"卡内基立即回答："当然，这个我早就想好了，就叫——普尔门皇宫卧车公司。"

普尔门的目光随即一亮。"请到我的房间来，"他说，"我们来详细地讨论一下。"而这次的讨论，对于卡内基来说，他无疑是最大的赢家了。

既然记住别人的名字可以带来这样大的好处，那么你还在犹豫什么呢？别抱怨自己的记性差，或是以任何的借口来搪塞你没有记住他人名字的后果，世界上天生就能记住别人名字的天才并不多见，那些能脱口而出别人名字的人通常都在背后下过一番苦功，如何把别人的名字牢牢记住，也是需要一些技巧的。

将注意力集中在对方身上

集中注意力是十分关键的一点，如果你在第二次与人见面 10 秒钟后还在绞尽脑汁追忆他叫什么时，那么很显然，你已经忘记他的名字了，而这归根结底就在于你在与其初识时，并没有集中注意力去记住他人的名字。

因此，想要记住别人的名字，那么一定要在对方自报家门时集中你的全部注意力，假如你当时没能做到，那也不要因为怕得罪对方而难以启齿，此时你要礼貌地请对方再重复一遍，这样总比你对他人的名字毫无印象要好得多。

如果你是身处在很多人的场合下，那么在众多的陌生人中，你就要有选择地决定自己要最先注意哪一位，因为谁也不能一下记住很多个陌生人的名字。而你的这种选择更加容易让自己集中注意力，这样，在你第二次听到这些名字时，就会很快地回想起他们是谁。

将名字脸谱化

做到这点其实很容易，如果你能够掌握这个小窍门的话，那么想记住别人的名字便不会那么困难了。那么现在就让我们来看一下如何将他人的名字脸谱化。

当你刚刚结识了一张新面孔的时候，不妨聚精会神地凝视他的脸庞，从中找出一些特别令人感兴趣、吸引人或与众不同之处，比如可以看看对方的头发是否又黑又整齐、眼睛是否特别明亮，嘴唇边是否有痣等，从这些特点中选出一个，然后再通过夸张等手法储存到记忆中去。

而当你已经记住了他的某个面部特征后，就可以通过最基本的甚至是有趣的联想将这个人的名字转换成一个难忘的形象。比如，如果某人的眉毛边有个特别明显的月牙形状的痣，你就可以用"月牙湾"这个比喻来勾起自己的回忆。一般来说，这样的联想方式主要可以归纳为颜色联想、年代联想、地名联想、物体联想等，并且越是简单的联想，产生的效果就越好。

找出对方名字的与众不同之处

如果对方名字很特别，那么就更加容易记住了，特别是遇到姓氏比较特殊的人，完全可以用一种联想的方式有趣地记住。比如某个人姓漆，通常情况下有可能与齐相混，让人无法有深刻的印象，那么此时你却能将他的姓氏与油漆相联系，这样自然便能够留下更加深刻的印象。而当你面对的是外国人的时候，他们的名字通常都比较长，第一次基本都很难记住，那么，不妨请他讲讲自己名字的源出以及拼法，这样你便更容易加深记忆了。

重复性的述说

当你认识新面孔时，不妨在与他的交谈过程中，尽可能多地在合适的时间重复他的名字，这种不断地重复过程便可以起到加深印象的作用，比如在别人递过名片时，你完全可以念出他的名字，他也会很欢迎你如此做的。

请记住：一个人的名字对他自己来说，是全部词汇中最好的词。就连拿破仑那样著名的人物，都不忘用各种方法记住他身边每一个人的名字，那么你还有什么资格去忘记别人的名字呢？当你在与人交往的过程中直接说出对方的名字，就一定会成为他所听到的最甜蜜、最重要的声音。

第十二章 | 付出：适时的付出会得到更多

发挥自己的长处去帮助别人，换来的并不只有感激和赞誉，更重要的是这会使你的商脉圈更加丰富。投之以桃，他人自会报之以李，所以，不要吝惜你的帮助。要知道，你在帮助他人的时候，其实也是在帮助你自己。当你帮助别人足够多的时候，你的商脉自然就会很广泛，同时，你也会得到别人很多的帮助。

◈ 想收获，先付出

当你面对人生关卡、遭遇困境之际，往往能从好的商脉那儿得到指引和帮助，他们或许无法在事业上给予直接帮助，但有时一句话就让你受益无穷。最会经营商脉者都有共同的感受：与人结交，真心为贵。美国知名企业家与激发潜能大师博恩崔西最常挂在嘴边的就是"真诚地关怀你的顾客"。提升商脉竞争力就要诚心，学会关怀别人。因为商脉的积累是长年累月的，不管是一条商脉，或是由商脉伸展出去的商脉，都需要长期的付出与关怀。

商脉网络正是因为人们发现彼此相互需要才能得以健康运转，那么在这个网络中，你若想要得到，就必须先学会付出。所谓患难见真情，若是一个人在你遭遇痛苦的时候不肯帮助你，甚至还落井下石，那么必然会如同山姆一样，尝到自己种的苦果。

中国历史上著名的翻译家"鸠摩罗什"遵从老师的旨意，要把《法华经》、《般诺经》等佛教经典传到中国的政治、经济、文化中心长安。可是战乱使他被困于后凉国整整十六年，过着半囚徒的生活，但他没有消沉，而是继续潜心佛教经点的研究，他在苦难的生活中学会了汉语，甚至能写出流利的汉语诗歌。他历尽艰辛，最终到达长安时，距他老师授意他来长安，已整整过去了四十年，但他并没有虚度，而是积累了大量的知识和智慧，以其精湛的翻译技巧在中国翻译史上留下了光辉的一页，为佛教文化的传播做出了不可磨灭的贡献。他付出了青春和四十年的光阴，但他在长安八年时间翻译了佛家经典300多卷，平均每月翻译2~3卷，还要进行频繁的佛事活动。没有他四十年的发奋准备是不可能想象的。

有付出才有收获，可以说是艰难成就了他，是苦难造就了他。

商脉网络的发展也是一个持续的施与受的过程，不肯付出只想得到回报是不可能的，只想让他人帮助你，你却不肯在朋友失意的时候伸出援手，那么你的商脉圈总会有一天一无所得。

别再算计今天你对别人的付出有多少，你又在哪些人身上占到了便宜，这种斤斤计较的心态只会让你的商脉网越来越窄，你需要考虑的应该是如何在自己受惠于人前，先行施予。如果你的商脉能够基于大方无私，回馈必将接踵而至。

② 助人就是助己

人与人之间的交往关系应该是平等互惠的，你对别人怎样，别人就会怎样对你。你帮助我，我就会帮助你。一个人只有大方而热情地去帮助和关怀他人，他人才会给你以帮助。所以你要想得到别人的帮助，你自己首先必须帮助别人。为人处世，不要仅从"一己"考虑，只有多为别人着想，人们才会给你以友善的回报。

在中国历史上，辅佐周朝建立不朽功业的奇人姜太公曾经对周文王说过：天下不是一个人的天下，而是天下人的天下。同享天下利益的人得天下，私夺天下利益的失天下。又说：与人同病相救，同情相成，同恶相助，同好相趋。所以没有用兵而能取胜，没有冲锋而能进攻，没有战壕而能防守。不想获得民心的人，却能获得民心。不想取得利益的人，却能得到利益。

那么，你是否真切地体会到了姜太公所说的此番话的意义了呢？其实用一句话就足以概括了，那就是：爱人就是爱己，利人就是利己，助人就是助己。

在你经营商脉圈时，并不是在谈生意，不是签订一个双方同意的协议，而是真正的感情上的交流，因而必须是基于不求回报的给予，才能得到意想不到的温暖。有时候，仅仅是给予一杯牛奶，都可能成为一笔商脉圈的巨额财富。

乔明生在一个贫穷的家庭，为了攒够自己上学的学费，他利用假期的时间外出打工。在人生地不熟的城市，他省吃俭用将打工赚到的钱寄回家里。有一次，还没到领工资的时候，他的身上就只剩下一块钱了，一天没吃东西的乔明十分饥饿，于是想找一户人家讨口饭吃。当他敲开大门的时候，看到了一位美丽的姑娘，他从来没有开口向别人讨过饭吃，见到姑娘开门就更加不知所措了。为了维持自己仅剩的一点尊严，他没有要饭，只是询问是否能够给予一杯牛奶。漂亮的姑娘看出来他很饥饿，于是就送给他一大杯牛奶喝。乔明慢慢地喝完牛奶后问道："我需要付多少钱？"漂亮的姑娘回答说："你不用付一分钱。因为妈妈从小就教导我要对所有的人都充满关爱，做力所能及的事，并不图任何回报。"

乔明说："既然如此，那么，请接受我由衷的感谢。"说完他离开了。

乔明走在路上，突然感到自己浑身充满了力量，一股男子汉的豪气顿时迸发出来。在他遇到很多困难的时候，曾经想过退学，但他现在改变了想法。

过了十几年，乔明通过自己的努力修完了所有的大学课程，并且已经成为了一位大名鼎鼎的医生。有一次，他所在的医院接收了一个重病患者。这个患者用她顽强的信念坚定地与病魔抗争着，当乔明看到她的病历时，不禁被她的顽强求生信念感染了，于是他想要亲自去探望那位病人。来到病房，他吃惊地看到在床上躺着的那个姑娘原来就是曾经给予他一杯牛奶的漂亮女孩。

乔明没有叫醒这位刚刚做完化疗而入睡了的姑娘，他默默地回到办公室，有一个声音一直在他耳边回荡："我一定要竭尽所能治好她的病！"从那天起，乔明特别关照她，经过多方的会诊与研究，医生们终于找到了有效治疗的方法。当手术成功的那一刻，乔明激动地掉下了眼泪。而这一切，这个姑娘一直是全然不知的，她更不知道在手术前乔明已经在高额的医药费通知单上面签下了自己的名字。

当手术结束后，一张特别的医药费通知单送到了她的手中。她不敢打开，因为在这手术之前，她的家人已经为了她的病花掉了所有的积蓄，她很清楚这高额的手术费用会给她的家人带去多么沉重的负担。但是，她无法逃避，最终还是鼓起勇气，打开了医药费通知单，她并没有看到具体的天文数字，而只见右下角写着一行小字："医药费是一杯牛奶。"

> 如果你帮助其他人获得他们需要的事物，你也会因此而得到想要的事物，而且你帮助的人越多，你得到的也越多。

善良可以储存，付出多少，就能回报多少，甚至还有利息。如果你总是那么乐于助人且设身处地的为人着想，那么他人也必然对你慷慨大方；而若你视感情为随手可得、随手可弃之物，并常常因为自己的一点付出就要求对方回报，甚至更加多的回报，那么就肯定是事与愿违的了。天堂与地狱之间的差别也正在于此。

有一个人很想知道天堂与地狱之间的差别到底在哪里，于是他请求上帝允许他去两个地方参观一下，以便弄清楚答案。上帝答应了他的请求，带他来到了魔鬼掌管的地狱，他非常吃惊，因为他并没有看到人们所传说的那种可怕的景象，相反的却是所有人都围坐在一张摆满了各种美味佳肴的桌子旁边，似乎丰盛的晚宴即将开始。他原本以为这里的人都应该是喜笑颜开地等着享用各种蔬菜、水果和肉，可是当他走近仔细观察那些人时，竟然发现没有一张笑脸，也没有伴随盛宴的音乐狂欢的迹象。他们看起来全都闷闷不乐、无精打采，而且全部都瘦得皮包骨。他这才发现，原来他们的左臂上都捆着一把叉，右臂上捆着一把刀，而刀和叉都有三尺长的把手，他们不能将刀叉上的食物送到自己的嘴中，因为他们的手臂不可能比刀叉的把手长，所以，即使食物就在他们的手边，却也无法吃到，以至于越饿越瘦了。

随后，上帝又把这个人带到了天堂，更令他惊讶的是，这里居然也有同样的食物，并且他们每个人的手臂上同样捆着三尺长的刀和叉。但这里的人们个个都像天使般地满面春风，他们神采飞扬地唱歌、欢笑。

看到两种截然不同的景象，这个人感觉到茫然极了。他问上帝为什么天堂和地狱里的情况是相同的，但结果却如此不同呢？地狱里的人都在为挨饿而叹息、无精打采，可天堂的里人怎么会显得那么地快乐和幸福呢？上帝微微一笑，让他自己去寻找答案。他重新仔细地去观察了地狱和天堂，终于他明白了是什么力量让天堂的人充满欢笑。原来，地狱里的每个人都想将食物放入自己的口中，可是他们用三尺长把手的刀和叉是根本不可能做到的。而天堂里的每一个人却都在用这长长的刀叉将食物送进对面人的口中，同时又都津津有味地吃着对面的人喂来的食物。因为他们彼此互相帮助，所以也帮助了自己，每个人都享受着丰盛的美食。

你是想入地狱还是想上天堂呢？这都在于你自己的选择。如果你帮助其他人获得他们需要的事物，你也会因此而得到想要的事物，而且你帮助的人越多，你得到的也越多。

总有一些人时时事事都从自己的利益出发，从不顾及别人的感受，有事则登三宝殿，不求于人时，则对人没有丝毫热情，似乎人人都是为他而活着，为他服务的。这种人最终只会使自己走向孤立无援的地步，别人对他敬而远之。试想，谁会愿意帮助这样的人呢？

❸ 点亮一盏灯，带来一片希望

在这个世界上，个人的力量总是单薄的，一个人无力去解决生活中的所有问题，而且，要一个人走完这漫漫人生之路，是多么孤寂，又多么危险。任何人都离不开他人的帮助。常言："一个篱笆三个桩，一个好汉也要三个帮。"正是由于大家相互帮助，相互关怀，这世界才会这般温暖，这般美好。

如果你不能如太阳般普照大地，那么至少也要给他人送去一盏哪怕是微弱的灯光，别忽视这小小的光芒所带来的力量，它总会有一天让你获益无穷的，曾经就有这样一盏灯光，挽救了一个即将消逝的生命。

当林风还在市人民医院实习的时候，他非常珍惜这个难得的机会，经常忙碌到深夜，也正是因为这样，在他办公室的窗外，总是能看到一丝微弱的光芒。每当深夜，他总是伴着一盏台灯，考虑着各种病历的问题。

有一天晚上，林风正在办公室研究一个病人的病情发展情况，这时他听到几下轻微的敲门声。他很奇怪这么晚了还会有人来找他，于是他打开门，看到的居然是他的一个病人，一个叫于乐的男孩。这个男孩本身的病情其实并不是很严重，但是他的精神状态一直不是很好。林风将他请进了屋子，关切地问道：现在都快凌晨两点了，为什么你在这个时候还在街上乱逛呢？家人找不到你的话该有多担心？于乐的情绪非常不好，他说就是想出来散散步，看到林风的办公室还有灯光，就想上来跟他聊一聊。林风看出来他情绪的低落，于是默默地倾听着这个男孩倾吐着自己的不幸，他女朋友最近因为他的病情而跟他分手了，他现在上课也心不在焉，他担心这样的状态会让他无法顺利毕业，为此他的父母还狠狠地批评了他……几个小时的倾诉显然让于乐舒服多了，而林风也会在适当的时候为他提一些建议，当他们结束谈话的时候，天已经蒙蒙亮了。

帮助别人是一件非常快乐的事。难道不是吗？看到别人因自己的帮助而摆脱困境，看到别人因自己的帮助而开始振作，看到别人因自己的帮助而高兴、快乐，有谁不感到快乐呢？

从这以后，于乐有空的时候就会来找林风，他喜欢跟林风聊天，向他述说近况，而两人逐渐也成为了很好的朋友。转眼半年过去了，林风即将离开这个实习的医院，走向正式的工作岗位了，而于乐也在为自己的毕业论文忙碌着，两个人的见面就不像从前那样频繁了。

一年后，林风接到了于乐的电话，在电话中，于乐告诉林风，他已经如愿以偿地找到了一份与自己专业对口的工作，并且做得还不错，他的新女友对他也很好，父母也以他为骄傲。于乐在说完这些的时候，沉默了几秒钟，然后对林风说："我想要对你衷心地说声谢谢。谢谢那晚你办公室的灯光还亮着，这才让我鼓起勇气敲响了你的门。其实那晚我本是打算自杀的，因为我觉得生活对我来说已经没有什么希望了，但是我走在街上时，突然见到你办公室的灯光，便不知不觉地走到了门口，才有了想跟你谈谈的想法。你的耐心倾听和建议，让我发现生命中并不是只有这些糟糕的事情，是你让我走出了难关，真的谢谢那夜你亮着的灯！"

其实，林风并没有想到一盏灯会带来如此巨大的力量，但是这一丝为于乐提供了引导和帮助的光芒，却从此让他改变了对人生的看法。

因此，很多时候，即使你是无心插柳，也有可能会有柳成荫的那一刻，所以，珍惜每一个帮助别人的机会吧，哪怕是微不足道的帮助，都会让你的商脉圈获得更大的价值。在美国的一个小镇里，就曾发生过这样的事情。

在一个圣诞节的前夕，17 岁的辛迪身穿一身小天使服在百货中心与人合照，这是她这个假期的工作。今天就是圣诞节了，当结束工作的时候，她就可以回家与亲人们一起庆祝了，她越想越开心，恨不得时间能够一下子跳到晚上 8 点。

在她工作的这段时间，经理玛丽给了她不少的关怀和帮助，于是她在心里暗暗决定要送一份小礼物给玛丽，在 8 点的钟声敲响的时候，她兴高采烈地冲出了百货中心，希望还能够找到一家没有关门的礼物店。但是让她失望的是，几乎所有的商店全部提前关门了。

无奈的辛迪又回到了百货中心，因为只有这里是 9 点歇业。不过她心里很清楚，自己兜中仅有的 30 块钱可能什么都买不到。因为这个百货中心是有钱人光顾的地方，里面的礼品贵得不是一般人能消费得起的。

她有点低落地看着礼品区里琳琅满目的商品，这时，一位女店员向辛迪走来，亲切地询问能否帮助她做些什么。店员的话引起了周围人的注意，大家都转过头来看着这个羞涩的小女孩。辛迪觉得困窘极了，她尽可能低声地说：谢谢，不用了。女店员对辛迪说不用害羞，你需要什么样的礼物，我想我对这里比较熟悉，没准可以帮到你呢。于是，辛迪只好告诉她想买些东西送给自己的经理，并且告诉店员自己身上只有 30 元钱。女店员耐心地帮辛迪挑选了一些小礼物放进了纸盒中，最好统计出的价格刚好是 29.80 元，这让辛迪兴奋不已，当一切完成后，商店就快关门了。

不过，接过了礼物盒的辛迪有些迟疑，因为这个纸盒实在是不好看，她希望能够有一个漂亮的包装，女店员似乎猜到了她在想什么，于是问辛迪是否需要包装，辛迪勉强地挤出意思笑容说是，但是她表明自己已经没有多余的钱付包装费了。女店员拿起辛迪手上的礼物盒走进了后场，等她回来的时候，手上拿着一个用金黄色缎带包裹的十分精美的盒子，这简直漂亮极了，辛迪不住地向女店员道谢，店员笑了，对辛迪说，这几天我都有注意过你，你是个可爱的小天使，在这里为每个人散播着快乐，今天，我只是希望能够用我的力量送给你一点小小的快乐而已。

辛迪将圣诞礼物送到了玛丽的手上，高兴地对他说：圣诞快乐！玛丽激动得不知道说什么好，因为她还是头一次收到小天使的礼物，尽管她每年都会带很多小天使为他人传播快乐。

假期过去了，但是辛迪却久久不能忘怀那个女店员微笑的面容，一想到她的善良以及带给自己和玛丽的快乐，辛迪就总希望能够为她做点什么。于是，辛迪给百货中心寄去了一封感谢信。

一个月后，辛迪突然接到了女店员的电话，邀请她吃顿午餐。当两个人碰面的时候，女店员给了辛迪一个深深的拥抱。

因为辛迪的那封感谢信，女店员当选了百货中心的服务之星。她的照片被放在大厅，而且还得到一百元奖金。然而更棒的是，当她把这个好消息告诉父亲时，父亲对她说：我真为你骄傲。女店员激动地握着辛迪的手，对她说：你知道吗？我长这么大，父亲从来没对我说过这句话！

辛迪一辈子都记得那个令人激动的时刻。辛迪了解到一个微不足道的帮助将会给他人带来怎样的改变。漂亮的篮子，玛丽的快乐，辛迪的信，百货中心的奖励，店员父亲的骄傲，这一点点的帮助，深深地触动着4个人的心灵。

帮助别人是一件非常快乐的事。难道不是吗？看到别人因自己的帮助而摆脱困境，看到别人因自己的帮助而开始振作，看到别人因自己的帮助而高兴、快乐，有谁不感到快乐呢？这样的人会时时处处被他人喜欢着，走到哪里，哪里就有朋友。在他遇到困难时，也总会得到他人的热情帮助。

❹ 雪中送炭，温暖朋友的心

我们应该时时伸出热情的手，帮助和关怀别人，即使我们的帮助，仅能助人一臂之力，也能给对方带来力量和信心，使他们有更大的勇气去战胜困难。特别是当一个人遇到挫折时，如果能得到热情相助，别人也定会有"滴水之恩，当涌泉相报"的感激。"危难中见真情"，你的商脉往往就是这样建立起来的。

人的一生不可能一帆风顺，难免会碰到失利受挫或面临困境的情况，而这个时候恰恰最需要的就是他人的帮助。如果你能够雪中送炭般地帮助他人，那么你所得到的将会是整个世界的温暖。雪中送炭的力量往往会超乎人们的想象，在晋代，就有一个叫荀巨伯的人，不肯弃友而去，反而却为自己和朋友带来了生的希望。

荀巨伯有一次去探望一位久别的朋友，不巧正赶上敌军攻破城池，此时他的朋友已经卧病在床，无法行走。大街上四处散落着人们的尸体，敌军们烧杀掳掠、无恶不作。

时刻关心朋友，帮助他们脱离困境，当朋友身患重病时，不妨多去探望，多谈谈朋友关心的、感兴趣的话题。

全城的百姓们纷纷携妻挈子、四散逃难，可是没有几个能够逃脱敌军的魔爪。荀巨伯的朋友拉着他的手说："不要理会我了，我病得很严重，连床都起不来，本就没有几天的活头了，你快点自己逃命去吧！"

荀巨伯坚持不肯走，他说："你若是还拿我当朋友就不要说这样的话。我既然远道而来，就是为了来看望你，现在敌军进城，到处杀人，你连床都不能起，我怎么能扔下你不管呢？"说完，转身去给朋友熬药去了。

他的朋友百般苦求，让他马上离开，可是荀巨伯却端着汤药来到朋友的面前说："你就安心养病吧，不要担心我，哪怕天塌下来，我也替你顶着！"

就在说完这句话的时候，门"砰"的一声被踢开了，只见几个凶神恶煞般的士兵冲进来，冲荀巨伯喝道："你们俩是什么人？竟然如此大胆，全城人都在逃命，你们却还在这里聊天！"

荀巨伯指着躺在床上的朋友说："我的朋友病得很严重，我不能丢下他不管，即便你们今天要杀掉我，我也绝不会皱一下眉头，但是请你们别惊吓了我的朋友，他已经病得无法动弹了。"

士兵们一听全都愣了，听着荀巨伯的慷慨言语，看看荀巨伯的无畏态度，他们居然被感动了，说："想不到这里的人会有如此高尚的情操，我们走吧！不要再伤害他们了。"说着，敌军们不再到处杀人，而是安静地撤走了。

如果荀巨伯撇下了朋友自己逃命，恐怕他根本无法逃出城门就已经被杀害了，而正是因为他在大难临头前临危不惧袒护朋友的正义感，才使得敌军得以折服，这不能不说是一种温暖了整个世界的力量啊！

因此，每个人都应该时时伸出热情的手，帮助和关怀别人，因为有了这样的帮助，不仅能够助人一臂之力，而且还会给对方带来力量和信心，使他们有更大的勇气去战胜困难。

　　有时候，若是你愿意在自己身处困境的时候，还能够对他人伸出援助之手，那么这种力量就足以化解你本身的烦恼，若是你还没有感受到这样的力量，那么就来看看这个不得志的年轻人所领悟到的一些东西吧。

　　有个年轻人总觉得自己郁郁而不得志，每天都在抱怨没有一个伯乐能够发现他这匹千里马。他无法找到合意的工作，总是过着三餐不济的生活，有时甚至还要靠父母与朋友的救济来勉强度日。

　　他开始抱怨上帝：为什么让我这样不快乐？为什么总是没有人能够帮我？为什么我就这样倒霉？

　　这天，饥肠辘辘的他拿着简历准备去一家公司面试，当他经过十字路口的时候，一位老人挡住了他的去路，老人的背驼得十分厉害，连站都站不稳。

　　老人对他说："年轻人，你愿意帮我走过这条马路吗？我自己实在是很困难。"

　　心烦意乱的年轻人满脑子都在想着如何去应付一个难缠的面试官，对其他的事情根本提不起精神。他当时很想转身离去，不理睬这位老人。但是他犹豫了几秒后，觉得这位老人看起来实在是很可怜，所以，他还是轻轻地扶着老人的臂膀，帮他穿过了那条车水马龙的街道。

　　"老先生，已经到了路的对面了，您自己慢点走，我还有事情，不能送您回家了。"说完年轻人准备转身离开。

　　就在此时，老人微笑地问道："年轻人，你现在的心情是否感觉好些了？"

　　"是的……我想是的！"年轻人不得不承认在帮助了老人之后，他的心里舒坦多了。

　　这时，老人突然挺直了腰杆，身子骨也变得硬朗多了。

　　年轻人吃惊极了，结结巴巴地问："老先生，您……"

"年轻人，其实我本就健康得很，但是我刚才看到你一副愁眉不展的样子，我就想要帮帮你。你要知道，一个失意的人如果帮助那些比他处境更糟的人，这样他就一定会好过些，所以我就装扮成刚才那个样子了。"

老人拍了拍年轻人的肩膀："不要有太多的忧虑！一切都会好起来的，你要相信，上帝会对你很公平！"说完，老人就消失在茫茫的人海之中了。

年轻人仿佛突然明白了什么，他挺起胸，自信满满地去参加面试去了。

如果你也正遭受着挫折，那么先不要去理睬它，而去帮助那些更需要帮助的人，哪怕是付出自己一点点的力量。这些适时的安慰会像阳光一样温暖受伤者的心田，给他们带去希望。

时刻关心朋友，帮助他们脱离困境，当朋友身患重病时，不妨多去探望，多谈谈朋友关心的、感兴趣的话题；当朋友遭到挫折而沮丧时，给予他们鼓励；当朋友愁眉苦脸，郁郁寡欢时，更要亲切地询问他们。你需要时刻记得，帮助别人就是付出，自己同样能够收获温暖。

⑤ 帮助 ≠ 施舍

真诚的帮助能起到起死回生的作用，能让人在逆境中奋勇拼搏，走出泥沼。这种帮助会让人一生铭记，甚至愿意拿生命报答。但是，你要知道，人在困境中，自尊往往就会显得比任何事情都重要，并且这样的自尊心十分脆弱的。因此，在帮助他人的时候，千万别让对方有被施舍的感觉。其实在很多时候，帮助与施舍之间只隔一张薄薄的纸，不用捅破，靠的是用心体会，用心呵护。

很多时候，也许你的帮助是出于好心的，但是却要谨记一点，千万不能让他人感到被施舍的感觉。每个人都有着强烈的自尊心，或许在某个时候你的朋友正处于尴尬或困难的境地，此时你若想伸出援手，那么不妨改变一下直接去帮助的方式，在这一点上，小磊的朋友就做得十分得体了。

小磊从小就是个很要强的人，他学习成绩十分优秀，终于考上了理想中的大学。在大学期间，他凭着坚韧的毅力出色地完成了某项研究课程，正因为如此，学校将仅有的一个公费留学的名额给了小磊。了解小磊的朋友都知道他家的经济状况，虽说是公费留学，但是对于他来说也是很大的压力，因为他在国外的生活费是需要自己出的。

> 人一生坎坎坷坷地走过来，总会遇到许多艰难困境，所谓的困境，也就是用自己的力量不能克服、无法度过之境。

小磊的几个好朋友商量了一下，准备拿出他们的积蓄来资助他。可是当他们将 3000 美金交到小磊的手上时，却被他一口回绝了。小磊说让大家不要担心，他到了国外完全可以勤工俭学，其实朋友都了解他的个性，他宁肯挨饿，也不愿意接受朋友们的这种施舍。

小李此时灵机一动，对小磊说："谁说这钱是借给你的啊？我们只是听说国外的心理学课程非常好，想让你帮我们买些原版的教材，你先把这钱拿着，到了那边以后，你在买之前先将书名告诉我们，我们再决定买不买。"这下，小磊欣然地接受了。

出国没多久，小磊就寄了很多教材的资料给小李，但是小李一直都不满意，一本也没让小磊买。

3 年后，小磊学成后归国。朋友们一见面，小磊就抱怨小李："怎么寄给你那么多的教材书名，你一本都没有满意的呢？"小李笑了笑说："觉得不好啊，就不要了。"然后，小磊拿出了 3000 美金，将这些钱如数还给了小李，笑着对他说："不过，你这 3000 美金还真帮我解决了不少问题呢！我刚到国外的时候，没有找到合适的工作，就先挪用了你的钱，要是当时身上没有这笔钱，还真不知道该怎么办呢。真应该好好谢谢你呀！"几个朋友相视一笑，从小磊的手上接过了钱，然后大家说笑着去吃饭了。

有些时候，若是无法直接地去帮助他人，那么就不妨学学小李，找点小借口，不要让对方有受施舍的感觉，这样既达到了目的，又给予了对方尊重，便可谓是一举两得的好事了。而当我们自己在遇到困境的时候，千万不要去接受他人的施舍，一定要靠自己的力量来解决问题，才能最终走出困境，到达成功的彼岸。

人的一生坎坎坷坷地走过来，总会遇到许多艰难困境，所谓的困境，也就是用自己的力量不能克服、无法度过之境。这时最需要的就是借助外力来帮自己渡过难关，抵达彼岸。但是，这样的人需要是真诚的帮助，而不是高高在上的施舍。真诚的帮助能起到起死回生的作用，但是，高高在上的施舍却只能给人以羞辱。如果别人也需要你帮助，你会选择哪一种帮助的方式呢？

❻ 付出了，就别太计较回报

我们身边到处都是需要帮助的人，到处都是帮助别人的人，我们自己既是需要帮助的人，同时也是帮助别人的人。我们帮助他人的同时也在帮助着我们自己。帮助是相互的，同样，帮助他人也并不需要回报，不要总是拿你的"投资回报率"来计算你的付出，因为帮助别人是我们不可推卸的责任，是我们每个人须尽的义务，帮助他人不需要回报。

人们在做任何投资前，一般都会计算一下投资回报率有多少，才会决定是否值得去尝试，比如说炒房、炒股、炒基金等等，但是商脉圈的投资却是万万不能以投资回报率来计算的。这是为什么呢？其实答案很简单，一旦你在为他人付出的时候先计算能够获得多少，那么对方就会有被利用的感觉，这样的话，即使你对他再好，也只能适得其反了。有一个从小就很受人喜爱的女孩子就是因为太过于计较投资的回报而导致自己有能力也无从施展。

慧慧从小就是个漂亮、聪颖的女孩子，她不论任何时候总能成为人们喜爱的对象，从上学开始，她就懂得了为自己制订计划，让一切按部就班地顺着自己努力的方向发展。大学毕业后，光鲜亮丽的她进入到一家外企工作。学习和生活上的一帆风顺使她形成了过于高傲的性格。社会上远远要比学校的生活复杂得多，她不得不重新为自己制订一个计划，希望能够在某一个阶段达到更高的飞跃。

这原本是一件好事情，但是自作聪明的她将人际交往也纳入了计划中，她认为对她没用的人就是废物，没必要在这些人身上浪费时间，因为她上学的时候就是从来不与差等生有任何来往的。在功课上，那些人根本给予不了她任何的帮助。而刚步入社会的她，也将这样的想法延续了下来，公司的保洁人员她连正眼都不看一下，而对待自己的顶头上司则是眉开眼笑、极尽讨好。她觉得自己若是想高人一等，就必须借助比她地位高的人向上爬。因此她只要一有机会就会向她的上司表示出好感，对于能够有利用价值的同事也会找机会接近，但是对待其他人就是不冷不热的，日子一久，大家都看出来她的目的，因此对于她也开始逐渐地疏远了。

她本身是个很有能力的人，但是总是由于各种原因而无法得到晋升，她不明白为什么她尽力讨好的上司总是不肯给她机会，于是便向父母寻求帮助，慧慧的父母听过了她的述说，只说了一句话：不要带着有色眼镜去看人，敞开真诚的心扉去与人交往。

从此她改变了做法，终于如愿以偿，在一年一度的公司提升会上顺利地成为了一名部门主管。

做一个乐善好施的人，尽自己的力量去帮助别人，不要期盼任何回报，这样才是真正意义的帮助别人。

付出总会有回报，但是这种回报是不能拿金钱、地位、权力来衡量的。在人际交往的过程中，只有无私的付出才能获得真正的收获，如若不然，便会成为慧慧的下一任"接班人"了。但是，当你的付出在无法得到回报的时候，也不可怨天尤人，要懂得在自己身上找原因，做一位智者。

有一个年轻人，平时非常乐于助人，只要是有朋友张口，他总是想尽办法去帮助对方。有一次，他自己遇到了困难，于是便想起自己平时帮助过的那些朋友，找他们求助去了。然而对于他的困难，朋友们居然全部都视而不见、听而不闻。他怒骂道：真是一群忘恩负义的东西！

心中的愤怒让他无处发泄，于是他找到村中的一位智者，希望能够帮助自己排解烦恼。

智者听完他的话以后对他说："你帮助别人本是好事，然而你却把好事做成了坏事。"

年轻人一头雾水，大惑不解地问："为什么这样说呢？"

智者说："因为你连续犯了三个错误。首先，你眼拙。你从一开始就不懂得去识别人与人之间的差别，不论是什么人你都义无反顾地去帮助，而你恰恰忘记了，那些没有感恩之心的人是不值得帮助的；其次，你手拙，如果你当初在帮助他们的时候，同时也懂得去培养他们的感恩之心，他们便不会觉得你对他们的帮助是天经地义的事，那么当你有困难的时候，也不至于会走到今天这步田地，但是你并没有让他们怀有感恩之心；第三，你心拙，每当你在帮助他人的时候，都应该怀有一颗平常心，不要觉得自己时时都在行善，这样你会觉得自己在物质和道德上都优越于他人，自然别人就不会领情，反而觉得是应该的了。当你帮助他人的时候，你应该只想着自己是在做一件力所能及的小事。与更富有的人相比，你是穷人；与更善良的人相比，你是凡人。所以，不要觉得你帮了别人，不要将功劳归功于你自己。"

愿意帮助别人，并在需要的时候希望自己得到别人的帮助，完全是人之常情，但是当付出的时候总是想着自己会得到什么，或者总是把自己对他人的帮助看得那么高尚，那么最终总会是"竹篮打水一场空"的。

做一个乐善好施的人，尽自己的力量去帮助别人，不要期盼任何回报，这样才是真正意义的帮助别人。不要妄想做出惊天伟业，因为这样的概率很低，从最小的微不足道的事情入手，往往最可以磨炼人的品德情操和意志。既然不求回报，那就帮助无力回报我们的人吧！无力回报的人是最需要帮助的人。

第十三章 | 尝试：好奇心令人际交往更宽

这是个充满新奇的世界，每个人都有可能接触到任何类型的人或事，那么在这个过程中，你是否具有强烈的好奇心，便成为了决定你的商脉圈是否能够拥有一笔丰厚存款的必要因素。有人曾说过这样的话："当你对人产生兴趣时，问题总是可以触及人心。"的确，如果你不想机会与你擦身而过，你就必须好好利用那个令我们人际交往的范围扩大再扩大的"撒手锏"。

◆ 好奇心能够帮你聚集商脉

俗话说：千人千面，各人各性。也正因为如此，这个世界才充满了新奇感，那么，好奇心就必然成为了拓展商脉的源动力了。没有好奇心，就没有关注和欣赏，就不会看到别人的长处，注意不到自身的短处。没有好奇心，也就失去了自我提升的动力，别人也不会注意到你的存在和价值，与你交往的兴趣自然大打折扣。因此，只有保持足够的好奇心，才会使你在众人中始终被关注和被接受。

每个人都会有强烈的好奇心，喜欢在与众不同的人或事上面驻足观看、欣赏。在人际交往的过程中，打造一个与众不同的自己就成为吸引他人眼球的一个有效手段，而想要做到这一点其实很容易，只要多一点想象力，多一点细心，你就也能成为阿曼德这样的人。

阿曼德在一次求职的过程中，面对着强有力的竞争对手，出其不意地取得了胜利，这一切都源于他简历的与众不同之处，因为在他的简历后附有一页纸，上面写着：

"对待工作时，如果付出 99.9% 的努力，我们会得到：

每个月 1 小时不干净的饮用水；

每天在奥马哈有两班不安全的飞机降落；

每小时有 16000 封信件遗失；

每周有 22000 张支票从错误的银行户头中扣除；

每月有 50 例失败的外科手术，12 个婴儿给错父母；

每年有 80 万张信息错误的信用卡。

所以只有 100% 的努力才是合理的。"

阿曼德承认说："是这页纸帮助我得到目前的工作，虽然我的背景并不见得比应征这个职位的其他 120 人强。"

引起他人的注意，只要懂得勾起别人的好奇心就可以了。对于如此特别的简历，又有几个人会没有兴趣呢？在生活中，其实我们每个人都可以随时让自己独特一点，那么便能给人留下更深的印象，在这里，追求自我个性就显得尤为重要了。

想象力是驱使你向前的动力，使你即使处于生活低潮，依旧不会迷失方向，不会倍感无力地听天由命。

不难看到，在大街上总会出现某些回

头率颇高的人物，他们或是有着独特的气质，或是穿着与众不同的装束，甚至是一头五颜六色的头发都可能成为众人聚焦的对象。当然这样的人也能够算是成功地塑造了自己的个性，至少他们已经成为了平凡人之中的焦点。

不过，真正的个性并不仅仅出于外在的表现，更重要的应该是学会如何塑造出真正的人格魅力，那么就需要注意以下几点了。

要对自我有客观的认识

"认识自我"的确是个古老的命题，但却历久弥新，若对自我没有客观的认识，那么一切都无从谈起。人能够突破环境和外界的限制，就是基于自我意识和自知之明的双重思虑中产生的出色动力而达成的。

真正的人格魅力应该是自足且有自知之明的。

培养坚毅的意志

想要塑造出人格魅力，那么保持坚毅的意志力是不可或缺的一项首要品性。一个人在面对种种压力的时候，只有能够保持坚毅的意志，才能立于不败之地。意志坚毅的人，懂得执着于目标，具有极强的抗干扰能力。意志坚毅的人，能够保持自我个性，守护着个性的每一道可能存在的缺口，才能使个性得以完整。

充满想象力

如果没有想象力，那将会是很可怕的。试想一下，若是前人不是充满想象力，那么今天所有的一切进步都不会存在，因此，想象力可谓是人类共通的一道风景，而真正的人格魅力最容易在这里与整个社会形成巨大的共鸣。

塑造自我品牌

从某种程度上来看，你就是自己的品牌，你的选择，包括穿衣、说话风格、嗜好等，都构成自己个人独特的身份，供别人识别。如果你能建立起自己强有力的品牌，这俨然就可以吸引他人的注意力，成为你在竞争中的一种优势，并让别人记住你。

优良的个人品牌对于建立商脉网络有 3 个好处：

★能够给人可靠，并且独特、值得信赖的感觉；

★能够向别人传达动人的讯息，让他们喜欢你；

★能够使你在复杂的世界中借助独特的品牌脱颖而出，就有更多的人对你感兴趣。

建立优秀的个人品牌，你就会因此更容易交到新朋友，对所做的事和工作的地方也能掌握更多的决定权。

超越自我

在你成功地做到了以上几点以后，你需要做的最后功课就是超越自我了。超越自我是自己对自己的战斗，是巅峰对巅峰的飞跃。质和量都必须具备最强的突破力。这是个永不停息的从不间断的自救行为。

当你真正具有与众不同的人格魅力后，那么你的商脉资源自然也会随之而源源不断了。

充满好奇心的人总是具有足够想象力的。想象力是驱使你向前的动力，使你即使处于生活低潮，依旧不会迷失方向，不会倍感无力地听天由命。充满想象力的人生才有激情，才会激发起自己和他人的好奇心，成就完美的人格魅力。

② 调整好心态再出击

当你在想要为自己的商脉圈进行储蓄的时候，一定要调整好自己的心理期望值，并且为之而进行不懈的努力，才有成功的可能。每个人对新鲜的事物都会抱有好奇心，这种好奇带来的呼声也总是褒贬不一的，若是没有一个很好的心理承受能力，那么你的想法可能从一开始就被淹没在口水中了。只有具备了良好的心理素质，你才能够抓住每一个建立商脉网络的机会。

想要调整好心理期望，关键还是要解决自己的心理因素，给自己树立自信，不因外界的影响而改变自己既定的目标。因为别人只能给你外在的提醒或压力，凡事还是要靠你自己的努力才能取得成功的。在美国就有这样一位颇受欢迎的专栏作家，抵住了各方面的压力，才打开了通向成功的突破口。

欧玛·波姆贝克是全美读者最多而且最受欢迎的专栏作家之一。但是她的起步并没有人们想象得那么容易。因为在当时，各大报纸都是由一批大男子主义倾向严重的男性编辑把持的，而欧玛·波姆贝克却想要开辟一个与普通美国家庭主妇有关的琐碎事情的专栏。这在当时，是很多人不曾想过，或是由于各种原因放弃掉了的想法。虽然这对于美国报业来说有如一片尚未开垦的荒地一般，必定能够引起人们强烈的好奇心和注视，但是在家庭主妇这个群体中，不得不承认她们都会有一些共同的特点：她们不再年轻漂亮，不再受人关心和重视；她们将自己的后半生都花在教育孩子、照顾宠物、买菜做饭上；她们的工作就是倒垃圾、煮饭、打扫房间；她们担心自己的体重，她们也努力想要保持一点点女性的魅力。因此，没有人能够想象这样平凡和琐碎的事情到底能够带来怎样的影响。

固执的编辑劝说欧玛·波姆贝克放弃这个大胆的想法，因为他们根本不相信欧玛这种女性题材会对提高报纸的销量有任何帮助。

她将这个想法述说给朋友听，但是得到的答案也都是一样：为什么要去做这样无聊的事情？你现在所写作的题材不是有很多的读者吗？何必要给自己找麻烦。一旦这种专栏影响不好的话，对你的事业恐怕也会是一个不小的打击。

但欧玛·波姆贝克并没有就这样放弃掉。她自己就是3个孩子的母亲，她了解这些家庭主妇的生活和心理，她始终相信这个专栏能够引起她们的共鸣。于是她顶住了各种压力，凭借着自身的努力，终于得以在《戴顿先锋报》的一个小周报上刊出第一篇小专栏文章。一经刊出，立即得到了强烈的反响。有很多主妇开始与欧玛·波姆贝克取得联系，并且为她介绍了更多的报界人士，此时，她先前所希望得到的商脉网络已经基本成型了。

随后，这个小专栏也影响到那些在报社里不可一世的男人们，并且他们最终也不得不承认，欧玛的文章的确值得一读。

结果，仅仅两年之内，欧玛就在全州的报纸上都开设了自己的专栏。

在建立自己的商脉网络时，绝不能被莫须有的困难所打倒，始终保持一个良好的心理，主动出击去寻找每一个能够拓展自己商脉网络的良机。

欧玛的成功不是偶然的，完全是她努力的结果。并且很重要的一点就在于，她事先已经预知到这个专栏的新鲜点一定能够激发起人们的好奇心，而通过这种好奇心，她轻而易举地进入了原本那个她不可能触及到的商脉网络中，所以，她成功了，她收获了成功的果实。

在建立自己的商脉网络时，绝不能被莫须有的困难所打倒，始终保持一个良好的心理，主动出击去寻找每一个能够拓展自己商脉网络的良机。还有，别忘了抓住人们好奇的心理哦!

③ 要好好驾驭好奇心这把"双刃剑"

人要有自知之明。凡事能力所及，则可以从容驾驭。力所不及时，不可以强求。这一点在人际交往中尤其重要。在适合你的圈子里交往你需要的朋友，与朋友一起合作完成能够完成的事，总是要比不切实际地想入非非要强得多。你需要把握一点，那就是交可以交的朋友，做可以完成的事，才能真正享有你的商脉带给你的实惠。

好奇心，的确能够使你有机会去结交更多的朋友，扩展自己的商脉圈，但是这里有一个原则，那就是要明白自己的位置，在与人交往的过程中，绝不能不顾自身的能力，妄图去驾驭一些能力所不及的事情，否则的话，便会物极必反，在中国，曾经有这样一个寓言故事，就恰恰能够说明这一点。

有一只住在笼子里的画眉，主人对它十分疼爱，它过着衣食无忧的生活，每天都能吃到丰盛的食物，还可以尽情地享受阳光的照耀，觉得幸福无比。有一天，有一只黄莺飞到了它的身旁，看到关在笼子里的画眉，感觉它十分可怜，然后告诉它外面还有更广阔的大自然，有高山峻岭、大川小溪、森林原野……画眉不相信黄莺的话，认为像黄莺一样的鸟儿每天四处奔波、无依生活中总有一些人无法看清自己所处的环境，妄自羡慕别人的圈子。

无靠，才是可怜的。但是由于好奇心作怪，却也想去外面探个究竟。终于有一天，它按捺不住自己的好奇心，趁着主人为他添水的时候飞了出去。可是它却失去了牢笼里安逸的生活，在飞的筋疲力尽的时候掉到了森林里，没有食物，没有阳光，只有巨大的森林、深沉的夜幕和树叶的"沙沙"作响。它吓坏了，用尽了力气又飞回了属于自己的牢笼世界。

黄莺和画眉都是能歌善舞的小鸟，却一个能够自由飞翔，一个只能关在笼子里。这种环境的影响是客观存在的，在人际交往的过程中也是同样的道理。如果只是羡慕别人，盲目地想要挤进他人的商脉网络，却根本不顾及自己的能力，那么最终必定会像寓言中的画眉一样，无法体会到大自然的乐趣，带来的只有黑暗与绝望了。

生活中总有一些人无法看清自己所处的环境，妄自羡慕别人的圈子。于是，就一门心思地想要和人家"凑热闹"。别人的圈子究竟是否适合自己，别人是否全接受自己的"热情"却全然不去考虑，这样的做法往往只能给自己讨没趣，给别人添麻烦。可见，还是清楚自己所处的位置，安心发展自己的商脉网络才是正确的事。

❹ 人际交往要把握好"度"

凡事有度，过犹不及。人生许多事情是如此，我们的生活处世，都需要适当有度，超过了"度"的界限，事情就会变化，或者变质。人际交往也是如此。交往中过分的热情与冷漠的对待一样会使心灵窒息。交往中要做到待人不卑不亢，接物不偏不倚，处世不慌不忙……须知，过犹不及。所以，要学会欣赏荣辱不惊的态度，要追求宁静安定的感觉。愿意付出的和能够拥有的就在天平两端，不要过分强求，不要随便放弃，一切美好就在指尖。

你在建立商脉网络的过程中，一定会对某些人或某些事产生好奇感，但是千万别因为这种好奇心影响到商脉网络中的任何一个人，不然的话你可能就亲手将原本的商脉网络弄得乱七八糟了。下面这个故事的主人公李巍就犯了这样的错误，希望你能够从这里得到一些过犹不及的教训。

李巍对任何事情都充满了好奇心，她有一个癖好，就是喜欢从各方面去了解自己关心的人和事，无论是好的还是坏的，她都照单全收，她的朋友有时候会开玩笑地对她说："李巍啊，你再这样下去，早晚有一天变成特务。"她嘻嘻地笑，也不答话。

她的这份好奇心的确为她的商脉网络带来了很多的好处。

哪天是阳阳的生日，哪天是水水的结婚纪念日，齐强是何时换了工作，菲菲又与哪个好朋友吵翻了天……几乎她所有朋友的动态都在李巍的脑子里。因而她从来都不会忘记在朋友生日的时候送上温馨的祝福，从不会在朋友失意的时候关掉手机，当某个朋友升职之时，她也会主动承担起庆祝聚会的联络人。她几乎成为了朋友中的"红人"。虽然有些时候，她的好奇心不免会招人厌烦，但是大家觉得还是可以忍受的，毕竟有这样一个"多事"的朋友，也省下了很多的麻烦。

不过，凡事都应该有一个度，朋友与朋友之间也是各不相同的，李巍总是觉得自己多去了解别人，便能够在适当的时候伸出援手，给予朋友帮助，但是她忽略了一点，那就是有些时候并不是所有的事情朋友都愿意与她分享的。

这不，有一次，她就碰了一回钉子。

这天正巧是水水的结婚纪念日，李巍依旧充当着联络朋友聚餐的"负责人"，为了给水水庆祝这个开心的日子，李巍自作主张地喊了很多朋友，大家也定好了聚餐的时间和地点。这时候，有一个电话打了进来。

"您好，请问是李巍吗?"一个陌生的男士的声音。

"是的，请问您是哪位?"李巍不认识这个陌生的号码。

"是这样的，我是水水的一个朋友，你可能不认识我，但是我听水水提起过你。今天是水水的结婚纪念日，不知道我是否能够参加呢? 我和水水也有段时间没见了。刚才我打她的手机，没有打通，所以就冒昧地打电话给你了。"男士用着缓慢的语气来解释自己的来电意图。

"当然可以了，完全欢迎，你今天晚上 8 点直接到××大酒店就可以了。"李巍欣然地答应了。

在人际交往中，并不是所谓谨慎的程度越高越好，因为任何事情都是"过犹不及"。

在去饭店的路上，李巍一直对这个陌生来电充满好奇，她总觉得这个男士应该不会只是水水的普通朋友那么简单。她一路整理着思路：从来没有听水水提过有这样一位朋友啊? 水水的朋友怎么会有我不认识的呢? 难道是水水从前的同学？要是一般朋友，不会给我打电话主动要求来参加这次聚会啊？

带着这些问题，她来到了饭店。一进门，大家都冲她喊："我们的这个女特务终于来了啊！怎么这么迟啊，先自罚三杯吧！"

面对大家的起哄，李巍一脸的不以为然，她现在最关注的就是那个陌生男人到底是谁。她用眼睛扫视了一下所有人，并没有任何发现。随即她心想，可能是自己多心了吧，也许那个人不会来也说不定呢，于是她坐下来与朋友们开始有说有笑起来。

没过一会儿，门被推开了，李巍一直充满了好奇的那个人出现在大家的面前。他的出现让水水的眼中闪过一丝难以捉摸的光芒。水水并没有想到峰岚会出现，这个她曾经深深爱过的男人。虽然他们之间也偶尔会有联系，但是他怎么会挑选这样一个日子出现在她所有朋友的面前呢？水水的脸色有些苍白，不知如何是好。

可李巍并没有注意到水水的变化，她把峰岚拉到自己的座位旁边，又开始问东问西了。她对这个人的好奇胜过了这顿饭带给她的诱惑力。李巍急于想知道他与水水是何关系，什么时候认识的，为什么水水没有提过而他却知道自己的电话号码。

这顿饭水水吃得很勉强，但是她又不能在老公的面前表现出什么，她真想冲到李巍的面前叫她闭嘴，但是她不能那样做。因为峰岚并没有说什么过火的话，他只是淡然地回答李巍的问题：我和水水曾经是同班同学，她结婚的时候我出差了，没有赶上为她庆祝，所以今天特意来祝贺她的一周年结婚纪念日，并希望她能够幸福、快乐，至于李巍的电话，那是水水曾经告诉过我的，她说你是她很好的朋友。

李巍笑哈哈地与峰岚聊了一个多小时，但是她不知道，她已经失去了一个曾经十分要好的朋友了。

过分的好奇无疑是一把利斧，它会狠狠地将曾经的友谊之花连根砍断，成为商脉圈的"透支杀手"。

在人际交往中，并不是所谨慎的程度越高越好，因为任何事情都是"过犹不及"。比如跟朋友交往总是很谨慎、很小气，做事情总是考虑再三，犹犹豫豫，这些都会影响人际关系和前途的发展。所以，你应该懂得掌握分寸和尺度，能够根据情况灵活运用，既不贸然行事，也不优柔寡断，才能把握好交往的尺度。

第十四章 | 同理心：
以责人之心责己，以恕己之心恕人

"以责人之心责己，以恕己之心恕人"，站在对方的立场上考虑问题，是同理心的具体体现。在高阳的《胡雪岩》一书中，就深刻地描述了善用"同理心"的艺术："于人无损的现成好捡，不然就是抢人家的好处……铜钱银子用得完，得罪一个人要想补救不大容易。"因此，在经营商脉圈的过程中，一定要在想到自己的同时为对方考虑，才有可能真正成为一个受欢迎的 VIP 客户。

善待他人=善待自己

生活中常是这样：对人多一份理解和宽容，其实就是支持和帮助自己，善待他人就是善待自己。如同中国有句古语说的那样：授人玫瑰，手有余香。可见，善待他人是人们在寻求成功的过程中应该遵守的一条基本准则。在当今这样一个需要合作的社会中，人与人之间更是一种互动的关系。只有先去善待别人，善意地帮助别人，才能处理好人际关系，从而获得他人的愉快合作。

布瑞姆博士在《阿波罗精神》一书中曾经说过这样的话：自然界有其均衡，这是人力所无法破坏的。这也就是说，大自然中的某些规律是不受人们的意志而转移的。同理，在人际交往的过程中也是如此。绝大部分的人总是希望得到他人善意的回报，却不愿先给予善意的付出，因此，在这里，拥有一颗能够站在对方的角度上为他人考虑的心，就显得十分重要了。

一位知名的美国小说家马克·吐温便用行动证明了这点的重要性。马克·吐温是一位知名的小说家，他平时多数时间都是在家中写作，因此在闲暇的时候，他喜欢与周围的邻居们聊聊天，以使过于紧张的大脑神经得以舒缓。在他的这些邻居中，有一个非常富有的银行老板，他看不上其他的人，总是一副傲慢无礼的待人态度，很多邻居都不喜欢与他交往。

这天，马克·吐温在写作的时候，急需一本参考用书。但是这本书属于珍藏限量版，在市面上已经很难找到了，他的那些邻居中，有能力收藏这本书的恐怕只有那个傲慢的银行老板了，而且马克·吐温听说过，银行老板的家中有一个非常大的藏书室，于是，马克·吐温决定硬着头皮去试试运气，马克·吐温心想，或许他今天心情好，能够把这本书借给我呢！

当银行老板得知了马克·吐温的来意后，随即皱起眉头，满脸为难地说："哦！原来你是想要借那本书啊！我这里的确有，但是你也知道这本书很珍贵，我要是借给你，万一被你弄坏了怎么办呢？"

马克·吐温立刻回答："请您放心，我一定会很小心地读这本书，不会弄坏的。"

银行老板依然面露难色："虽然你这么说，但是，我还是不放心。"

马克·吐温焦急地说："先生，我现在真的十分需要这本书，请您帮帮忙，恳请您借给我吧！"

银行老板看了看马克·吐温，然后说："我的书从来不外借，如果你这样需要的话，那么，我只能允许你在我的家里读。"

马克·吐温虽然有些不高兴，但是他没有办法，只能按银行老板的要求，在他家读完那本书，摘取了所需要的资料，然后与银行老板告别后，回去继续他的写作了。

大概过了三四个小时以后，马克·吐温家的门铃突然响了。

他开门一看，原来是银行老板，随即他便询问有什么事情。

银行老板说："今天下午是个好天气，我本想让家中的佣人整理一下花园的草坪，可是那个不争气的人居然把剪草机给弄坏了，我们这附近实在找不到有修理剪草机的地方，所以想先向你借用一下，你家应该也有的吧。"

马克·吐温微微一笑："我家里的确是有剪草机，不过与您的相比，肯定要差得多了。您如果不嫌弃的话，就请拿去用吧！"

"好的，"银行老板拿起剪草机，看了看说："你这剪草机确实是差了点。不过，这不碍事，也能对付着先用一下。"

正当拿着剪草机的银行老板准备转身回家时，马克·吐温却慢悠悠地说："可是，我家的剪草机也是从来不外借的啊，我也担心它会被您家的佣人给弄坏了，所以，请您委屈一下，就在我家的草坪上使用它吧！"

"啊?!"银行老板的脸涨得通红，但是又说不出任何的话语，因为在几个小时前，他也是这样对待马克·吐温的啊！

马克·吐温哈哈大笑起来："我跟你开玩笑的啦！我们是好邻居，不是吗？既是好邻居，就应该相互信任、相互帮助，您拿去用吧！"

如此一来，面红耳赤的银行老板，感到更感惭愧了。从那天开始，银行老板再也不像从前那样傲慢地待人了，逐渐与马克·吐温和其他的邻居都成为了好朋友。

这就是同理心的巨大力量啊！

是的，你想要别人如何待你，那么你就应该如何待人啊，如果总是绞尽脑汁地想从他人身上获得利益，那么最后也只能是偷鸡不成蚀把米，曾经就有这样的一个官司，惩罚了一个喜欢投机取巧的人。

一个蛋糕师傅总是在隔壁一家店中购买需要用的奶油，而奶油店的老板也会定时从蛋糕店里买些蛋糕作为早点。日子一久，蛋糕师傅就觉得他从奶油店中买回来的本该是三斤重的奶油似乎太轻了点。于是开始定期对奶油进行称重，发现他的手感的确没错，每次的分量都不足三斤，于是他一气之下便把事情上诉到法院了。

开庭审理的那天，法官问奶油店长："您的店铺中没有天平吗？"

店长回答道："法官先生，我的店铺当然有天平。"

法官又问道："那么，你的天平上是否有准确的砝码呢？"

店长说："法官先生，我不需要砝码。"

法官不解地问："没有砝码，那你怎么知道奶油的分量是多是少呢？"

店长平静地回到道："法官先生，这个很好办，因为蛋糕师傅从我这儿买奶油的那段时间，我也一直在买他店里制作的蛋糕，并且我购买的都是与所售出的奶油相同分量的蛋糕，而每次，我就会用这些蛋糕作为称奶油的砝码。如果分量不准的话，那就不是我的过错，而是他的过错了。"

法官当时就宣判了奶油店长不需要负担任何责任，而且诉讼费由蛋糕师傅来承担。

因此，在你经营商脉圈的时候，一定要切记将心比心的重要性，你给予了别人什么，自然也就会收获什么了。善待他人，与善待自己是能够画上等号的。

孟子曾经说过："君子莫大乎与人为善。"那些慷慨付出、不求回报的人，往往容易获得成功；那些自私吝啬、斤斤计较的人，不仅找不到合作伙伴，甚至有可能成为孤家寡人。有句话说得好："幸福并不取决于财富、权利和容貌，而是取决于你和周围人的相处。"你想做个幸福快乐成功的人吗？那么就从善待他人开始吧！

❷ 对人对己都要坦荡荡

人非圣贤，孰能无过。即使别人有错，也应该以宽容的态度去对待。责人严，律己宽的做法要彻底抛弃。要学会给他人一次机会，也给自己一份好心情。毕竟在交往中，我们能严格要求自己却难以要求别人。宽容是一种美德，愿宽容者的胸襟能改变他人的作为，能自律的人才是明智的。

责人严，律己宽，这是很多人都有的一个毛病。人们在人际交往中，只要遇到不开心的人际纠纷，就会觉得处处不顺眼，总是他人的错，看不到自己身上的问题，与其这样双方都无法获益，倒不如先清扫自己的心灵世界，当把尘埃打扫干净时，你会发现自己愉快了，别人也会跟着愉快了。有一位出租车司机的经历恰好说明了这一点。

以前，很多的出租车经常会带给乘客很糟的心情，因为经常是满车的烟头，车窗脏得甚至看不清楚外面的风景，更糟糕是座位或车门把手还可能留有口香糖之类黏乎乎的东西。试想这样的乘坐环境有几个人能开心得起来呢？不过有这样一个出租车司机却总是与众不同：他的车内地板上铺了地毯，车窗擦得一尘不染。这位司机就是克鲁，他曾经在出租车公司做过清洁工。因为每天晚上他都需要清理那些布满了垃圾的出租车，于是他便有了这样的想法：如果有一辆保持清洁的车给乘客坐，乘客也许会多为别人着想一点。

后来他当上了出租车司机，他总是把公司给他驾驶的出租车收拾得干净明亮，每当乘客下车后，他总是会查看一下车子是否依旧干净整洁，为下一个乘客能够有一个良好的乘车环境而进行整理。这使得他赢得了非常棒的口碑，因此而拥有了更多固定的客户，大家总是点名要乘坐他的出租车。

当你还在为了某件事情抱怨的时候，想想这位出租车司机所做的一切吧，若是你肯先以责人之心律己，那么你也能够成为最受欢迎的人物。

虽然责人严，律己宽的做法要不得，但是并不代表着对于他人的错误就完全可以视而不见。古往今来，没有人是一点错误都不犯的。所以，在这种情况下，即使需要给予一定批评，也要掌握好方法，没有人愿意听到他人轻率的批评，你只要把自己放在对方的位置上，就容易把握好批评的分寸了。

批评的话语不要伤害到他人的自尊

在生活中，每个人的言行都不可能是完美无缺的，有些疏忽和闪失在所难免，面对这样的错误，千万别口无遮拦地说出伤害他人自尊的话，否则就容易让人下不了台，并且产生副作用。

别人做得如何，你无法控制，每个人都有自己的意志。但是，自己却可以为自己掌舵，要保障自己做的事问心无愧，坦坦荡荡，虚怀若谷，成人之美，先人后己的同时，还要学会换位思考，宽容地对待他人。

比如你是个商场售货员，有个人在你那里买了一件衣服，刚要付钱的时候恰巧遇到了他的两个好友，于是便与他们兴高采烈地说了一阵话，竟把付钱的事忘到了脑后，当他拿着手上的衣服准备与朋友们一起离开的时候，你不妨礼貌地提醒一下他忘记付钱的事情就可以了。可是你却满脸不高兴地说："看着一副老实诚恳的样子，怎么这样不厚道？钱都不交就想走啊！"

如果换作是你，你能够接受这样的批评吗？如果你懂得用同理心去考虑对方的感受的话，就不会再轻易说出这样伤人的话语了。

不要批评别人的生活方式

或许你的某个朋友与你的生活方式是截然不同的，他就喜欢晚上通宵工作，而白天则呼呼大睡，这时如果你是出于好心想要让他为自己的健康着想，想必他一定也会心存感激，但是别用批评和挑剔地语气来表达你的看法。

每个人都有选择自己生活方式的权利，只要这种选择是正常的、能让他自己感到轻松和愉悦的话，你就完全没有必要也没有理由去苛责。不能总是以自己的价值观去衡量他人，若你动辄就拿自己的生活方式与他人相比较，并且大肆地进行批评，那么一定会遭到他人的反感，你的商脉圈也会因此而受到损失。

不要因怀疑而去批评他人

这种情况多数出现在职业场合中，若你身为领导人物，就更加不能因为对员工有所怀疑便去批评，不符合事实、想当然的批评只会增加彼此的隔阂，对你自己也是毫无益处的。同事之间就更是如此了，没有人愿意做一个"替罪羊"，所以当出现问题的时候，最好先弄清楚状况，再做决定也不迟。

别人做得如何，你无法控制，每个人都有自己的意志。但是，自己却可以为自己掌舵，要保障自己做的事问心无愧，坦坦荡荡，虚怀若谷，成人之美，先人后己的同时，还要学会换位思考，宽容地对待他人。